U0746837

春秋正義

〔唐〕孔穎達 撰

李霖 解題

圖版二

本册目録

日本宮内廳書陵部藏舊鈔本春秋正義

春秋正義卷第十八……七九五

春秋正義卷第十　閔公

國子祭酒上護軍曲阜縣開國子臣孔穎達等奉

勅撰

正義曰魯世家閔公名開莊公之子惠王十六年即位杜世族譜云名啓方漢景帝諱啓改爲開因是而亂杜譜云啓方從世本文謚法在國逢難曰閔是歲々在大梁　元年注季子至曰歸

正義曰季是友之字也子者男子之美稱國人賢而思之得其還魯喜而呼曰季子不敢史因其言而書之傳稱請復季友齊侯許之是得齊之力齊侯許納故曰敢也　注仲孫至之志

正義曰傳稱仲孫湫則名湫而字仲孫也杜言以夏出疆或使向他國因來省魯雖非齊侯命之使來々而不稱君命故不言齊侯使也諸侯之卿例當書名以人還國使齊侯務寧魯難明年即有高子來盟是齊侯用其言魯人知其事不書其名嘉而字之杜云稱字嘉之則仲孫是字猶林之之[illegible]伯或亦以孫爲字也來者身來至魯是事實也省難心自省不書其志也書志在省難不告魯

人云已有其難故經擬實事但齊仲孫之來傳尋仲孫之志言其來省難也　傳戎狄至簡書　正義曰戎狄之心若豺狼之獸不可厭足也言其當伐戎狄也諸夏之國皆親近之人不可遺棄也言其當救邢也宴安自逸若酖毒之藥不可懷戀也言其當自勞也詩小雅出車之篇美文王勞來諸侯令賢臣出使此臣在外思歸而以王事自勉言我豈不思歸乎誠思歸也但畏此簡書來告急耳諸侯有事則書之於簡遣使執簡以告命告則須救故畏而不歸也此簡書者同有所惡則相憂之謂也請救邢以從簡書傳稱勤則不匱安則敗名諸侯縱心宴安不欲征伐安則自損其身故言酖毒以勸之釋獸云豺狗足郭璞云腳似狗說文云豺狼屬狗聲釋獸又云狼牡貛牝狼舍人曰牡名貛牝名狼陸機毛詩義疏云狼鳴能小能大善為小兒啼聲以誘人去數十步其猛健者雖善用兵者不能免也二者皆貪殘之獸故比戎狄也　注敬仲管夷吾　正義曰敬謚々法夙夜勤事曰敬仲字管氏夷吾名也　注諸夏亦近也　正義曰此言諸夏襄四年傳魏

絳云諸華必叛華夏皆謂中国也中国而謂之華夏者夏大也言
有礼儀之大有文章之華也暱近釋詁文舍人曰暱戚之近也言
中国諸侯情親而路近　注言重至成之　正義曰服虔云重不
可動因其不可動而堅固之杜以此傳四句相類間攜貳ゝゝ皆
間之覆昏亂ゝゝ皆敗之知此重固皆固之則非因重而固之
注為公至祖父　正義曰史記趙世家夙生共孟ゝ生趙衰晋語
云趙衰先君之戎御趙夙之弟也杜以夙為衰兄從晋語也魏世
家畢万生武子ゝ世本畢万生芒季ゝ生武仲州ゝ即犨也杜以万
為犨之祖父依世本也　注大伯至適呉　正義曰史記呉世家
云呉大伯弟仲雍皆周大王之子而王季歷之兄也季歷賢而有
聖子昌大王欲立季歷以及昌於是大伯仲雍亡人乃奔荊蛮以
辟季歷ゝゝ果立是為王季是大伯讓位適呉之事　猶有至
及也　正義曰言逃雖失國猶有善名与其留而及禍也何者為
勝勸之使逃　万盈至名也　正義曰以算法從一至万每十則
改名至万以後称一万十万百万千万万万始名億從是以往皆

以万為極是至万則数滿也論語曰巍々乎其有成功是魏為高大之名 遇屯之比 正義曰震下坎上為屯說卦云震動也坎彖云坎險也動而遇險有屯難之象坤下坎上為比說卦坎為水坤為地水潤下而地受之相親比之象也 注辛廖晉大夫 正義曰杜云辛廖晉大夫則以畢万筮仕在晉国而筮劉炫云若在晉国而筮何得云筮仕於晉又辛甲辛有並是周人何故辛廖独為晉大夫今知不然者傳以畢万是畢国子孫令乃筮仕於晉言於晉以對畢耳非謂筮時在他国也案昭十五年傳云及辛有之二子董之晉於是乎有董史注云辛有周人二子適晉為大史則辛氏蚤出於周枝流於晉劉炫用服氏之說以為畢万在周筮仕於晉又以晉国不得有姓辛而規杜過其義非也 注震為車坤為馬 正義曰晉語云司空季子占公子重耳之筮云震車也坤彖云利牝馬之貞是坤為馬也下注震為足震為長男坤為母坤為衆皆說卦文也 注比合至之卦 正義曰震之為殺傳無明文晉語云震車也車有威武昭二十五年傳云為刑罰威

獄以斷其震曜殺戮是震為威武殺戮之意故震為殺也
必復其始　正義曰万是畢公之後公侯之子孫必當復其初始
言此人子孫又將為公侯也及春秋之後三家分晉而魏為諸侯
是其筮之驗也　二年注陽國至迁之　正義曰世本无有陽國
不知何姓杜世族譜土地名闕不知所在与宋人迁宿文同知陽
是國名蓋齊人偪迁之　注三年至示說　正義曰僖三十三年
傳曰凡君薨卒哭而祔々而作主特祀於主烝嘗禘於廟禘祀為
吉祭說喪竟而言禘知禘是喪終而吉祭也襄十五年晉悼公卒
十六年傳稱晉人答穆叔云以寡君之未禘祀知三年喪畢乃為
禘也喪畢而為禘祭知致新死之主於廟也新主入廟則遠主當
迁知其迁入祧者祭法云天子七廟有二祧則祧是遠祖廟也周
礼守祧掌守先王先公之廟祧其遺衣服藏焉廟之遠主其廟既
迁主无所処固當迁入祧也鄭玄以二祧為文王武王之廟迁主
入廟當各從其班穆入文祧昭入武祧礼諸侯五廟更无別祧則
當禋大祖之廟為祧也遠主初始入祧新死之主又當与先君相

按故礼国是而为大祭以审序昭穆故谓之禘者禘也言使昭穆之次审谛而不乱也庄公以其三十二年八月薨至此五月唯二十二月故丧制未阕也公羊传曰其言于庄公何未可以称宫庙也曷为未可以称宫庙在三年之中矣三年之中未得以礼迁庙而特云庄公知为庄公别立庙庙成而吉祭也依八年禘于大庙文二年大事于大庙宣八年有事于大庙彼言大事有事亦禘祭也则禘礼必于大庙今未可以吉祭而为吉祭又不于大庙故详略以示讥也既云吉禘又云于庄公是其详也　注哀姜元姜氏　正义曰此决庄元年夫人孙于齐不称姜氏也贾服之说皆以为文姜杀夫罪重故去姜氏哀姜杀子罪轻故不去姜氏故杜为此言以异之言外淫者谓与外姓为淫　注盖高元美称　正义曰庄二十二年及齐高傒盟于防自尔以来不见经传故云盖高傒也往年仲孙湫劝齐侯使宁鲁难今而高子适鲁知齐侯使来平鲁乱也尚齐侯初命高子之时庆父未出僖公未立及其元鲁值僖公新立国遂与鲁结盟而立之不云齐侯使者盟非

齊侯之命故不稱使也齊侯不使之盟而高子輒為盟者齊侯使之來平魯亂新君既立遂盟而安之亦足稱齊侯之意其盟非專擅也魯人不自安高子盟以安之魯人貴之故不名其名子者男子之美稱故呼之曰高子穀梁傳曰其曰高子貴之也其曰高子貴之也盟立僖公也然則盟立僖公必僖公共盟不言公及齊高子盟者猶桓十四年鄭伯使其弟語來盟文十五年宋華孫來盟皆不言公及則不書公者春秋之常也晉荀庚衛孫良夫並為來聘既行聘禮更與公盟非是直為盟來故聘後別言及尋 注高克至魯也 正義曰此及詩序具寫大夫出奔多是本國來告傳稱晉侯使以殺太子申生之故來告又衛殺孔達告於諸侯是其本國告也宣十年傳例曰凡諸侯之大夫違告於諸侯曰某氏之守臣某失守宗廟敢告是大夫私奔之告辭昭二十六年王子朝奔楚傳稱告于諸侯是奔者自告也此鄭文公心惡高克而欲遠之克既奔陳無罪可告故杜以為高克自狀其事以告魯魯史以為克若將師出奔是為棄師之道不合高克出奔而合鄭棄其師

者案詩序云公子素惡高克進之不以亂文公退之不以道名國亡師之本是棄其師也穀梁傳曰鄭棄其師惡其長也兼不反其衆則是棄其師也　傳注犬戎至曰汭　正義曰西方曰戎知犬戎是西戎別在中国者也釋例曰渭水出隴西狄道縣鳥鼠同穴山東經南安天水洛陽扶風始平京兆至弘農華陰縣入河　釋丘云隩隈厓内為隩外為隈李巡曰厓内近水為隈孫炎云内隈曲裏也彼雖不言汭汭即隩也而汭字以内為邑明是水之隈曲之内也　注卜齮至因之　正義曰莊公三十二年注云閔公於是年八歲此云即位年八歲者閔公之年歲傳文不明服虔於莊三十二年注云閔公於是年九歲於此注云公即位時年九歲僖二年注云閔公死時年九歲杜知其不可故於莊公之末注言年八歲以異之嗣子位定於初喪言即位者亦謂初立之年也

注宮中小門謂之闈　正義曰釋宮云宮中之門謂之闈其小者謂之閨小閨謂之閤彼就小門之内更別以為二名大率宮中之門皆小故云宮中小門也名之曰武則其義未聞

注慶父至書卒 正義曰叔牙云慶父材者始有黨慶父之心本
其惡未顯見故季子隱之而爲其卒若自死然慶父弑二君其罪
已章若討而爲其誅殺季子推親々之恩欲同之叔牙存孟氏之
族故略其罪不爲殺也 又不可全同叔牙故不爲卒慶父子孫
終爲孟氏是季子推親々之恩枉正法耳 注兩社至所在
正義曰王者取五色之土封以爲社若封諸侯隨方割其土包之
以白茅賜之使立國社魯是周之諸侯故國社謂之周社哀四年
亳社災是魯國有亳社穀梁傳曰亳社者亳之社也亳亡國也亡
國之社以爲廟屏戒也則亳社在宗廟之前也周禮小宗伯掌建
國之神位右社稷左宗廟則諸侯亦當然定二年雉門及兩觀災
則兩觀在雉門外也礼運云昔者仲尼与於蜡賓事畢出遊於觀
之上蜡祭在廟故出廟而遊於觀也由此言之宗廟社稷在雉門
之外分左右廟也鄭玄考校礼文以爲魯制三門庫雉路天子諸
侯皆三朝圖宗人之嘉事則有路寢庭朝日出視朝則在路門之
外其詢國危詢國遷詢立君周礼朝士所掌外朝之位者乃在雉

門之外耳雉門之外左有亳社右有周社閒于兩社是在兩社
之閒朝廷詢謀大臣則在此處是執政之所在也　季氏亡則魯
不昌　正義曰服虔云謂季友出奔魯弒二君案傳子般既死乃
云成季奔陳閔公既死乃云成季適邾皆君死乃出奔非由出奔
乃致君死杜雖无注義必不然當謂季友子孫与魯升降從此以
後季氏世為上卿終於春秋礼記称悼公之喪季昭子問為君何
食以後雖則无文當是与魯俱滅也　注筮者之君同　正義曰
此亦六五爻變不取周易之文筮者推演卦意自為其辭也离是
乾子还變為乾故云同復于父言其尊与父同也國人敬之其敬
如君之處所言其貴与君同也說卦乾為君父言其身之尊則云
同復于父言其為人所敬則云敬如君所屬意異故分為二也
衛懿公好鶴　正義曰陸璣毛詩義疏云鶴形狀大如鵝長脚青
翼高三尺餘赤目赤頰喙長四寸餘多純白或有蒼色々々者今
人謂之赤頰常夜半鳴故淮南子曰雞知將旦鶴知夜半其鳴高
亮聞八九里雌者色差下今吳人園囿中及士大夫家皆養之

注軒大夫車　正義曰定十三年傳稱齊侯斂諸大夫之軒故杜
云軒大夫車也服虔云車有藩曰軒　注此熒澤當在河北
正義曰禹貢豫州熒波既豬導沇水入于河溢爲熒是熒在河南
此時衛都河北爲狄所敗乃東徙渡河故知此熒澤當在河北但
沇水入河乃泆被河南多故專得熒名其北岸亦稱熒也
注蓋年十五六　正義曰衛宣公以隱四年立桓十二年卒終始
二十年耳即位之後乃納急子之妻生壽及朔朔既有兄知其蓋
年十五六耳　注廬舍也文公　正義曰周礼秋官野廬氏掌道
路宿息地官遺人云凡国野之道十里有廬廬有飲食是廬爲舍
也廬于曹者言隨宜寄舍耳曹邑雖闕不知其處當在河東近楚
丘也戴公名申世本世家文經傳皆云十二月狄入衛衛人東徙
渡河収集离散乃立戴公此年之末文公即位計戴公爲君不過
十數日耳言立一年卒者滅而後興不是嗣位故成喪爲謚文公
継世而立明年始爲元年故戴公雖復日少亦稱一年年表亦以
此年爲戴公元年今定本云以其年卒　注帰遺也門户

又一本語於步叉也

正義曰歸者不反之辭故為遺也周礼校人云乘馬一師四圉〻養一馬故云四馬曰乘以乘車并師五人必駕四馬故也喪大記曰袍必有表不禪衣必有裳謂之一稱是衣禪複具曰稱

注魚軒至為飾 正義曰詩云象弭魚服此云魚軒則用魚為飾其皮可以飾器物者唯魚獸耳故云以魚皮為飾陸機毛詩義疏云魚獸似豬東海有之其皮背上有班文腹下有純青今人以為弓鞬步叉者也其皮雖乾燥為弓鞬矢服經年海水將潮及天陰毛皆起〻潮還及晴則毛復如故雖在數千里外可以知海水之潮自相感也

注重錦至匹也 正義曰服虔云重牢也杜以其遺夫人貴美不貴牢故以為錦之熟細者雜記曰納幣一束〻五兩〻五尋八尺曰尋則五尋四丈裡之兩者乃為兩段故也裡之匹者兩〻合卷若匹偶然也

注赤狄至氏族 正義曰狄有赤狄白狄成十三年傳晉侯使呂相絕秦云白狄及君同州則白狄與秦相近當在晉西此云東山當在晉東宣十五年晉師滅赤狄潞氏潞則上黨潞縣在晉之東此云伐東山皐落氏知此亦在晉

東是赤狄別種也皐落其氏族也此族之人狄之渠帥也
注膳廚膳　正義曰鄭玄膳夫注云膳之言善也今時美物曰珍
膳是膳者美食之名廚者造食之處故云膳廚膳也礼記云文王
之為世子食上必在視寒煖之節食下問所膳命膳宰然後退是
大子朝夕視君膳者也　對曰告之至廢乎　正義曰克禮大
子主曲沃告百姓以臨示下民之事并教之軍旅之法不共是二
事為懼矣何故憂其廢乎　注偏衣至公服　正義曰下云
服其身則衣之純言此偏衣不純知其左右異色也又云衣身之
偏言以身衣之偏半衣大子知其半似公服也　狐突歎之
正義曰傳之上下諸言其御戎其為右者禮國君自將此大子亦
然者攝君之事故与君同文也　傳歷言將帥御右者以下各有言
故此舉其目先友不知君有害大子之心故推此衣佩以為善意
勸之狐突歎先友不知君意乃極言時衣佩三者反覆以答之罕
夷唯舉服佩二事故云尨奇其常金玦不復也其梁餘子養先丹木
唯言服舉其重者故子養云不獲而尨命可知也先丹木云是服也

狂夫阻之是皆勸大子之行也狄突以衆言曰已故決意欲的
羊舌大夫乃以忠孝之事勸之使留各以意之所見故其言或深
或殘 注羊舌已軍尉 正義曰羊舌氏也爵為大夫号曰羊舌
大夫不知其名何也此人生羊舌職々生叔向故為叔向祖父譜
云羊舌氏晋之公族羊舌其所食邑也或曰羊舌氏姓李名果有
人盗羊而遺其頭不敢不受々而埋之後盗羊事發辭連李氏々
々掘羊頭而示之以明已不食唯識其舌々存得免号曰羊舌氏
也或曰者不知誰為此言社所不須記異聞耳 服以己時也
正義曰服以遠之震上衣之尨服也時以閟之震上命以時卒也
上先時後服此先服後時者以下連尨涼冬殺之文又欲使冬殺
与金寒相近冬殺是时故退之在下言尨涼則申上衣之尨服也
冬殺則申上命以時卒也尨涼㮣服冬殺㮣時耳金寒玦离申上
佩以金玦也金是秋之寒氣故言金寒也 注脤宜至脤器
正義曰秋天之起大事動大衆必先有事乎社而後出謂之宜知
出兵必祭社祭社 名為宜周礼大宗伯以脤膰之礼親兄弟之国

定十四年天王使石尚來帰脤知脤是器物可執之以賜人也今
言受脤於社明是〻祭社之肉盛以脤器賜无帥也地官掌蜃祭祀
共蜃器之蜃鄭玄云蜃大蛤蜃之器以蜃飾因名焉注阻疑也
正義曰劉炫云阻疑以意訓耳今言猶云阻疑是阻得為疑也言
雖狂夫猶知於此服有疑也服虔云阻止也方相之士蒙玄衣朱
裳主索室中敺疫号之為狂夫止此服言君与大子以狂夫所止
之服衣之晉語云且是之衣也狂夫阻之衣也韋昭云狂夫方相
氏之士也阻古詛字也將服是衣必先詛之是由非正訓各以意
解劉以為方相氏狂夫所服玄衣朱裳左右同色不得為偏衣也
尚服此衣非是意所止也詛乃服之文无出故杜別為此解
注曰公辞　正義曰言公辞者尚以公賜之偏衣金玦推其義理
原公之意而為之作辞非公出言作此辞也　注驪姬至李成
正義曰辛伯之語先有成文其内寵之徒不為晉發故劉炫云二
五嬖賤不得為二政大子不以曲沃作乱不得為大都而杜云驪
姬為内寵二五為外寵奚齊為嬖子曲沃為大都者今刪定以為

辛伯之言雖不為晉國之亂宜理相當故杜以事託之二五為耦𫝊傷晉室曲沃彊大子奔之又築屋与蒲終為禍難但此擬大子故以曲沃為文剌君不達此旨而為規過違僭意也孝而無罪也　正義曰去則孝而安民留則危身召罪等其危身以召罪也豈若孝而安民乎勸使逃也　務材訓任之　正義曰務材務在植材用也訓農訓民勸農業也通商々販之路令貨利往来也惠工加恩惠於百工賞其利器用也敬教敬民恐教也勸学勸民学問也授方授民以事皆有方法也任能任其所委任信用能人也　儀父　正義曰魯世家儀父名申莊公之子閔公庶兄其母成風所生也惠王十八年即位諡法小心畏忌曰僖是歳々在鶉首　元年注齊師宋師邢地　正義曰公羊穀梁皆以為齊師宋師曹師皆是侯伯之身公羊称不与諸侯專封故変称師耳此時方始救邢々本不滅何以言其封也左氏無此義將卑師衆称師此三国皆師多而大夫將故名氏不見並称師也羊以為此言次于聶北救邢与襄二十三年叔孫豹救晉次于

雍榆二事相反為之作說言此是君也進止自由彼是臣也先通
君命買服取以為說杜以傳无此事故不用其言釋例曰所說或
次在事前次以成事也或次在事後事成而次也皆隨定實无義
例也此時狄人尚彊未可即擊案兵觀釁以待其事須可擊乃
擊之故次在事前　注邢遷至邢地　正義曰傳稱師遂狄人具
邢器用而遷之則是諸侯遷邢也而文作邢自遷者以邢遷如歸
故以自遷為文公羊傳曰遷者何其意也遷之者何非其意也言
邢遷于夷儀許遷于白羽者皆是其國之意自欲遷之宋人遷宿
齊人遷陽者他人強遷其國之意不欲遷也　注傳例至師故
正義曰春秋之例先會而後盟者會則具序諸國盟則總稱諸侯
公羊檉之前目而後凡此上文已列三國之師救邢救邢与城邢
猶是一事相連耳而再列三國之師不依前目後凡者於文不可
言諸侯師故也案此十五年歷序諸侯盟于牡丘下書諸侯之大
夫救徐襄二十七年歷序諸國大夫會于宋下云諸侯大夫盟于
宋此不言諸侯之師城邢者此与會盟小異廿四年諸侯城緣陵

為其事有闕故摠稱諸侯此若云諸侯之師城邢似為其事有闕摠名為貶故魚則煩文而再列三國　注傳在至外薨　正義曰傳在閔二年者彼因孫于邾遂終言之實齊人殺之諱故不言殺也夫人之薨例不書地書地者明其在外而薨若言夫人行至夷遇疾而薨齊人乃以其喪歸耳　注荊始改號曰楚　正義曰此前常呼為荊此後遂稱為楚據其見經為言故云荊始改號莊二十八年仍書荊伐鄭自爾至今不知何年改　注檉宋至盟告正義曰經書會于檉傳言盟于犖犖即檉也而經不書盟釋例曰盟于鄧盟于犖盟于戚公既在會而不書其盟以理推之會在盟前知非後盟也蓋公還告會而不告盟也　注酈魯至三年正義曰傳言莒子之弟而經不書弟者諸侯之臣為卿乃見經見經則備書名氏若言莒子之弟挐則是為卿之備文此不書弟見其非卿也傳曰非卿也嘉獲之也以非卿不應書經嘉季友之功已獲莒之大將故特書所獲以美季子公羊亦云何以書大季子之獲也釋例曰莒挐非卿非卿則不應書今嘉獲故特書之特

昏猶不稱弟明諸書弟者皆卿也　注僖公至闕文　正義曰齊人
治哀姜之罪取而殺之則位絶於魯非復魯之夫人其死不合昏
之於策以僖公請而葬之外欲固齊以居厚內存母子不絶之義
故具書於經薨葬備禮諱之若言無罪而自死然既諱其殺不宜
有貶公羊傳曰夫人何以不稱姜氏貶曷為貶与弑公也穀梁傳
曰其不言姜以其殺二子貶之也或曰為齊桓諱殺同姓也賈逵
云殺子輕故但貶姜然則姜氏者夫人之姓二字共為一義不得
去姜存氏去氏存姜若其必有所貶自可賛其尊号去一姜字復
何所明於薨於葬未嘗有貶何故喪至獨去一姜公羊傳又曰曷
為不於弑焉貶貶必於其重者莫重乎其以喪至也案禮之成否
在於薨葬何以喪至獨得為重喪至已加貶責於葬不應備文何
故葬我小君復得成禮正以薨葬備禮知其無所貶責故以經
無姜字直是闕文公羊穀梁見其文闕妄為之說耳　傳元年至
禮也　正義曰去年八月閔公死僖公出奔邾九月慶父出奔莒
公即歸魯言公出故春公出而後歸即位之禮有闕為往年公出

奔之故非言應即位之時公在外也奔小白揚生之後皆书而後入經書其入依公羊之義亦應書入非年公出後入不書諱之國内有乱致令公出不書公出後入諱國乱也國乱国之惡事諱國惡是礼也時史諱而不書仲尼因而不改嫌諱非礼故以礼居之注掩惡礼可也正義曰坊記曰善則稱君過則稱已則民作忠善則稱親過則稱已則民作孝是掩惡揚善之義存君與親也君親之惡務欲掩之是故聖賢作法通有諱例諱雖有例而東无定体或諱大不諱小或諱小不諱大皆由時臣子率已之意而為之隱故无深淺常準隱十年公羊傳曰於外大惡書小惡不書於内大惡諱小惡書必如彼言是有常準歷撿春秋都无定例納鼎惡於易田諱田而不諱鼎公入小於公出諱入而不諱孫是其无常準也既无常準隨諱深淺旧史有所辟諱聖賢因而從之以通人交之理故容有掩惡之法釋例曰有時而聽之則可也正以為後法則不經故不奪其所諱亦不為之定制言若正為後法每事皆諱則為惡者无復忌憚居上者不知所懲不可尽諱也人之

所極唯君与親纔有小悪即發其短非復臣子之心全無愛敬之
義是故不掩不勸有时駐之以為諱悪者礼也无隠者直也二者
俱通以為世教也　注賓大至之辞　正義曰於例將卑師衆稱
師三國並称為師皆是大夫將也實大夫而曰諸侯揔衆國之
辞也桓五年蔡人衛人陳人從王伐鄭傳曰王以諸侯伐鄭彼亦
大夫將揔衆國而称諸侯也先儒以為此役諸侯身行故言时以
異之　注皆撰至私取　正義曰邢人潰而奔師棄其家之器物
師逐狄人為之斂聚皆撰以還邢人師人无所私取善齊桓委
任將人用兵嚴整也　注侯伯至穀帛　正義曰此因齊侯發例
齊侯之為侯伯者是王之二伯时言州長必是九州之長但州牧
於其竟内亦當救患討罪以州牧亦掌时事故言州長以包之有
失害者分之財物知分者分穀帛也　注虛丘至敗之　正義曰
犖之盟也邾人在焉公既盟而敗其師傳不明言其故直云虛丘
之戍不知虛丘誰地何故戍之服虔云虛丘魯邑魯有亂邾使兵
戍虛丘魯与邾无怨因兵將還要而敗之所以悪僖公也邾之於

魯季无恩僖公奔邾則為之外主國亂則成其内邑无故而敗
其師之信背義莫斯之甚非僖公作頌之主所當行也杜以為不
然故别為此說此說安无所據要其理當然也案十二月夫人之
喪始至此九月敗邾師而云以義求齊齊送姜氏之喪者夫人以
七月薨公即求齊齊既許之邾聞許而將歸魯得許而敗邾師耳
注汶陽至入濟　正義曰水北曰陽故知汶水北七釋例曰汶水出
泰山萊蕪縣西南經濟北至東平須昌縣入濟　二年注楚丘至
未近　正義曰此決城邢也彼既近訖乃為城之不言城夷儀而
言城邢邢已近也此則先城楚丘將以封衛言城楚丘不言城衛
衛未近也　江人黄人　正義曰公羊穀梁皆云江人黄人遠國
之辭言其實是君也以其遠國降而稱人賈云江黄稱人刺不度
德善隣恃齊背楚終為楚所滅其意無畏皆以江人黄人為國君
親來杜以諸侯之賤不至稱人則此稱人者皆是其國之大夫耳
齊桓威德稍盛遠國來服齊桓謙以接遠故與宋公令之
傳注君死至言封　正義曰封者聚土之名也天子之建諸侯必

分之土地立其疆界聚土為封以記之故建国謂之封国衛是由国今云封者以其君死国滅更封建之故云封也 假道於虞

正義曰聘礼云若過他邦至于竟使次介假道束帛將命于朝下大夫取以入告出許是礼也他国必假道也聘尚假道況乎伐国故請以璧馬假借也穀梁傳曰借道乎虞 注前是至軨坂

正義曰服虔以為冀為不道伐鄍三門謂冀伐晉也冀之既病亦唯君故謂虞與助晉也將欲假道稱前恩以誘之案傳荀息以璧假道公尚憂虞不許則晉之於虞旧非与国若其曾經助晉則是昔來通好何憂乎不許而請進国之美宝尚畏宮之奇諫乎故杜以為冀自伐虞々自報冀以虞已報冀晉不已報虢已弱以示其恥言虞彊以說其心此虽无文理必然也 注逆旅至邊邑

正義曰晉語云陽處父過甯舍於逆旅甯嬴氏知逆旅是客舍也逆迎也旅客也迎止賓客之處也 保者国守之語知其分依客舍伺候抄晉邊邑既又入而保之觀其此語則虢晉接隣但向其都邑須過虞国以從彼詣虢路遙山險易來難往故也 注晉猶

取信虞　正義曰如傳之言直云會虞師伐虢未知誰為兵主但下云先書虞賄故也若虞為兵主自當在先不須云先書虞也明晉實為主而仲尼先書虞故知晉猶主兵不信虞也　注寺人至張本　正義曰周礼内宰之屬有内小臣奄上士四人寺人王之正内五人内豎倍寺人之數寺人掌王之内人及女宮之戒令内豎掌内外之通令皆掌婦人之事是自内小臣以下皆用奄人為官也鄭玄云豎未冠者之官名然則此人名貂幼童為内豎之官以為齊侯所寵後雖年長遂呼為豎貂至此時為寺人之官故稱寺人貂也言漏師者漏泄師之密謀也漏師已是大罪此云始者言其終又甚至故言始以為齊亂張本　三年注一時至為災　正義曰一時不雨則書首月者解去冬今春也書首月者皆竟時不雨次月不雨不復書也故夏四月不雨五月不雨不復書六月得雨乃書之此由不雨日久方始追書其事每時一書所以詳其文也不於去年冬十月及今年正月不雨注必於夏四月不雨注者以下有六月雨既備書則五月不雨亦應備書今唯云夏四月

不雨故杜云一時不雨則書首月以解五月不書不雨之意文二年自十有二月不雨至于秋七月十三年自正月不雨至于秋七月二者皆總舉不雨又不書得雨之月与此年書不雨文異者穀梁傳曰一時言不雨者閔雨也閔雨者有志乎民者也六月雨〻云者喜雨也喜雨者有志乎民者也文二年傳曰歷時而言不雨文不憂雨也不憂雨者无志乎民也言僖有憂民之志故每時一舉文无憂民之志是以歷時總書賈逵取以為說杜既不注或亦史異辭也　注徐國至三年　正義曰諸侯相滅亡者多是土壤隣接思啓封疆今検杜注徐在下邳舒在廬江相去甚遥而越竟滅國无傳无注不知所以襄十三年傳例曰凡書取言易也用大師写曰滅然則滅之与取俱是絶其國家有其土地雖則称滅易則為取釋例曰用大師起大衆重力以陷敵國而有之故曰勝國通以滅為文也取者乘其衰亂或受其潰叛或用小師而不頓兵勞力則直言取如取如攜言其易也是勝國而不用大師亦為取也　注涖臨也　正義曰公羊傳曰涖盟者何往盟乎彼也来盟

胥何来盟于我也盟者殺牲歃血告誓神明以臨其上隨我去者
出我之意故言往彼臨視從外至者我共臨視故直舉其来
四年注遂兩事之辭　正義曰栢八年祭公来遂逆王后于紀公
羊傳曰遂者何生事也謂本无向紀之心至魯始生意也穀梁傳
曰遂繼事之辭也此云兩事之辭謂既有上事復為下事不以本
謀有心无心為異也此齊侯先有伐楚之心因行而侵蔡耳三十
年襄仲將聘于周遂初聘于晉栢十八年公將有行遂与姜氏如
齊如此之類本謀為二事也五年諸侯伐鄭楚人圍許諸侯遂救
許莊十九年公子結媵陳人之婦于鄄遂及齊侯宋公盟如此之
類本无謀而因事便行也但是兩事皆稱為遂故曰兩事之辭不
別本謀与否　許男新臣卒　正義曰成十三年曹伯廬卒于師
此不言于師者穀梁傳曰諸侯死於國不地死於外地死於師何
為不地內栢師也注云齊栢威德洽著諸侯安之雖卒於外与其
在國同賈逵云不言於師善會主加礼若卒於國尼氏无此義穀
例曰若卒于朝會或吞師或書地者史之成文非義所存然則或

言于師或不言于師亦是史有詳略无義例也注稱赴以名者公雖在軍死須相赴史得赴乃書耳　注屈完至嫌也　正義曰公羊傳曰屈完者何楚大夫也何以不稱使尊屈完也曷為尊屈完以當桓公也其意言屈完楚之貴者尊之以敵齊侯若屈完是以自專无假君命不為楚子所使故作自来之文服虔取以為說案孔子曰君使臣以礼臣事君以忠此聖人之明訓也今乃尊人之臣許其不為使輕人之主以為不合使臣是乃縱群下以覬覦教彊臣以奇恣約之以礼豈當然乎故杜別為此解楚子本使屈完如師以觀齊師之強弱強則欲服弱則欲拒屈完觀齊之盛因則求盟々非楚子之意故不稱使以屈完自来盟為文穀梁傳曰其不言使權在屈完也是其權時之宜自求与齊盟也完之本意欲即盟於軍齊桓喜其来服退舍以礼楚言来盟于師者屈完之意也盟于召陵者實盟之所也成二年齊侯使国佐如師不言来而此言来者彼既云如師不須稱来此不言如師故云来耳此既云来盟不言及屈完盟彼无盟之丸故別言及国佐盟意異

於此故文不同服虔云言來者外楚也嫌楚无罪言來以外之來者自外之文非別罪之所在若以言來即為罪楚則仲孫高子之來也豈外齊而罪之乎且惡楚者苟惡其辟在蠻夷負固不服不服之日容可外之服而又外欲何有也　注受齊至七年

正義曰直言及江黃者將卑師少故不言主師言微者及之宜七年傳例曰凡師出与謀曰及不与謀曰會而春秋征伐受命於盟主者實是与謀皆不言及釋例曰盟主之令則上行乎下非匹敵和成之類故雖或先謀皆從不与謀之例然則此伐陳者受齊之命討陳之罪亦是上行乎下而經書及者於時齊師不行使魯為主嘗与江黃謀之然後共伐故以与謀為文　傳注楚界至取諭

正義曰襄十三年傳稱楚子囊述共王之德撫有蠻夷奄征南海唯言征南海耳其竟未必至南海也因齊實処北海遂稱所近言其相去遠也服虔云風放也牝牡相誘謂之風尚書稱馬牛其風此言風馬牛謂馬牛風逸牝牡相誘蓋是末界之微事言其不相及故以取諭不相干也　召康公　正義曰謚法安樂撫民曰

康　注五等至夸楚　正義曰大公為王官之伯得以王命征討
天下隨罪所在各致其罰故五等諸侯九州之伯皆得征討其罪
齊桓因大公有此王命言已上世先公得征討有罪所以夸楚也
鄭玄以為周之制每州以一侯為牧二伯佐之九州有九侯十八
伯大公為東西大伯中分天下者當各統四侯半一侯不可分故
言五侯其伯則各有九耳侯為牧伯佐之言是周制其寔无所出
也且征者征其所統之国非征侯伯之身何當校計人數以充五
九之言即如其言使伯佐牧二伯共佐治而已非是分州之半侯
安得征九伯也校數煩碎非復人情故先儒无同之者　東至于
海西至于河　正義曰釋例曰海自遼西北平漁陽章武渤海樂
陵樂安北海東萊城陽東海廣陵吳郡會稽十四郡之東界以東
河出西平西南二千里從西平東北經金城故北地朔方五原至
故雲中南經平陽河東之西界東經河東河內之南界東北經汲
郡頓丘陽平々原樂陵之東南入海杜之此言擬其當時之河耳
禹貢導河積石至于龍門南至于華陰東至于底柱又東至于孟

漳東過洛汭至于大伾北過降水至于大陸又北播為九河同為逆河入于海案驗其地自大伾以上河道不改大伾以下即是汲郡以東河水東流秦漢以來始然也古之河道自大伾而北過降水故迹不可復知其大陸則趙地之廣澤也大陸以北播為九河九河故道河間成平以南平原鬲縣以北其九河者徒駭一大史二馬頰三覆釜四胡蘇五簡六絜七鉤盤八鬲津九徒駭最西以次而東故鄭注禹貢河間弓高縣往々有其處中候云齊桓霸遏八流以自廣計桓公之時齊之西竟尚在九河之最西徒駭蓋是齊之西界其東至于海當今樂安北海之東界也　注包裹至来審　正義曰禹貢荆州包匭菁茅孔安国云其所包裹而致者匭匣也菁以為菹茅以縮酒鄭特牲云縮酌用茅鄭玄云泲之以茅縮去滓也周礼甸師祭祀共蕭茅鄭興云蕭字或為莤々讀為縮束茅立之祭前沃酒其上酒滲下去若神飲之故謂之縮々滲也故齊桓公責楚不貢包茅王祭不共无以縮酒杜用彼鄭興之說也孔安国以菁与茅別杜云茅菁茅則以菁茅為一特今荆州貢

茅必有異於餘處但更无傳説故云茅之有異未審也沈氏云大
史公封禪書云江淮之間一茅三脊杜云未審者以三脊之茅比
目之魚比翼之鳥皆是靈物不可常貢故杜云未審也　注昭王
正義曰昭王成王之孫周本紀文也呂氏春秋季夏紀
云周昭王親將征荊蠻辛餘靡長且多力為王右還反涉漢梁敗
王及祭公隕于漢中辛餘靡振王北濟反振祭公高誘注引此傳
云昭王之不復君其問諸水濱由此言之昭王為没於漢辛餘靡
焉得振王北濟也振王為虛誕如高誘之注又稱梁敗復非船壞
舊説皆言漢濱之人以膠膠船故得水而壞昭王溺焉不知本出
何書　注昭王至受罪　正義曰楚世家成王封熊繹於楚以子
男之田國居丹陽宋仲子云丹陽南郡枝江縣也枝江去漢其路
其遥昭王時漢非楚竟故不受罪也　注言諸至讓稱　正義曰
諸侯之交必稱先君以相接此時諸侯有魯宋陳衛鄭許曹桓公
以前皆嘗與齊交接故齊侯稱繼先君之好謙以自廣也老子曰
孤寡不穀王侯之謙稱也曲禮云諸侯與民言自稱寡人庶方小

侯自称曰孤其在四夷虽大曰子於内自称不穀礼記虽为定例亦在臨時所称此秦侯自称不穀襄王出奔亦称不穀皆出自尚時之意耳亦雅訓穀為善穀是養人之物言我不似穀之養人是謙也　資糧屝屨　正義曰少儀云君将適他臣如致金玉貨貝於君則曰致馬資於有司鄭玄云資猶用也然則諸所費用之物皆为資也糧謂米粟行道之食也屝屨俱是在足之物善悪異名耳楊雄方言云屝麤也屨絲作之曰屨麻作之曰屝不借粗者謂之屨喪服傳曰疏屨者藨蒯之菲也是屝用草為之也注云草屨者屝屨通言耳相形以曉人也定本为草屨諸侯蒐至二等正義曰沈氏云朝會亦王事而別言死王事者謂因王亦或戰陳而死故別其文也　卜之不吉筮之吉　正義曰曲礼云卜筮不相襲鄭玄云卜不吉則又筮々不吉則又卜是瀆龜筴也晋献公卜娶驪姬不吉公曰筮之是也如彼記文卜之不吉不合更筮但献公既愛驪姬欲必為其位故卜既不吉更令筮之冀乎筮而得吉所以遂己心也詩云我龜既厭不我告猶鄭玄云卜筮数而瀆龜龜靈

厭之不復告其所圖之吉凶由是貫瀆龜筮不復告之以實故終
實不吉而筮称其吉是筮非不知而不以實告也周礼筮人云凡
國之大事先筮而後卜鄭玄云當用卜者先筮之即事漸也於筮
之凶則止不卜而傳称栢公卜季友晋獻公卜驪姬晋文公卜納
王趙鞅卜救鄭皆先卜而後筮者周礼言其正法耳春秋之世焰
時請問者或卜或筮出自當時之心不必皆先筮後卜崔灵恩以
為國之大事先筮而後卜筮凶則止不卜者筮必以三代之法若
三法皆凶則止不卜若兩法是凶一法内吉名為筮逆猶是疑限
故更卜以决之則洪範筮逆龜從是也故大卜掌三兆三易後礼
特牲少牢筮皆旅占是筮有數占之法則灵恩之説義亦可通
注物生至數短　正義曰筮數以上皆十五年傳文象者物初生
之形數者物滋息之狀凡物皆先有形象乃有滋息是數從象生
也龜以本象金木水火土之兆以示人故為長筮以末數七八九
六之策以示人故為短周礼占人掌占龜鄭玄云占人亦占筮言
掌占龜者筮短龜長主於長者正用此傳為説案易繫辭云著

之德圓而神卦之德方以知神以知來知以藏往然則知來藏往是爲極妙雖龜之長无以加此聖人演筮以爲易所知豈短於卜々人欲令公舍筮從卜故云筮短龜長非是龜已實長杜欲成筮短龜長之意故引傳文以證之若至理而言卜筮實无長短

專之至有臭　正義曰言公若專心愛之公心必將改變々乃除公之美公先有美此人將除去之薫是香草蕕是臭屮一薫一蕕言分数正等使之相和雖積十年尚猶有臭氣香氣盡而臭氣存言善惡聚而多少敵善不已止惡而惡已消善　注繇卜至之美　正義曰筮卦之辭亦名爲繇但此是卜人之言知是卜兆辭也卜人舉此辭以止公則兆頌旧有此辭非卜人始爲之也卜人言其辭而不言其意不知繇何兆此義何所出也渝變攘除皆釋言文也釋畜云夏羊牡羭牝羖則羭是羊之名美善之字皆從羊故羭爲美也變乃除公之美言公心必變而除公美也　注薫香至難除　正義曰此傳之意言善惡相雜二字皆從屮知是香草臭屮也月令五時各言其臭中央土云其臭香易繫辭云其臭

如蘭傳稱在君之臭味則臭是氣之摠名元非善惡之稱但既謂
善氣為香故專以惡氣為臭耳十是數之小成故舉以為言正与十
年香氣盡矣惡氣尚存言善易消而惡難滅也杜知猶是臭者內
則云牛夜鳴則庮彼庮亦是臭義其字雖異其意亦同尚猶有臭
猶則尚之義重言之耳猶尚書云弗遑暇食遑則暇也　公田至
亦斃　正義曰晉語說此事云公田驪姬受胙乃寘酖於酒寘堇
於肉公至召申生獻公祭地々墳申生恐而出驪姬与犬肉犬斃
飲小臣酒亦斃此傳既略當如國語也賈逵云堇烏頭也穀梁傳
曰以酖為酒藥脯以毒　注毒酒至之惑　正義曰毒酒經宿便
敗而公不怪其六日仍得如故明公之惑於驪姬不以六日為怪
也　五年注稱晉至從告　正義曰公羊傳曰曷為直稱晉侯以
殺々世子母弟直稱君者甚之也言父子相殘惡之甚者是惡其
用讒殺太子故斥言晉侯以罪之罪晉侯則申生無罪也傳稱晉
侯使以殺太子申生之故來告實以去年死告稱今年殺故以今
年告也釋例曰晉魯之不交使而告殺申生則所告不必皆有玉

帛之使但欲廣邑其罪耳言廣邑其罪則晉侯謂謊言為實誣
加大子以罪時史知其実改告而書之此杜不言晉曰則是旧史
然也　注伯姬至其子　正義曰伯姬未必是成風所生但哀姜
既死成風得為夫人縱非其母亦得歸寧也沈氏云伯姬以莊二十
五年六月歸于杞假令後年生子則其年十四矣杜云十歲左右
者以其從母言朝故云十歲右右也桓九年曹伯使世子射姑来
朝是諸侯之子得有攝君之礼行朝之義但以子幼弱而卒不成
朝故繫於母而曰朝其子也若其自行朝礼則世子當如射姑伯
姬別言来耳　注叔孫至為逆　正義曰牟是附庸之国唯桓十
五年邾人牟人葛人来朝自尓以来更不朝聘於魯魯不應使卿
聘此小国當是叔孫聘妻已定但卿非君命不得越竟故咨公請
使奉君命以聘因自為逆婦故傳稱娶焉明其因娶而聘　注間
元至世子　正義曰公羊傳曰諸侯何以不序一夏而再見者前
目而後凡也言此諸侯還是上会之諸侯故從省文不復序也昭
十三年秋公会刘子晉侯云云于平丘八月甲戌同盟于平丘不

言諸侯者為閒无異事故也九年夏公會宰周公齊侯云々于葵
丘九月諸侯盟于葵丘言諸侯者為其閒有伯姬卒故也此會盟
之閒无他異事後称諸侯者為王世子不盟故也穀梁傳曰後舉
諸侯何也為王世子而不敢与盟也釈例曰未有臣而盟君臣而
盟君是子可盟父故春秋王世子以下會諸侯者皆同會而不同
盟是解後言諸侯者見王世子不与盟也王世子者王之儲副周
礼膳夫掌養王及后世子歲終則會唯王及后世子之膳不會是
其為与王同也齊桓行霸翼戴天子為尊王室故殊貴王之世子
於會則歷序諸侯言會王世子則王世子不序諸侯之列也盟則
諸侯自盟世子不与是殊尊世子也　注逃其至三年　正義曰
礼君行師從卿行旅從若盟會必有師旅鄭伯棄其師衆挺身
逃歸釈例曰国君而逃師棄盟違其典伐棄其章服群臣不知其
謀社稷不保其安亡与匹夫逃竄无異故例在上曰逃是言称逃
之意也逃在盟前辟盟而逃故云逃歸不盟以还先告會盟故後
會鄭伯　注虞公至力識　正義曰晉人執虞公則從无道於

民之例虞公於傳未有不道之狀但以貪璧馬之寶拒絕忠諫々者所以安存社稷保祐下民志在貪寶無恤民之意即為不道於民是故稱人以執之也實是滅其國而言執其君者所以罪虞公且言執之易耳例曰虞公昧於貨賄貪以自亡國非其國臣非其臣晉人取之若執一夫故稱人以執而不言滅罪虞且言易也二十五年衛侯燬滅邢傳曰同姓也故名虞亦晉之同姓不言晉侯名者傳稱晉侯脩虞祀且歸其職貢於王以是之故不以滅同姓為說謂不責晉侯名也

傳辛亥至備故也　正義曰辛亥朔者月一日也日南至者冬至日也天子班朔於諸侯諸侯受而藏之於大祖廟每月之朔告廟受而行之諸侯有觀臺所以望氣祥也公既親自行此視朔之禮遂以其月往登觀臺之上以瞻望雲及物之氣色而書其所見之物是禮也凡春秋分冬夏至立春立夏為啓立秋立冬為閉用此八節之日必登觀臺書其所見雲物氣色若有雲物變異則是歲之妖祥既見其變後必有驗書之者為豫備故也視朔者月朔之禮也登臺者至日之禮也以常以一日視朔

乙月登臺但弍朔即是至日故視朔而遂登臺也　注周正乙
南極　正義曰日之行天有南有北常立八尺之表以候景之短
長爻乙乙之景尺有五寸月最長而景最短是謂日北至也自是以
後日稍近南冬至之景一丈三尺日最短而景最長是謂日南至
也冬至者十一月之中氣々々者月半之氣也月朔而已得中氣
是必前月閏々前之月則中氣在晦閏後之月則中氣在朔閏者
聚殘餘分之月其月無中氣半屬前月半屬後月是去年閏十二
月十六日已得此年正月朔大雪節故此正月朔得冬至也而杜
長歷僖元年閏十一月弍年閏十二月尺閏之相去歷家大率三十
二月耳杜於此閏相去凡五十月不与歷数同者杜推勘春秋日月
上下置閏或稀或概自準春秋時法故不与常歷同　注視朔
至得礼　正義曰視朔者公既告廟受朔即聽視弍朔之政是其
親告朔也礼天子曰靈臺諸侯曰觀臺秋宮云四方而高曰臺々
上搆屋可以遠觀望故謂之觀臺也古之為歷者皆舉其大数周
年有三百六十五日四分日之一外弍十二月則一月各有三

十月十六分日之七是故從前月節至後月初節必三十日有餘也其日月之行天也日行遲月行疾每二十九日過半而月及日謂之一月故從朔至朔唯二十九日過半耳計一歲則有餘十一日而不得周年故作閏月以補之計十九年而有七閏古歷十九年為一章以其閏餘盡故也步歷之始以朔旦冬至為首歷之上元其年是十一月朔旦冬至々十九年閏餘盡後得十一月朔旦冬至故以十九年為一章積章成部積部成紀治歷者以此章部為法因此可以明其術數推之而知氣朔也審別陰陽寒暑不失其時也所以陳敘時事教訓下民魯君不能常脩此事故善公之得禮也　注分春至其職　正義曰一年分為四時々皆九十餘日春之半秋之半晝夜長短等晝夜中分百刻故春秋之半稱春秋分也冬之半夏之半晝夜長短極々訓為至故冬夏之半稱冬夏至也四時之氣寒暑不同春夏生物秋冬殺物生物則為啓殺物則為閉故立春立夏為啓立秋立冬為閉言物禮氣色表禮非雲而別有氣色杜恐与雲相亂故別云氣色也周禮保章氏以

五雲之物辨吉凶水旱降豐荒之祲象鄭玄云物色也視日旁雲氣之色 降下也知水旱所下之国鄭衆云以二至二分觀雲色青為蟲白為喪赤為兵荒黑為水黃為豐鄭衆之此言蓋出占候之書計雲氣之占不啻尽尽此而已但世絕其学故莫已焉无傳茲所發凡皆是周之旧典既言礼也更後發凡是重申周典也直言必書雲物不更云公是日官掌其職非公所當親也刘炫規云書雲物亦是公親為之但上文有公既視朔故下文去公字耳今刪定知不然者上言公既視朔是傳家之語下云必書雲物是周公旧凡旧凡之文包諸侯天子若諸侯称公書雲物則天子當称王書雲物是知旧凡元無王公之文 日官掌其事若以上文有公既視朔故去公字然則周公旧凡豈豫知有公既視朔没去公字乎苟生異見妄規杜氏非也 注不謹慎 正義曰不謹慎所為多實新於中華若今極末 士蔿稽首 正義曰周礼大祝辨九拜一曰稽首二曰頓首三曰空首鄭玄云稽首拜頭至地也頓首拜頭叩地也空首拜頭至手所謂拜手也 解此三者拜之形容所以

為異也稽首頭至地頭下緩至地頓首頭不至地暫一叩之而已尚書每稱拜手稽首者初為拜頭至手乃復申頭以至地至手是為拜手至地乃為稽首然則凡為稽首者皆先為拜手乃成稽首故尚書拜手稽首連言之傳雖不言拜手當亦先為拜手乃為稽首稽首拜手共成一拜之禮此其為敬之極故臣於君乃然孔安國以為尽禮致敬知此是禮之極尽也大祝九拜又云四曰振動五曰吉拜六曰凶拜七曰奇拜八曰襃拜九曰肅拜鄭玄云振動戰栗變動之拜吉拜拜而後稽顙謂齊衰不杖以下者凶拜稽顙而後拜謂三年服者奇拜謂一拜荅臣下拜襃拜再拜拜神與尸肅拜今時撎也介者不拜說者又以為稽首臣拜君也頓首禮敵者相拜也空手禮君荅臣拜也　詩云至惟城　正義曰詩大雅板之七章懷和也寧安也和其德以撫民則其國唯安矣但已以德安國則宗子之固若城　注袪袂也　正義曰禮深衣記云袂之長短反詘之及肘喪服云袂屬幅袂尺二寸幅裡衣之身也袂屬於幅長於手反屈至肘則從幅尽於袖口揔名為袂其袂近

口又別名為袪此斬其袪斬其袖之末也詩唐風羔裘傳云袪袂
末鄭玄玉藻注云袪袂口也但袂是揔名擧以袂表袪故云袪袂
注惠王至其位　正義曰二十四年傳曰不穀不德得罪于母氏
之寵子帶書曰天王出居于鄭辟母弟之難也如彼傳文則襄王
与子帶俱是惠后所生但其母鍾愛其少子故欲廢太子而立之
周本紀云襄王母早死後母曰惠后生叔帶与傳不同史記謬也
七年惠王崩襄王畏子帶不敢發喪知此時有廢太子之意故并
相帥諸侯會太子定其位而王國也　注輔頰輔車牙車
正義曰易咸卦上九咸其輔頰舌三者並言則各為一物廣雅云
輔頰也則輔頰為一釈名曰頤或曰輔車其骨彊可以輔持其口
或謂牙車牙所載也或謂頷車也衛風碩人云巧笑倩兮毛傳云
好口輔也如此諸文牙車頷車牙下骨之名也頰之与輔口旁肌
之名也蓋輔車一處分為二名耳輔為外表車是内骨故云相依
也　注王季至君季　正義曰大伯虞仲辟季歷適荊蠻若有適
庶不須相辟知其皆同母也周本紀云古公有長子曰大伯次曰

虞仲大姜生季歷如史記之文似与大伯別母馬遷之言疏繆耳此言虢仲虢叔王季之穆国語稱文王敬友二虢故亦以為友王母弟々々之言更无所出仲叔皆文王之時虢君字也擬傳文郑滅一虢晉滅一虢不知誰是仲誰是叔後賈逵云虢仲封東虢制是也虢叔封西虢々公是也馬融云虢叔同母弟虢仲異母弟虢仲封下陽虢叔封上陽案傳上陽下陽同是虢国之邑不得分封二人也若二虢共処郑後安得虢国而滅之雖賈之言亦无明證各以意斷不可審知　注盟府司盟之官　正義曰周禮司盟掌盟載之法令日則掌其盟約之載既盟則貳之郑玄云貳之者寫副當以授六官唯言令日之盟不掌勲功之事而得有二虢之勲藏在盟府者凡諸侯初受封爵必有盟誓之言檀弓云衛大史柳莊死公与之邑裘氏与縣潘氏書而納諸棺曰世々万子孫毋変也其言即盟誓之辭也漢書功臣侯表記高祖即位八載天下乃平始論功而定封侯者一百四十三人封爵之誓曰使黄河如帶泰山若礪国以永存爰及苗裔其誓言即盟之類更必有因於古

明知以勲愛封必有盟要其辭尚藏於司盟之府也　其愛之也
正義曰愛之謂愛虞也虞豈已親於桓莊乎其尚愛此虞也
服虔其作甚注云愛之甚尚謂愛桓莊之族甚也愛之若甚何
以誅之且文勢不順又改字失真繆之甚也　注桓叔至五年
正義曰莊伯之族從父昆弟也桓叔之族從祖昆弟也唯言從祖
昆弟舉疏者而略言耳　周書至繄物　正義曰皇天无親惟德
是輔蔡仲之命文也黍稷非馨明德惟馨君陳文也人不易物惟
德繄物旅獒文也杜不見古文故以爲逸書此傳與書異者其作
繄師授不同字改易耳其意亦不異也民不易物者設有二人俱
以物祭其祭相似不改易此物唯有德者繄此乃是物无德而薦
神所不享則此物不是物也　以其族行　正義曰晉語云宮之
奇諫而不聽出謂其子曰虞將亡矣吾不去懼及焉以其帑適西山
韋昭云西山國西界也　虞不臘矣　正義曰月令孟冬臘門閭
及先祖五祀臘之見於傳記者唯月令与此二文而已秦本紀惠
王十二年初臘始皇三十一年更改臘曰嘉平秦邕獨斷云臘者

歲終大祭縱吏民宴飲非迎氣故但送不迎應劭風俗通云案礼
傳夏曰嘉平殷曰清祀周曰大蜡漢改曰臘々者獵也田獵取獸
祭先祖也此言虞不臘矣明當時有臘祭周時臘与大蜡各為一
祭言漢改曰臘不蜡而為臘耳　童謠至時也　正義曰釋樂云
徒歌謂之謠言无樂而空歌其聲逍遥然也於時有童稚之子為
此謠歌之辭故卜偃取以對公也夜之向明為晨日月聚會為辰
星宿不見為伏言乙日夜半之後丙日將旦之時竜尾之星伏在
合辰之下當是之時軍人上下均同其服振々然而盛旅者晉軍
旂也而徃取虢故云取虢之旂南方鶉鳥之星其体賁々然見於
南方天策之星近日焞々然无光耀甚微也鶉火之次正中於南
方尔时其當成軍克也虢公其當奔走也既引童謠之言乃後指
其時日在亥之九月十月之交乎謂九月十月晦朔之交也十月
朔丙子之日平旦時日体在尾星月在天策星鶉火正中於南方
必是时克之　注竜尾至不見　正義曰東方七宿皆為蒼竜之
宿其竜南首北尾角是竜角尾即竜尾故云竜尾々星也日月之

舍為辰昭七年傳文於時日体在尾々星与日月処共日俱出入故常伏不見也丙之晨者說文云晨早昧爽也謂夜將旦雞鳴時也　注戎事上下同服　正義曰周礼司服職云凡兵事韋弁服鄭玄云韋弁以韎韋為弁又以為衣裳今时伍伯緹衣古兵服之遺色然則在兵之服皆韋弁均服者謂兵戎之事貴賤上下均同此服也　注鶉々至其教　正義曰南方七宿皆為朱鳥之宿其鳥西首東尾故未為鶉首午為鶉火巳為鶉尾鶉火星者謂柳星張也天策傅說星史記天官書之文莊子云傅說得之以騎箕尾傅說殷高宗之相死而託神於此星故名為傅說星也傅說之星在尾之末合朔在尾故其星近日星微焞々然无光耀也說文云齓毀齒也男八月齒生八歲而齓女七月齒生七歲而齓童齓之子未有念慮之感不解自為文辭而群聚集會成此嬉遊遨戲之言其言韻而有理似若有神憑之者其言或中或否不可常用傳覽之士及臣懼思之人兼而志之以為鑒戒以為將來之驗有益於世教故書傳時有采用之者　文三年傳曰孟明之臣也其不解

也邑懼思也邑懼思之人謂孟明之類也　注是夜至在策

正義曰以三統歷推之此夜是月小餘盡夜半合朔在尾十四度

後乙夜半至平旦日行四分度之一月行三度有餘故丙子旦日

在尾星月在天策鶉火之次正中也月令孟冬之月日在尾昏危

中旦七星中七星則鶉火次之星也　注虞所命祀　正義曰

虞受王所命之祀謂天子命虞使祀其竟内山川之神也既滅其

國故代虞祭之

春秋正義卷第十　計一万七千四百五字

春秋正義卷第十一　僖公

國子祭酒上護軍曲阜縣開國子臣孔　穎達等奉

勅撰

六年公至自伐鄭　正義曰二十八年公會晉侯云云于温諸侯遂圍許二十九年公至自圍許此年會伐鄭遂救許不稱至自救許而云至自伐鄭与温會反者釋例曰諸若此類事勢相接或以始致或以終致蓋時史之異也此直當由公至自告廟所告不同史依告而書不為義例　傳注實新至諸侯　正義曰密是邑名鄭人新築密邑故傳稱新密經不稱圍新密言圍新城傳云鄭所以不時城也解經言新城之意鄭以非時築城違礼害民斉栢声其罪以告諸侯故書新城以新城為鄭之罪狀刘炫云先王之制諸侯无故不造城造城則攻其所造司馬法曰産城攻其所産是也注微子宋祖也　正義曰案宋世家云微子開者殷帝乙之首子而帝紂之庶兄周武王克殷微子乃持其祭器造於軍門肉袒面縛左牽羊右把茅膝行而前以告於是武王乃釋微子復其

位成王誅武庚乃命微子代殷之後國於宋史記之言多有錯謬
微子手縛於後故以口銜璧又焉得牽羊把茅也此皆馬遷之妄
耳 注祓除凶之禮 正義曰周禮女巫掌歲時祓除謂之祓除
明是除凶之禮也襄二十九年稱公臨楚喪使巫以桃茢先祓殯
此亦當以桃茢祓之 七年傳心則至於病 正義曰競彊也言
心則不能強盛則當須屈服於人何得難於屈弱之病而不下齊
吾知其所由來矣 正義曰孔叔既請鄭伯下齊公初欲下齊不
知何意而來得說於齊後更云吾知其說齊所由來矣謂由殺申
侯說齊之意得來矣 注諸侯至之物 正義曰周禮大行人云
侯服貢祀物甸服貢嬪物男服貢器物采服貢服物衛服貢材物
要服貢貨物鄭玄云祀貢者犧牲之屬嬪物絲枲也器物尊彝之
屬服物玄纁絺纊也材物八材也貨物龜貝也如彼禮文諸侯所
貢之物皆以服數爲差尚書禹貢任土作貢皆貢土地所生不計路
之遠近然則周禮雖依服數亦貢土地所生不宜遠求他方之物以
貢王也王室盛明之時每國貢有常職天子既衰諸侯惰慢貢賦

之事无後受準故霸主揔帥諸侯爲崇天子量其国之大小号令所出之物傳言諸侯各使官司取齊約束受其方所當貢天子之物言其一聽齊令義齊侯已以礼服諸侯　注列於用子華正義曰經書齊侯宋公陳世子款鄭世子華盟于甯母則已列於會矣管仲方云會而列姦何以示後嗣者相公列之於會直是列其身耳管仲言列姦者謂將用其姦謀故杜云列姦用子華也不受子華之請即是會不列姦也他国无事可記齊史无所可隱故下句言他国記姦則廢君盟齊史隱諱則損盛德也　八年注王人至曹〻地　正義曰公羊傳曰王人者何微者也曷爲序乎諸侯之上先王命也穀梁傳曰王人之先諸侯何也貴王命也弁冕雖旧必加於首周室雖衰必先諸侯釋例以爲中士称名下士称人此言王人是天子之下士也諸侯相与爲盟所以同奬王室天子之臣不与諸侯共盟釋例曰未有臣而盟君臣而盟君是子可盟父故春秋王世子以下會諸侯者皆同會而不同盟是言王臣正法不与諸侯盟也二十八年踐土之盟傳称王子虎盟諸侯于王庭杜云王子虎

涖盟不同歃故不書宣七年傳曰諸侯盟于黑壤王叔桓公涖之以謀不睦杜云王叔桓公銜天子之命以監涖諸侯不同歃爲卑之別也哀十三年傳曰公會單平公晉定公吳夫差于黄池杜云平公周卿士也不書爲之不与會此三者王臣皆不与盟是其正法然也若天子初立王室不安命臣使結盟諸侯以安王室雖非正法变勢宜然既无褒義亦无貶責此王人与諸侯盟不譏者王室有難王勑使來盟故也文十年及蘇子盟于女栗傳曰頃王立故也襄三年公會單子晉侯云云盟于雞澤杜云周灵王新即位使王官伯出与諸侯盟以安王室皆变与式同以情義可許故都无貶責二十九年翟泉之盟於时諸侯輯睦王室无虞而王子虎下盟列国以瀆大典故貶称王人是依礼不合故擬法貶之春秋王臣与諸侯會盟凡十有餘变説与不説皆從此例注新服至乞盟正義曰鄭伯往年使子華聽命心猶未服齊桓拒子華之請故今始服從齊桓以其新服尚未与之會故不序列而別言乞盟止言乞盟不知与盟以否傳称鄭伯乞盟請服也既言請服義

无不受命是既盟之後而別与之盟諸言乞師皆乞得其師知此乞盟亦乞得其盟但盟理可見不復別言盟耳　注禘三至書之　正義曰釋天云禘大祭也言其大於四時之祭故為三年大祭之名言每積三年而一為此祭也大廟々之大者故有周公廟釋例曰三年喪畢致新死之主以進於廟々々之遠主當遷入祧於是乃大祭於大廟以審定昭穆謂之禘是說致者致新死之主於廟而列之昭穆也此致々哀姜也哀姜薨已多年非復新死而於今始致者傳發凡例夫人不薨于寢則不致哀姜例不應致故僖公疑其禮喪畢之月不作禘祭之禮以致之既不為哀姜作喪畢禘祭其禘自從閔公數之二年除閔喪為禘至五年後禘今八年後禘姜死以來已歷三禘今因禘祭畢復行之三年一禘々自是常不為夫人禘祭因禘而致夫人嫌其異於常禮故史官書之若其不致夫人則此禘得常不書為用致夫人而書之耳　傳凡夫至致也　正義曰夫人薨葬之禮有赴同祔姑反哭三事而已此說致之禮加以薨寢殯廟而不言反哭者蓋以致於廟者終始成其為

死生之礼畢不薨于寢死不得其所也不殯于廟葬之不以礼也死
葬非礼則先神恥之故不具回叓皆不合致反哭者直为書葬
以否假使不备其葬夫人之礼亦成自是生者之可説非为死者
之有失虽不反哭亦得致之故於此不言反哭也　注寢小至致
也　正義曰喪大記云男子不死於婦人之手婦人不死於男子
之手君夫人卒於路寢既言婦人不死於男子之手必不得死於
君之路寢言夫人卒於路寢禮卒於夫人之大寢對君路寢为小
故云小寢也同者同盟之国也檀弓曰喪之朝也順死者之孝心
也其哀離其室也故至於祖考之廟而後行殷朝而殯於祖因朝
而遂葬士喪礼朝而遂葬与記正同知周法不殯於廟而此傳及
襄四年皆云不殯于廟以为失礼知其將葬之時不以殯過廟耳
殯過廟者將葬之時從殯宮出告廟乃葬非是殯尸於廟中也拠
經哀姜薨葬之文知其赴同祔姑可矣亦知其殯於廟者以元年
十二月喪至二年五月始葬明矣則殯於寢也既殯於寢自然葬
當朝廟故拠葬文亦知殯廟唯當以不薨於寢不得致耳　九年

注四月盟　正義曰御說以莊十三年即位十六年盟于幽十九
年于鄄二十七年于幽僖元年于檉四年于召陵五年于首止七
年于甯毋八年于洮皆魯親俱在是爲八月盟不數莊公之盟檉
盟經不書亦不數故云四月盟則君乃數莊公之盟又不數召陵
以爲六月盟而規杜非也　注周公至葵丘　正義曰傳稱王使
宰孔賜齊侯胙知周公即宰孔也其官爲大宰采地名爲周天子
三公故稱公孔則其名也穀梁傳曰天子之宰通於四海其意言
宰者六官之長官名通於海內是故各其官名也通于四海者爲
謂大宰之長官耳其屬官不應得通而宰咺宰渠伯糾則必非長
官亦稱爲宰者蓋自宰夫以上皆通也釋例曰今案春秋以考之
其稱公者皆三公非五等之公也是言祭公周公皆三公也釋例
又曰王之公卿皆書爵則卿亦不字杜云三公不字者以入春秋
以來家父南季皆大夫稱字宰周公文兼其後故云不字不於祭
公逆王后注者因歷序諸國而言之莊八年傳曰連稱管至父戍
葵丘杜云齊地臨淄縣西南地名葵丘知此葵丘與彼異者傳稱

齊侯不務德而勤遠略西為此會則此地遠處齊西不得近在臨淄故釋例以為宋地陳留外黃縣東有葵丘或曰河東汾陰縣為葵丘非也經書夏會葵丘九月乃盟晉為地主无緣欲會而不及盟也是説不月之意　注公羊至之冠　正義曰公羊傳曰此未適人何以卒許嫁矣婦人許嫁字而笄之死則以成人之喪治之穀梁傳意亦与之同嫁於大夫死不書卒此許嫁者嫁於国君也但未往彼国不成彼国之婦故不称国也喪服小記曰男子冠而婦人笄其義一也是許嫁而笄猶丈夫之冠也礼男子冠而不為殤婦人笄而不為殤故以成人之喪治之為之服成人之服礼姊妹在室期出嫁大功檀弓曰姑姊妹之薄也蓋有受我而厚之者為夫厚之故我降之也曾子問云取女有吉日而女死如之何孔子曰壻齊衰而弔既葬而除之其夫不為服則兄弟不為降礼諸侯絶旁期此為将嫁於諸侯故書其卒既書其卒當服其本服為之齊衰期也但於時服否不可知耳　注夏會至与盟　正義曰平丘會後即盟不言諸侯為間无異事故也此亦會後為盟間有

伯姬卒盟令文不相比故重言諸侯人傳稱宰孔先歸則宰孔不
盟杜云宰孔先歸不与盟者欲見經先伯姬之卒亦當重言諸侯
注未同至從赴　正義曰甲子在戊辰之前而書在盟後從
赴從赴者赴在盟後也春秋之世史失其守赴告之文多違礼制
計諸侯之薨當具以薨之月日告於隣国隱三年傳曰壬戌平王
崩赴以庚戌故書之是赴者妄稱日也襄二十八年傳曰王人來
告喪問崩日以甲寅告故書之是元赴不以日被問乃稱日也文十
四年傳曰七月乙卯夜齊商人弒舍齊人定懿公使來告難故書
以九月是赴者不言死月魯史不復審問即爲以來告之月也此
甲子晉侯卒蓋赴以日而不以月魯史不復審問書其來告之
日唯稱甲子而已不知甲子是何月之日故在戊辰後也若赴以
九月告魯魯史當推其月之先後不得甲子在戊辰後也明告不
以月故書其日耳　傳注在喪至相接　正義曰既言猶云未葬
即發在喪之例知其在喪禮未葬也童者未冠之名童而又小
故爲童蒙幼末之稱易蒙卦云匪我求童蒙童蒙求我蒙禮闇

昧也幼童於事多闇昧是以理之童蒙焉曲礼曰夫人自称於其
君曰小童郑玄云小童若云未成人也王崩未葬嗣王自称亦言
已未成人也子者對父之名故云繫父之辞以未成君故繫於父
不忍絶之称也諸侯爵有五等唯言公侯曰子以公侯爲也傳称
在礼卿不會公侯會伯子男可也又子産云郑伯男也使從公侯
之貢懼弗給也是公侯之爲絶於伯子男也此既言王即云公侯
是其与王相近特爲公侯立称伯子男不得同之也春秋无伯子
男在喪之事既不爲立称又不得成君不知其當何所称也然東
栢十一年郑忽出奔衛莊二十四年曹羈出奔陳杜云先君既葬
不称爵者國人賤之以名赴則既葬称爵未葬称名也周康王在
喪称予一人釗尚書康王之誥也曲礼云君天下者曰天子朝諸
侯分職授政曰余一人天子未除喪曰余小子是礼天子自称亦
不言小童也或言王曰小童必有称之時或所称之辞各有所施
但不知施何処耳如曲礼之文天子未除喪曰余小子則是未得
称一人而康王在喪称予一人釗者當以諸侯列土之君将欲各

歸其國故正其成君之稱以答諸侯也此小童者王謙自稱之辭非諸下所得昏故經无其事其公侯曰子乃是史書之文二者非相對之文而并爲一凡是傳通取旧典之文以事對相接耳非言小童是策書之例也釋例郊雩烝嘗例不云地祇及禘祠者經无其事故傳略而不言此王曰小童亦經无其事所以言之者郊雩例多故經无者略之此王曰小童與公侯相接其文簡約經雖无文亦言而言之釋例曰位弥高者尊弥重々慮周於經遠故儀制異於凡人存其實篤其志足以敘親疏之情通万變之理而已故諸列國之君在喪或不得已而脩會盟之事唯公侯特稱子以別尊卑是言獨內公侯立稱之意春秋公侯稱子皆是其父未葬唯二十五年公會衛子莒慶盟于洮於時衛文公已葬而成公稱子釋例曰衛文公欲平莒於魯未終而薨故衛子尋父之志魯人由此亦脩文公之好成孝子之至感人情之所篤故成公雖已免喪亦於此盟降從在喪之名故經隨而書予傳據而釋之云脩文公之好也　注胙祭至王後　正義曰傳稱大子祭于曲沃歸胙于

公此天子有事于文武賜齊侯以胙知胙是祭肉也周礼大宗伯
以脤膰之礼親兄弟之國鄭玄云脤膰社稷宗廟之肉以賜同姓
之國同福祿也脤膰即胙肉也言親兄弟之國則異姓不合賜也
二十四年傳曰宋先代之後也於周為客天子有事膰焉是言二
王之後礼合得之今賜齊侯是尊之比二王後也　注天子謂伯
舅　正義曰曲礼曰五官之長曰伯天子同姓謂之伯父異姓謂
之伯舅鄭玄云謂為三公者周礼九命作伯齊桓是九命之伯故
以伯舅呼之　注七十曰耋級等也　正義曰釋言云耋老也舍
人云耋六十稱也郭璞云八十為耋釋名云八十曰耋耋鐵也皮
黑如鐵彼說或云六十或云八十杜云七十曰耋者耋之年齒既
无明文曲礼云七十曰老尔雅以耋為老故以為七十曲礼升階
之法云涉級聚足是級為等也法當下拜賜之勿下是進一等
注言天威曰咫　正義曰顏謂額也楊雄方言云顏額謂顙也中
夏謂之額東齊謂之顙河潁淮泗之間謂之顏魯語云肅慎氏貢
楛矢長尺有咫賈逵亦云八寸曰咫說文云周制寸尺咫尋皆以

人之作為法中婦人手長八寸謂之咫周尺也　注小白至身也　正義曰諸自稱余者省稱名之处耳齊侯既稱小白而後言余故解之余身釋詁文舍人曰余卑謙之身也孫炎曰余舒遲之身也郭璞曰今人亦自呼為身下拜登受　正義曰覲礼天子賜侯氏以車服諸公奉篋服加命書于其上升自西階東面大史氏右侯氏升西面立大史述命侯氏降兩階之間北面再拜稽首升成拜彼侯氏降階再拜是此下拜也升成拜是此登受　注言其至縣藐　正義曰藐者縣遠之言諸子皆長而奚齊独幼是小大相去縣藐也藐諸孤者言年既幼稚縣藐於諸子之孤　臣欲復言而愛身乎　正義曰意臣欲使前言可反復而行之得愛惜身命不死乎　注言夷至勸秦　正義曰秦伯問公子誰恃問公子於晋国之臣倚恃誰為內主也對言夷吾無黨無讎者由無黨故注前易出無讎故此時易入言易出易入以微勸秦使納之　唯則定利也　正義曰唯身有則者乃臣定国也詩美文王之德不記識古事不学知今事常順天之法則而行之為此行者文王之帽也

又曰人行不僭差不賊害能如此者少不爲人所法則言必爲人所法則也此二詩所出者无所偏好无所私惡不爲忌羌不好勝人之禮也今其此夷吾之言多有所忌多欲陵人以此而求安定難哉今其言多忌克還上不忌不克上既有无好无惡不還之者以身行忌克則有私好私惡之心舉忌克足以包好惡也公曰多忌於人則多爲人怨又焉能勝人此乃是吾之利也无好无惡言文王之行也不忌不克述抑篇之義也則二句於前以此言結之

注詩大至之法　正義曰詩大雅皇矣之篇也則法釋詁文彼鄭箋云其爲人不識古不知今順天之法而行之是言闇行自然合天地之法也禮記稱天无私覆地无私載合天地法者即无偏好无私惡之禮也

注僭過至法則　正義曰詩大雅抑之篇也彼毛傳云僭差也鄭玄云不殘賊是賊爲害也心有所忌則多包羌志在陵人必多爲賊害下云不忌不克還述此文故言僭賊者皆忌克也

注其言至吾利　正義曰心忌前人則人亦忌己志在陵人則人亦陵己若使人皆忌之人皆陵之是適足以自害不能

勝人也秦伯閔其呂克慮其还来害己故以不己勝人為是吾利
也十年注弑卓至於昏　正義曰傳於前年甚詳經以今年昏
之明赴以今年弑也傳称立公子卓以葬是免喪始死故称君也
文七年宋人殺其大夫傳曰不称名衆也且言非其罪也死者不
称名非其罪故知称名者皆有罪也荀息称名者不知奚斉卓子
之不可立又不己諫里克以存君是其虽欲後言本无遠謀也襄
廿九年斉殺其大夫高厚傳称從君於昏献公惑於驪姫殺適立
庶荀息知其叓而為之傳奚斉是其從君於昏也　注奚斉至罪之
正義曰宣四年傳例曰弑君称君々无道也称臣々之罪也里克
殺奚斉弑卓子背昏里克之名是奚斉与卓子未為无道也殺大
夫傳言不称名者為其罪則称名為有罪故今称里克之名以罪
之　傳注蘇子至九年　正義曰尚書立政云司寇蘇公成十一
年傳曰昔周克商蘇忿生以温為司寇以此知蘇子司寇蘇公之
後也国名為蘇所都之邑名為温故温蘇遞見於經是得兩称故
也　欲加至辞乎　正義曰言君今欲加臣之罪其畏无辞以罪

臣乎言必方便有辭耳　注下国曲沃新城　正義曰曲沃邑也而称国者晉昭侯眘以此邑封桓叔々々国之三世武公始并晉国遷居而就之此曲沃晉之旧國故謂之為下国也　夷吾无礼正義曰賈逵云烝於獻公夫人賈君故曰无礼馬融云申生不自明而死夷吾改葬之章父之過故曰无礼杜不為注蓋以鬼神之意難得而知夷吾无礼或非一事不可指言故不説也　神不歆非族　正義曰傳称非我族類其心必異則族類一也皆謂非其子孫妄祀他人父祖則鬼神不歆享之耳祭法云聖王之制祭祀也法施於民則祀之以死勤事則祀之以労定国則祀之能禦大菑則祀之能捍大患則祀之若農棄〔蘖〕為稷后土為社々稷功被天下乃令率土報功如此之徒非独歆已之族若功不被於下民名不載於祀典唯其子孫祀之神亦不歆他族然則秦非晉類而使祀申生祀之大失也晉无罪而滅以畀秦刑之濫也天豈不達此事而待狐突之言方改圖者民之与神不相雜擾本理有大故非曲為小惠豈有一人冤枉即已許天々受人許辭便將滅国以支

本是妖孽假託上天非天實為之人能改易僞言鬼神所馮有時
而言非言其意實是天心不可執其言而以人意為難也　七日
至我焉　正義曰申生埋狐突云更經七日於新城西偏將有巫
者而與之俱見我焉故杜云將因巫而見　注蔽敗至而信
正義曰晉語云惠公即位出共世子而改葬之臭徹於外國人誦
之曰貞之不報孰是人斯而有是臭也貞為不聽信為不誠不更
厥正大命其傾猗兮違兮心之哀兮歲之二七其靡有徵兮郭
偃曰甚哉善之難也君改葬共君以為榮也而惡滋章十四年
君之冢祀其替乎亦是申生猶忿之事　注三子至之幣
正義曰曲禮云凡以弓劍苞苴簞笥問人者鄭玄云問猶遺也重
問謂多以財貨遺之也下云幣重而言甘故云問謂問之幣也
七輿大夫　正義曰周禮大行人云侯伯七命貳車七乘貳即副
也每車一大夫主之謂之七輿大夫服虔云上軍之輿帥七人屬
申生者襄二十三年下軍輿帥七人往前申生將下軍今七輿大
夫為申生報怨欒盈將下軍故七輿大夫與欒氏炫謂服言是

十一年傳天王至長世　正義曰召武公亦名過周語云襄王使召公過及內史過賜晉惠公命晉侯執玉卑拜不稽首內史過歸以告王曰晉不亡其君必无後不敬王命棄其禮也執玉卑替其贄也拜不稽首无其王也替贄无鎮无王无人晉侯无主人亦將无之欲替其鎮人亦將替之其言多而小異孔晁云左丘明集其典雅令辭與經相發明者以為春秋傳其高論善言別為國語凡左傳國語有事同而辭異者以其詳於左傳而略於國語詳於國語而略於左傳　伊雒之戎　正義曰釋例曰諸雜戎居伊水雒水之間者河南雒陽縣西南有戎城伊水出上雒盧氏縣熊耳山東北至河南雒陽縣入雒雒水出上雒縣冢領山東北經弘農至河南鞏縣入河　十二年傳注楚丘至衛傳　正義曰衛以二年遷於楚丘諸侯為之築其城至此為之築其郛公羊傳曰郛者何郭也不單言衛楚丘者見楚丘未有郛也諸侯不告魯不與故不書无經而為傳者其言必有所為故云為狄侵衛傳　余嘉至朕命　正義曰余朕皆我也乃女也應篤也懿美也督正也言我善女功

勲尚女美德禮女功德正而不可忘宜受此礼注居女職无隳逆
我之命敬令受上卿之礼　君子至宜哉　正義曰丘明之意假
稱君子稱管氏應合世祀也宜哉而遂不世祀子孫絶滅是以善
无驗故杜注云傳亦舉其无驗是也　注詩大至无驗　正義曰
詩大雅旱麓之篇愷樂悌易皆釋詁文樂易言志度弘簡忻樂
而和易也　世族譜管氏出自周穆王　成十一年傳有齊管于奚
譜以為雜人則非管仲之子孫也　哀十六年傳稱楚白公殺齊管
脩杜云管脩楚賢大夫故齊管仲之後是管仲之後於齊没不復
見也　十三年傳晉薦飢　正義曰釋天云穀不熟為飢仍飢
為薦李巡曰穀不成熟曰飢連歲不熟曰薦　注從渭至入河
汾　正義曰秦都雍雍臨渭晉都絳絳臨汾渭水從雍而东至弘農
華陰縣入河從河逆流而北上至河東汾陰縣乃東入汾逆流
東行而通絳故杜云從渭水運入河汾也　十四年注沙鹿至繫
国　正義曰公羊傳曰沙鹿者何河上之邑也穀梁傳曰林屬於
山為鹿沙山名也服虔云沙山名鹿山足林屬於山曰鹿取穀梁

內說也漢書元后傳稱后祖翁孺自東平陵徙魏郡元城委粟里
元城建公曰昔春秋沙鹿崩晉史卜之曰陰為陽雄土火相乘故
有沙鹿崩々後六百四十五年宜有聖女興今王翁孺徙正值其
地日月當之元城郭東有五鹿之虛即沙鹿地計尒時去聖猶近
所言當得其實故以沙鹿為山名依漢書為義也沙鹿實是晉地
不言晉沙鹿者凡有災害繫於所災所害之處不繫於所屬之
國故不繫晉也釋例曰陳既已滅降為楚縣而書陳災者猶晉
之梁山沙鹿崩不書晉也災害繫於所災所害故以所在為名
災為陳災成周宣榭火害為梁山沙鹿崩山崩必有所害故所
災所害別言之　傳注闕謂至迁也　正義曰元年齊師宋
師曹師城邢傳稱具邢器用而迁之師無私焉是器用具而城
池固故具列三國之師詳其文以美之也今此揔云諸侯城緣陵不
言其侯々々与城邢文異不具書其所城之人為其有闕也知
闕為器用不具城池不固而去為患不終故揔言諸侯以說之凡
諸侯盟會不歷序其人揔言諸侯者皆是說之辭文十五年諸侯

盟于扈傳曰書曰諸侯无能为也十七年諸侯會于扈傳曰書曰諸侯无功也是其總言諸侯皆譏辭也十六年會于淮傳稱城鄫役人病不果城而還亦是为惠不終而淮會具書其人者淮之會为謀鄫且東略非为城鄫而聚會既會之後乃議城鄫而不果本意不城鄫无可貶也先儒以为諸侯有已貶而稱人杜拠澶淵之會与此傳文知諸侯之貶不至稱人故釈例曰傳滅入例衛侯燬滅邢同姓故名又云穀伯綏鄧侯吾離來朝名賤之也又云不書蔡許之君乘楚車也謂之失位此皆諸侯貶之例々不稱人也諸侯在會傳有明文而經稱人者凡十一條丘明不示其義而諸儒皆拠案生意原无所出貶諸侯而去爵稱人是为君臣同文非正等差之理也又澶淵大夫之會傳曰不書其人案經皆去名稱人至諸侯親城緣陵傳亦曰不書其人而經總稱諸侯此大夫及諸侯經傳所以为別也通按春秋自宣公五年以下百數十年諸侯之咎甚多而皆无貶稱人者益明此蓋當時告命注記之異非仲尼所以为例故也　注国

主至之徵　正義曰成五年傳曰国主山川故山崩川竭君為之不舉周語幽王二年西周三川皆震伯陽父曰昔伊雒竭而夏亡河竭而商亡国必依山川山崩川竭亡国之徵也卜偃明達災異以山崩为亡国之徵知其將有大咎不言知之意非末学者所得詳也釋例曰天人之際或異而無感或感而不可知沙鹿崩因禋期年將有大咎梁山崩則云山有朽壤而自崩此皆聖賢之讜言達者所宜先識是說卜偃之言非後人所能測注魏射惠公舅　正義曰晉語云秦饑惠公命輸之粟魏射請勿与慶鄭請与之公曰非鄭之所知也遂不与秦侵晉至于韓公謂慶鄭曰寇深矣奈何慶鄭曰非鄭之所知也君其訊射也公曰舅所病也是魏射為惠公之舅也

十五年注諸侯至五年　正義曰文十五年曹伯來朝傳曰礼也諸侯五年再相朝以修王命古之制也杜云十一年曹伯来朝雖至此乃来亦五年也此十年公如齊至此則六年非五年再朝之事杜引之者以去朝歲亦五年故引證之刘炫云杜

云礼者謂文十五年傳為礼與仍非礼也　注夷伯至書字
正義曰公羊穀梁傳皆以晦為冥謂昼日闇冥也杜以長歷推
己卯晦九月三十日書狀值朔書朔值晦書晦无義例也傳稱
於是展氏有隱慝焉知此夷伯展氏之祖父也大夫之謚多又連
字稱之不知夷伯其名為何又不知今之展氏其人是誰故漫言
祖父耳謚法安人好静曰夷是夷為謚也伯是其字也説文云
震霹歷振物者電陰陽激耀也然則震是霹歷而言電〻撃
之者霹歷有声有光電〻之大者耳故言電〻以明之　玉藻
云士於君所言大夫没矣則称謚若字是大夫既没礼當書其
字也　注例得至大崩　正義曰諸侯与大夫因戰而被殺
者昭二十三年傳例君死曰滅大夫死曰獲其被囚虜者大
夫生死同名皆称為獲国君生獲則曰以皈蔡侯献舞沈子嘉
胡子豹之類皆是也今此晉侯称獲故觧之不書敗績晉侯
之車还濘而被執耳其師不大崩也　傳夏五至失之
正義曰栢十七年已有例此重發者沈氏云彼直不書日今朔日

皆不書故重發之　注晉侯至女也　正義曰莊二十八年傳曰
晉獻公娶于賈無子烝於齊姜生秦穆夫人及太子申生先言穆
姬後言申生知是申生姊也言娶于賈則是正妃杜言次妃者蓋
杜別有所見也晉世家云申生母齊桓女也同母女弟為秦穆夫
人夷吾母重耳母女弟也案傳申生之母本是武公之妾武公
末年齊桓始立不得為齊桓女也虢射惠公之舅狐偃文公之
舅二母不得為姊妹也皆馬遷之妄耳　注中大至不孚
正義曰晉語稱夷吾謂秦公子縶曰中大夫里克與我矣吾命之
以汾陽之田百萬丕鄭與我矣吾命之以負蔡之田七十萬此外
猶憊更有賂也　注河外至西南　正義曰河自龍門而南至華
陰而東晉在西河之東南河之北以河北為內河南為外虢略虢
之竟界也獻公滅虢而有之今許以賂秦列城五者自華山而東
盡虢之東界其間有五城也傳稱許君焦瑕蓋焦瑕是其二其餘
三城不可知也列城猶列國言是城之大者解梁城則在河北非
此河外五城之數也　注後文至言之　正義曰後文以下卜冠

名知是掌龜卜者卜人當卜而今用筮知其本非所掌不已通三
易之占其封遇蠱不引易文是據其所見雜占而言之刘炫云案
成十六年筮卦遇復云南國蹙射其元王中厥目亦是雜占則筮
法亦用雜占不必皆取易辭而云不已通三易之占者今刪定以
為此云涉河侯車敗又云千乘三去獲其雄狐了无周易片意又
云卜徒父筮之是卜人掌筮故杜云不已通三易而成十六年非卜
人為筮且南國蹙之雖非易辭还是周易之象不与此同刘君以彼
難此而規杜過非也　注秦伯至詰之　正義曰如杜意則卜
千乘三去謂晉侯之乘車三度敗壞而去三去之後而獲晉君也
刘炫以為侯者五等揔名國君大號以涉河侯車敗為秦伯車敗
又去韓戰之前秦晉未有交兵何得言晉侯車有三敗以為秦伯
車三敗也今刪定知不然者以秦是伯爵晉是侯爵既去侯
車敗故知是晉侯車敗秦伯乍聞車敗裡敗在已不達其旨故致
詰問也又以韓戰之前秦晉未有交兵何得言晉侯車有三敗
者此謂車有敗壞非兵敗也刘君數生異見以規杜非也　注既共

下艮上蠱　正義曰艮剛巽柔剛上而柔下巽順艮止既順而止
无所爭競可以有事故曰蠱序卦曰蠱者事也　注於周至未聞
正義曰筮者指取周易則其事可推此不引易意不可知故杜舍
此傳文而以周易言之蠱卦彖云利涉大川往有事也秦晉隔河
往而有事亦是秦勝晉之卦也今此所言不出於易蓋卜筮之書
別有雜辭此雜辭不出周易无可擬而推求故云其象未聞
注內卦至晉象　正義曰筮之畫卦從下而始故以下為內上為
外此言貞風悔山知內為貞外為悔洪範論筮云曰貞曰悔是筮
之二体有貞悔之名也貞正也筮者先為下体而以上卦重之是
內為正也乾之上九稱亢龍有悔從下而上物極則悔是外為悔
也凡筮者先為其內後為其外內卦為己身外卦為他人故巽為
秦象艮為晉象　注晉侯車三壞　正義曰謂晉之車乘三度
與秦戰而敗壞非謂晉侯親乘之車也杜言晉侯車壞者成上侯
車敗之文故也且晉之車揔屬晉侯亦得云晉侯車也劉炫云此
一句是史家序事非卜人之語云言秦伯之車三經敗壞乃至於

韓而晉始懼　乱気至中乾　正義曰言馬之乱気狡戾而憤
滿陰血徧身而動作張脈動起外雖有彊形内實乾竭外爲
陽内爲陰血在膚内故稱陰血〻既動作脉必強起故言張脉
也氣憤於外内必乾燥内血爲力故内潤則彊内乾則弱言乾竭
者竭尽也内乾則力尽　注九月十三日　正義曰以經書十
一月壬戌恐与經壬戌相乱故顯言之下注云十一月壬戌十四
月是也　注罃康至得通　正義曰文十八年秦伯罃卒即
此康公也罃弘連文即言与女簡璧知弘是罃弟簡璧是其姊
妹也刘向列女傳説此事云与大子罃公子弘与女簡璧亦以
簡璧爲女也此言登臺履薪是自因之事哀八年傳稱邾子又無
道呉子因諸樓臺栫之以棘以此二文知古之宮閉者皆居之於
臺以抗絶之俗本作履者履是在足之服故踐者亦稱履是以
誤耳定本作履薪　注免衰至自殺　正義曰初死則有免服
成則衰經皆爲遭喪之服傳文於此或有曰上天降災使我兩
君相見不以玉帛而以興戎若晉君朝以入則婢子夕以死夕

以入則朝以死唯君裁之左傳本无此言後人妄增之耳何以知其然二十二年傳曰寡君之使婢子侍執巾櫛杜云婢子婦人之卑稱若此有婢子不當含此而注彼也又此注云且告夫人將以恥辱自殺若有此辭不煩此注服虔解誼其文甚煩傳本若有此文服虔必應多解何由四十餘字不解一言亦至二十二年始解婢子明是之本无之也今定本亦无　作爰田　正義曰服虔孔晁皆云爰易也賞衆以田易其疆畔杜言爰之於所賞之衆則亦以爰爲易但入公者今改易與所賞之衆　作州兵　正義曰周礼鄉大夫以歲時登其夫家之衆寡辨其可任者州長則否今以州長管人既少督察易精故使州長治之　遇歸妹之睽　正義曰兑下震上爲歸妹震爲長男兑爲少女兑説也震動也少陰而承長陽説以動是嫁妹之象婦人謂嫁爲歸故名此卦爲歸妹兑下離上爲睽兑爲澤離爲火火動而上澤動而下乖離之象故名此卦爲睽睽乖也　史蘇至之虛

正義曰易歸妹上六爻辭女承筐无實士刲羊无血无攸利此別

彼文而以血為盍実為䀝唯倒其句改両字〻而加二亦耳其意亦不異也二句以外皆史蘇自衍卦意而為之辞非易文也易之爻辞亦名為繇故云其繇曰刲刺也䀝衁也刺所以求血士刲羊亦无血筐所以承賜女承筐亦无賜皆所求无獲是不吉之象西方隣国有責讓之言不可報償也歸妹者歎其与夫和親而其爻変為睽歸妹之値睽爻既嫁而更乖張猶如无助者也言夫不助妻故乖離也震変為離〻還変為震〻為雷離為火震変為離是雷変為火以其雷為火為此嬴敗姫言秦將敗晋也震為車上六爻在震体則无其應是為車則脱其輹離為火上九爻在離体則失其位是為火則焚其旗車敗旗焚是不利於行師若其行師敗於宗族之丘邑也以其変為睽卦後就睽卦求之睽卦則上九孤絶失位是乖離而孤独也孤独无助遇寇難則張之弧〻弓也遇寇張弓怖懼警備亦是不吉之象姪其従姑言兄子其當従至姑家与同処也在姑家六年其將逋亡逃歸其本国而棄遺其家室〻言將棄妻而独歸也歸家之明年其將死於

高梁之虛筮嫁女而得此卦是不吉之象　注周易至士女
正義曰易之爻辭无二亦字傳文加之言男亦猶女々亦猶男其
意同也易言血而此言衁知衁是血也貺賜釈詁文刲刺也廣雅
男子之事故刲羊士之功也筐篚婦人所掌故承筐女之職也上
爻与三其位相值一陰一陽乃爲相應上三俱是陰爻是爲无應
動而无人應之所求无獲故下刺无血上承无實是不吉之象上
爻變則是震爲離々爲中女故稱女承筐震爲長男々稱士故
爲士刲羊王弼以兌爲羊々謂三也上六處卦之窮仰无所承下
又无應爲女而上承則虛筐而莫之与爲士而下命則刲羊而无
血不應所命也言士發命而莫之應女承筐而莫之与是不吉之
象服虔以離爲戈兵兌爲羊震變爲離是用兵刺羊之象也三
至五有坎象坎爲血々在羊上故刺无血也震爲竹々爲筐震
變爲離々爲火々動而上其施不下故筐无實也此士刲羊女
承筐是歸妹上六爻辭直擬上六之一爻故杜云上六无應所
求不獲故下刲无血上承无實与王輔嗣同則不須變爲離卦

自有士女之義今杜云離爲中女便是拠變之後始有女義筮之
象既爲離卦則上九有應所以与易説卦不同者但易之所論筮
卦爲義此既用筮法震變爲離故以離震雜説其理与易不同
故服虔亦称離爲戈兵用變爲説也　注將幽至報償
正義曰知杜此言直以遇卦不吉則知言不可償不知其象何所
出也服虔以爲三至五爲坎々々爲月々々生西方故爲西隣坎爲水
兑爲澤々々聚水故坎責之澤々々償水則竭故責々々不可償此取
象甚迂杜言虚而不經理此類也　注歸妹至助也　正義曰杜
意嫁女而遇睽離之爻即是无相助也不知其象所出服虔云兑
爲金離爲火々金火相遇而相害故无助也　注二卦至相通
正義曰爲震与離通也震既与離通則離亦与震通言此二卦
相通者与下張本震爲雷々々是動離爲火震之離是動可以適火
離之震是火從適動歆明火之動熾之意　注嬴秦至敗姬
正義曰震爲雷離爲火説卦文服虔云離爲日爲火秦嬴姓水
位三至五有坎象水勝火々故爲嬴敗姬　注輹車至宗邑

正義曰子夏易傳云輹車下伏兔也今人謂之車屐形如伏兔以繩縛於軸因名縛也土之高者曰丘衆之所聚爲邑故丘猶邑也晉語震爲車也說卦离爲火也上爻在震則无應故車脫輹三亦陰爻是无應也在离則失位故火焚其旗初三五奇爲陽位二四上耦爲陰位在离則变爲陽而居陰位是失位也師行必乘車而建旗車敗旗焚故不利行師也火還害母故不出國近在宗邑也服虔云五至三有坎爲水象震爲車車得水而脫其輹也震爲竜竜爲諸侯旗离之震故火焚其旗也震東方木兌西方金木遇金必敗韓有先君之宗廟故曰宗丘 注此睽至之象 正義曰睽卦上九云上九睽孤見豕負塗載鬼一車先張之弧後說之弧匪寇昏媾往遇雨則吉彼文甚多此略取之先張之弧謂見寇而張弓故曰遇寇難而有弓矢之警皆不吉之象服虔云坎爲寇爲弓故曰寇張之弧 注震爲至質秦 正義曰釋親云父之姊妹爲姑女子謂昆弟之子爲姪是謂我姪者我謂之姑 注逋亡至懷嬴 正義曰桓十八年傳曰女有家男有室室家通言

耳夫謂妻為家棄其家謂棄其妻故為懷嬴也子圉以十七年
質于秦二十二年逃帰是六年乃逋也　注惠公亡敘此
正義曰圉以二十二年皈二十三年惠公死二十四年二月殺懷
公于高梁是為惠公死之明年也此筮之意言六年逋明年死
則是逃皈之明年而云惠公死之明年者以二月即死擬交正言
之猶是逃帰之明年也但周正已改故以惠公證之耳春秋筮事
既多此占最妙其象故杜因而明之云用周易則其象可推非周
易則不可得知杜意亦取不在周易若盡々皆附合爻象以求其事
則象非其類牽非其實全構虛而不經故略言皈趣而已不已盡
得其象也陰陽各以為筭則木王火相土死金囚水休時日王相
禮此也　韓簡云何益　正義曰卜之用龜灼以出兆是龜以金
木水火土之象而告人筮之用蓍揲以為卦是筮以陰陽蓍策
之數而告人也凡是動植飛走之物々既生訖而後有其形象既
為形象而後滋多々々而後始有頭數其意言龜以象而示人筮
以數而告人惠公之意以先君若從史蘇之占不嫁伯姬於秦已

便不及此禍尤先君不從卜筮也韓簡之意以為惠公及禍自由先君獻公廢適立庶之敗德不由卜筮故云先君之敗德既定致公今及此禍有由筮數始生之乎敗德有其象數龜筮從後而知因嫁女於秦見於蓍兆故云史蘇是占縱使當時不從何能加益此禍明禍敗既定龜筮知之從之不已損不從不已益也

注言龜亦益禍　正義曰禮象生而後有數是數因象而生也若易之卦象則因數而生故先揲蓍而後得卦是象從數生也上云龜象筮數下直言數不言象者上總論卜筮故龜筮並言當時唯筮伯姬故下直舉數耳

詩曰亦由人　正義曰詩小雅十月之交篇也下民之有邪惡妖孽非是下自上天今小人僔〻沓〻相對譚語背則相憎主於競逐為惡者由人耳因以諷諫惠公言善惡由公耳

注隱惡至為惟　正義曰慝訓惡也隱蔽之惡不見於外非法令所得繩也其人為非刑罰所已加也忽有震破其廟乃是當須加罪聖人因天地之變自然之妖故章其事以感動識行之人使自懲未也知達之主則識先聖之情知此

欲以懼愚人也中下之主亦信此妖祥之事謂身爲惡行神必加禍以此不妄動作易稱聖人以神道設教故云神道助教唯此事爲深因此遂汎解春秋諸有妖祥之事皆爲此也　注言還至之功　正義曰服虔云一役者謂韓戰之役知不然者呂甥之言勸秦伯而納晉侯假稱君子之意若納晉君可以更爲一役之功欲深勸秦伯若直論韓戰之役於秦未有深利何肯納也　故杜別爲其說劉炫以服義規之蓋於理亦通未爲殊絶　注唐叔至庶兄　正義曰唐叔晉始封之君晉世家文也宋世家云箕子者紂親戚也止云親戚不知爲父也兄也鄭玄王肅皆以箕子爲紂之諸父服杜以爲紂之庶兄既無正文各以其意言耳歷檢諸書不見箕子之名唯司馬彪注莊子云胥餘箕子名不知其然否

春秋正義卷第十一

春秋正義卷第十二　僖公

国子祭酒上護軍曲阜縣開国子臣孔　穎達　等奉

勅撰

十六年注隕落至而書　正義曰隕落釋詁文公羊傳曰曷為先言霣而後言石霣石記聞〻其磌然視之則石察之則五是隨聞見先後而記之也傳稱隕星也則石亦是星而与星隕文倒故解之彼見星之隕不見在地之驗此見在地之石不見始隕之星史各據見而書故文異也三十三年書隕霜者亦見在地之霜不見在天之驗故霜上言隕与此同也星石霜言隕雪雹螽言雨者其狀似雨者稱雨不似雨者稱隕　注是月至故書　正義曰日月令諸言是月皆是前事之月知此是隕石之月也石隕鷁退俱是宋事相類而同時告故重言是月嫌同日也告者不以鷁退之月告故言是月以異之鷁水鳥者相傳為然異義考異鄭云鷁者毛羽之蟲生於陽而屬於陽洪範五行傳曰鷁者陽禽鷁字或作鶂廣志云鷁古退飛者今以其首為舡頭莊子云鷁之

之相視眸子不運而風化博物志云雄鵲相視則孕或曰雄鳴上風雌承下風則亦孕是也鳥飛不已自退傳言風也是鳥高飛遇風而退卻也公羊傳曰視之則六察之則鷁徐而察之則退飛是亦隨見先後而書之魯史而記宋事知知其宋人以爲異告於諸侯故書　注稱字至書日　正義曰季是其字友是其名猶如仲遂叔肸之類皆名字双舉劉炫以季爲氏而規杜色非也炫云季友仲遂皆生賜族非字也　注臨淮郡左右　正義曰淮水發源入海其路甚長會于淮者必是會于水旁不得會于水內杜欲指其処无以可明故云臨淮郡左右　傳注祖言至隕星　正義曰下云風也是風使鷁退氏若直言星也則嫌是星使石隕故重言隕星以明所隕之石即是星也易称在天成象在地成形則星之在上其形不可知也古今之說星隕至地皆言爲石經昏在地之驗故言隕石傳本在天之時故言隕星不知星之在上其形未是石也爲當既隕始變爲石聖賢不說難得而知　注祥吉言所在　正義曰中庸云國家將興必有禎祥國家將亡必有妖

孽則事之先見善惡異名吉之先見謂之祥凶之先見謂之妖此總云祥者彼對文耳書序云亳有祥桑穀共生于朝五行傳云青祥白祥之類惡事亦稱為祥々是總名公問是何祥也吉凶焉在故杜并以吉凶解之言吉凶先見皆為祥也襄公以為石隕鷁退己為禍福之始故問其所在蓋尚慶其在己故問之　注魯喪至知之　正義曰此三者叔興止言其事不說知之所由或觀政教刑法或他事別有占驗故云別以政刑他占知之言知之不由石鷁也劉炫云政者若周大夫入陳竟見官職不脩君臣南冠如夏氏知簡夷將亂子貢見公執玉卑知其替死也刑者若梁吾忌克多怨君子知其不終也吉凶有二陰陽調序四時玉燭時吉也陰陽錯逆寒暑失度民多疾疫五穀不登時凶也父慈子孝君義臣忠人吉也父不父子不子君不君臣不臣人凶也　注言石至告人　正義曰劉炫云言是陰陽之事也則知事由陰陽若陰陽順序則物皆得性必無妖異故云陰陽錯逆所為非人吉凶所生也傳稱天反時為災地反物為妖人反德為亂亂則妖災生洪範

咎徵曰狂恒雨若之數皆言人有愆失乃致陰陽錯逆而云陰陽
錯逆非人所生者石隕鷁飛更由陰陽錯逆陰陽錯逆乃是人切
所致襄公不問已行何失致有此異乃禩既有此異將來始有吉
凶故答云是乃陰陽之事非將來吉凶所生言將來若有吉凶悞
此石鷁之異耳非始從石鷁而出也襄公不知陰陽錯逆為既往
之咎乃禩將來吉凶出石鷁之間是不知陰陽而妄問人事故云
君失問也叔興若以實對當云由君愆失致有此異今乃別以政
刑他占橫說齊亂魯喪自以對非其實恐為有識所譏故退而告
人以此言也服虔云鷁退風咎君行所致非吉凶所從生襄公
不問已行何失而致此變但問吉凶焉在以為石隕鷁退吉凶所
從而生故云君失問是劉炫用服義為說也今刪定以杜注云石
鷁陰陽錯逆所為非人所生則陰陽錯逆自然有此非由人事之
失致此錯逆又吉凶不由石鷁所生故傳云是陰陽之事非吉凶
所生是吉凶不由石鷁々々不由於人則吉凶之來別由人行得
失耳故釋例云或異而无感或感而不可知如此之類是也其傳

云亂則妖災生洪範曰狂恒雨若此皆假之陰陽以爲勸戒神道
助教非實辭也但聖賢之說未知孰是故兩載其義以俟後賢
注積善至以對　正義曰積善餘慶積惡餘殃易文言也言將
來吉凶由人行所致行善則有吉行惡則有凶吉凶自由於君不
從石鷁而出吾不敢逆君之心故假他占以對之　注狐廚亡入
河　正義曰汾水從平陽南流折而西入于河臨汾縣在汾水北
狐谷疑是狐廚乃在縣之西北則狐廚受鐸皆在汾北狄自北而
侵南涉汾水亡于昆都昆都在汾南也　十七年注項國至諱之
正義曰知非師少不言師而言諱之者沈云襄十三年傳云用大
師曰滅此既稱滅故知用大師劉炫云案傳齊人以爲討之其
滅國非討用師既不諱滅何以諱師炫謂將卑師少稱人不可自
言魯人故不稱師炫不達此旨以爲將卑師少以規杜也非也
夫人會于卞　正義曰婦人送迎不出門見兄弟不踰閾今出會
齊侯其經文者凡夫人之行得禮失禮直書其事善惡自明故
於文悉无襃貶此時公爲齊人所止夫人會以釋之縱使違禮不

合貺賁　注与衛亡以名　正義曰元年盟于犖三年公子友如
齊涖盟五年于首止七年于甯母八年于洮九年于葵丘十五年
于牡丘四年与屈完盟于召陵諸侯皆在公亦与焉故為八也同
盟相赴以名主謂為對兩君但与其父盟亦得以名赴其子耳与
衛盟既多故不復遍數莊閔也　傳注已十亡曰孕　正義曰十
月而產婦人大期又國語云人十月而生故知已期已十月也易
稱婦孕不育說文云孕懷子也　注圉養亡曰妾　正義曰昭七
年傳曰馬有圉牛有牧内則云聘則為妻奔則為妾是也　猶有
亡諱之也　正義曰實無諸侯之事而言亡自會者尚似有諸侯
之變焉　注雍巫亡易牙　正義曰周禮掌食之官有内饔外饔
此人為雍官名巫而字易牙也　十八年注狄称亡義例
正義曰決上狄救齊不称人也　於例將卑師衆称師將卑師少称
人謂中文諸侯之例此称邢人是將卑師少者夷狄既無爵命
非有君臣之別文多称戎称狄今君臣同文或單称狄或称狄人
是對史異辭非褒貶也穀梁傳曰狄其称人何也善累而後進之伐

衛所以救齊也其意以爲上已救齊今復伐衛救齊故進之稱人尤氏无此義故爲史異辞　傳注楚金利　正義曰考工記云吳越之劒是也　十九年注稱人至從赴　正義曰此云宋人執滕子下云邾人執鄫子二君於傳无不道之狀而皆稱人以執是宋公欲重其罪以罪及民告故史從而書之以示虛實釈例曰凡諸侯无加民之悪而稱人以執皆時之赴告欲重其罪以加民爲辞國史承之書之於策而簡牘之記具存夫子因示虛實故傳隨而著其本狀以明得失也滕子鄫子皆稱人見執宋欲重二國之罪故以不道赴或名或不名從所告之文也傳具載子魚之辞以虐二國之君見義明非罪也杜言書名從赴者諸侯被執其罪与不罪直以執者稱人稱侯爲異傳例不以書名爲義釋例曰諸見執者已在罪賤之地書名与否非例所加故但言執其侯也其意言被執已是罪賤書名更无可加故不復以名爲義既不以爲義而被執者有名与不名知其從赴也　注曹南至見囲　正義曰哀十二年傳曰諸侯之會侯伯致礼地主歸餼相十四年

公會鄭伯于曹傳曰曹人致餼禮也集秋諸會於國都者即以國都名為會地地主不序於列此會地於曹南則在曹之都也在曹之都而曹人在列是曹雖與盟而心猶不服秋宋人圍曹傳曰討不服也以不服而被圍知此地以曹南即是不服之狀明是不肯致餼無地主之禮以此故不以國地而曰曹南所以及秋而見圍以秋見圍知此時不服故注言之　注不及至如會　正義曰諸侯盟于曹南鄫子欲往會之未至於曹諸侯既罷以邾既盟訖故如邾會之本意欲往會盟未至於曹諸侯已去其實至於邾國故書會盟于邾言其意欲盟也二十八年踐土盟下云陳侯如會彼謂往至會所此不至會所故書其所至而不言如會襄七年鄬之會下鄭伯既復如會未見諸侯丙戌卒于鄵亦不至會所而云如會者其意欲會而在道身喪故亦書其所至義與此同但卒執意異故文異耳鄫子不及曹南而至於邾國蓋宋公知其在邾故使邾子執之　注稱人至他命　正義曰昭十一年楚執蔡世子友用之與此執鄫子用之皆惡其無道直書用之言其若

用畜牲所以悪甚宋也悪宋而以邾自用爲文者南面之君善悪
自專不得託之他命复實悪宋亦所以悪邾也傳稱用之于社而
経不書于社故云趣不及也劉炫規過云執蔡世子友用之不言
岡山時何須云于社今刪定知不然者以莊二十五年鼓用牲于
社今鄫子既同畜牲而用故云邾人用鄫子于社今不云于社故
知趣不及則昭十一年執蔡世子友用之亦趣不及也　注地於主
与盟　正義曰地於齊者言即以齊爲所盟之地也傳稱陳穆公
請脩桓公之好而爲此盟明是齊亦与盟地於齊而齊不序陳
盟會以國都而地主不列於序者地主亦与盟會皆以此而知之
耳　注以自亡悪梁　正義曰諸侯受命天子分地建國无相滅
之理此以自亡爲文不書所取之国以爲梁国自亡非敵取者之
罪所以深悪梁耳非言秦得滅人国也釋例曰作事不時則怨讟
動於民彼梁伯者虐興无虞之功詐稱无名之寇遂溝其宮以
盪百姓之心開大国之志是妖釁之先徴自亡之實應故不言
秦滅梁而以自亡爲文　傳欲以屬東夷　正義曰屬訓聚也殺

鄭子以懼東夷使东夷聚来歸已也齊桓以德屬諸侯諸侯聚
歸齊桓　注睢水至用祭　正義曰釋例曰汴水自滎陽受河睢
水受汴東經陳留梁國譙郡沛國至彭城縣入泗凡水首控水者
謂之受流歸他水謂之入漢書之例為然言汴從河出睢從汴出
也次睢水旁也下云用諸淫昏之鬼則此祀不在祀典故云此水
次有妖神妖神而謂之社傳言以屬東夷則此是東夷之神故言
東夷皆社祠之刘炫云案昭十年季平子伐莒獻俘始用人於亳
社彼亳社旧不用人杜何以知此社殺人而用祭乎今知不然者
彼傳云始用人於亳社故知旧来不用此云使鄫子用鄫子于
次睢之社既不言始明知旧俗用之刘取彼而規杜過非也
注司馬至用馬　正義曰尔雅釋畜馬牛羊豕犬雞謂之六畜周
礼謂之六牲養之曰畜用之曰牲其實一物也此云六畜不相為
用昭十一年傳曰五牲不相為用彼注不云馬而以其餘為之明
其復為祭祀所用彼此同也周礼校人春祭馬祖鄭玄云馬祖天
駟也孝經說曰房為龍馬六畜之言先祖者唯此一文而已以外

牛羊之等其祖不知為何神也禮若祭馬先不用馬略舉一隅耳
有文者言之耳沈氏云春秋說天苑主牛又有天雞天狗天豕以
馬祖數之此等各有其祖　小事不用大牲　正義曰雜記言釁
廟用羊門夾室皆用雞隱十一年傳稱鄭伯之詛使卒出豭行出
犬雞如此之數皆是不用大牲也　注三亡國魯衛邢　正義曰
齊語云魯有夫人慶父之亂二君弑死國絕無嗣桓公使高子存
之狄人攻邢桓公築夷儀以封之狄人攻衛々人出廬于曹桓公
城楚丘以封之是也衛則狄滅之矣魯邢不滅而言亡者美大齊
桓之功耳　二十年注魯城南門也　正義曰魯城南門本名稷
門今新作者新脩彼稷門更令高大因改名高門此更非有所擬
魯人相傳云然今時魯人其言猶如此也新者易舊之意作者與
更之辭皆是更造之文也劉賈先儒皆云言新有故木言作有
新木故為此言以異之釋例曰言新意所起言作以興事通謂
興起功役之事總而言之不復分別因舊与造新也　注郜姬姓
國　正義曰二十四年傳富辰所云郜之初封文王之子耼季

之末以後更无所聞唯此年一見而已无時君謚号不知誰滅之
注西宮至六年　正義曰穀梁以西宮爲閔公之廟礼宗廟在左
不得稱西宮也公羊傳曰西宮者何小寢也小寢則曷爲謂之西
宮有西宮則有東宮矣此注取公羊爲說故云公別宮也　傳注
門戶至之例　正義曰傳唯言啓塞從時不知啓塞之言意何所
禮服虔云闔扇所以開鍵閉所以塞月令仲春脩闔扇孟冬脩鍵
閉從時從此時也傳既云作門不時更發從時之例則啓塞之事
當是城門之類安得以爲闔扇鍵閉細小之物乎若是仲春孟冬
傳何以不言春冬而直云從時知從何時豈丘明作傳不了待月
令而後明哉故杜更爲別說雖杜之言亦无明證正以門戶道橋
所以開人行路故以爲啓城郭牆塹所以障蔽往來故以爲塞雖
言无所據而理在可通此二事者皆官民之所開閉終當須之不
可一日而闕言從時者特從壞時而脩之不得拘以土功時月也
此新作南門者當時不是傾壞依公欲脩飾使高大耳非開閉之
急須待土功閒月今以日至之後興造此門故以土功之制說之

云昏不時也傳既譏依公作門不时嫌門户牆塹之類是急之事
亦待土功之月故別起發時之例言啓塞不須待时其新作門須
待時耳杜云城郭謂之塞亦得從壞時而治之所以秋築城毎
云昏不时者謂非因破壞而輒脩理故譏之不时秋例曰門户道
橋城郭牆塹官民之開閉不可一日而闕者也故特隨壞时而脩之
皆為其时而譏不必用土功之常时也故傳既曰昏不时又曰啓
塞從時重發以明二義其他急叓亦包之也魯城南面三門隱公
元年開一門故今南有四門依公意更繕治高大稷門非啓塞
之義而以日食之後興功故經昏事傳曰昏不时言失土功之
時也啓塞之叓獨得從宜而脩之　二十一年注雩不毛不收
正義曰春秋之例旱則脩雩雩必為旱而經或昏雩或書旱
者雩而得雨喜雩有益昏雩不昏旱雩不得雨則書旱明
災成此时雩不獲雨故書旱也周之夏即今之二月三月四月
也於时方欲下種此月不雨未足成災而書夏大旱者此後無得
少雨而終是不堪生殖從夏及秋五稼悉皆不收不收之殘稷最

旱之月而雩之故雩文大旱也刘炫云大旱而不雩饑者傳云是歲也饑而不害故不雩饑　注諸侯之諸侯　正義曰諸侯之被執者皆不書其恥恥而公不与又不告故魯史不得書之此由公往与盟見其得恥故書之耳文七年公會諸侯晉大夫盟于扈傳曰公後至故不書所會凡會諸侯不書所會後也後至不書其國辟不敏也此盟亦揔言諸侯不書其國似是公之後期故解之魯先不屬楚公本無會期聞盟而往故書公會諸侯非後期也公非後期而揔言諸侯者此則會盂之諸侯也一處而再見者前目而後凡自禮前已歷序故後揔言耳非為魯公變文也　傳注巫尫至焚之　正義曰周礼女巫職云旱暵則舞雩此以為旱欲焚之故知巫尫女巫也并以巫尫為女巫則尫是劣弱之称當以女巫尫弱故称尫也或以為尫非巫也巫是禱神之人尫是瘠病之人二者非一物也尫是病人天恐雨入其鼻俗有此說不出傳記義或當然故兩解之也檀弓云歲旱穆公召縣子而問然曰天久不雨吾欲暴尫而奚若曰天則不雨而暴人之疾

子虐先乃不可与鄭玄云尪者面鄉天覬天哀而雨之又曰然則
吾欲暴巫而奚若鄭玄云巫主接神亦覬天哀而雨之彼欲暴人
疾而求雨故鄭玄以為覬天哀而下雨此欲燒殺以求雨故杜以
為天哀之而不雨意異故解異也礼記既言暴尪又別言暴巫々
尪非一物記言暴人之疾則尪是病人或說是也　注穡倹也
正義曰穡是愛惜之義故為倹也襄二十四年穀梁傳曰五穀不
升謂之大侵々々之礼君食不兼味臺榭不塗弛侯廷道不除
百官布而不制鬼神祷而不祀曲礼云歲凶年穀不登君膳不
祭肺馬不食穀如此之類皆是務為倹也務為倹穡而脩城郭者
服虔云国家凶荒則无道之国乘而加兵故脩城郭為守備也
注此鄉也誅夏　正義曰蠻夷猾夏舜典文猾訓為乱故云乱諸
夏也此注胡昭二十三年傳曹云叔孫婼曰徧檢古本皆作豹字
蓋主後即寫誤　二十二年注須句　正義曰上傳云須
句子則須句子爵故云雖別國而不能自通為魯私屬若襄公
之世鄭國屬魯故知如顓臾之比略不備昏也　傳其礼先亡

矣　正義曰其中國之禮先亡矣　注允姓至年信　正義曰
昭九年傳曰先王居檮杌于四裔故允姓之姦居于瓜州伯父惠
公歸自秦而誘以來是此戎為允姓也彼注云瓜州今敦煌則陸
渾是敦煌之地名也從之伊川遂以陸渾為名故至今為陸渾縣
十一年傳稱伊洛之戎同伐京師則伊洛先有戎矣而以今始遷
戎為辛有言驗者蓋今之遷戎始居被髮祭野之處故耳
注婢子婦人之卑稱　正義曰禮云夫人自稱於其君曰小童
世婦以下自稱曰婢子是婢子為婦人之卑稱　詩曰至孔云
正義曰詩小雅正月之篇也毛傳云洽合鄰近云旋也言王者和
合親比其近親則昏姻甚迴旋而相歸附其詩之意欲令王親々
以及遠　敬之至易哉　正義曰詩周頌群臣進戒成王之辭
言為國君者宜敬之哉敬之哉天之道唯明見思言天之臨下
善惡必察奉承天命不易哉言其承天命甚為難　蠭蠆有
毒　正義曰說文云蠭飛蟲螫人者也蠆毒蟲也方言云燕
趙謂蠭為蠓螉其小者謂之蠮螉通俗文云蠆長尾謂之蠍々

毒傷人曰蛆(張列反)字或作蠆 注冑兜鍪 正義曰說文云冑兜鍪首鎧也吾儕皆云冑无兜鍪之文言兜鍪舉今以曉古蓋秦漢以來語 注門官至尽也 正義曰周礼虎賁氏掌先後王而趨以卒伍軍旅會同亦如之舍則守王閑王在國則守王宮國有大故則守王門諸侯之礼亡其官屬不可得而知此門官蓋亦天子虎賁氏之類故在國則守門師行則在君左右近亦故尽死也殲尽釈詁文舍人云殲衆之尽也 不鼓不成列 正義曰軍法鳴鼓以戰因裡交戰為鼓彼不成列而鼓以擊之是詐以求勝故注云恥以詐勝 且今至吾敵也 正義曰言用兵之法前敵无問強弱不可遺留且後若留強者还為己害故曰且今之陣上不被損傷材力強者皆已与吾相敵若其不殺还来害我是以虽及胡者獲則取之何有恩義於二毛之人 虽及胡耉 正義曰謚法保民耆艾曰胡胡是老之稱也釈詁云耉壽也舍人曰耉覯也血氣精花覯竭言色赤黒如狗 孫炎曰耉面如凍梨色似浮垢老人壽徵也 若愛至服焉 正義曰如猶

不如古人之語然猶似敵即不敵若愛彼重傷則不如本勿傷之
若愛其二毛不欲傷害則不如早服從之何須與戰　注鼓以聲
氣　正義曰言金鼓以聲氣禮金鼓佐士衆之聲氣下文聲
盛致志者禮士衆由聞金鼓聲氣滿盛已致勇武之志以擊
前敵為此前敵儳巖未陳鼓而擊之可也　注不言金當以金
有止衆之時不是盡盡故也因禮鼓人掌教六鼓四金之音聲
以節聲樂以和軍旅以正田役以金錞和鼓以金鐲節鼓以金
鐃止鼓以金鐸通鼓是錞鐲鐸皆助鼓以聲氣其鐃則鳴之以
止鼓大司馬教戰法亦云三刺之後乃鼓退鳴鐃且卻哀十一年
傳書曰此行也吾聞鼓而已不聞金矣杜云鼓以進軍金以退軍
不聞金言將死也是金有止鼓之時(非)盡用以聲氣　注不言金見此
意也　注楚子至鄭地　正義曰以羋(彌尔反)是楚姓姜是齊姓故云
楚之女齊女耳亦无无明文言之二者共以夫人冠之蓋俱是夫人
礼无二適而有兩夫人者當時僭恣不如礼也　注師縉至截耳
正義曰書傳所言師曠、師曹、師蠲(師觸)之類皆是樂師知此師縉亦

来師也釋詁云俘取也馘獲也李巡云因敵曰俘伐執之曰取郭
璞云今以獲賊耳為馘毛詩傳曰殺而獻其耳曰馘鄭箋云馘
所格者左耳也然則俘者生執囚之馘者殺其人截取其左耳欲
以計功也　注閾門限　正義曰釋宮云柣謂之閾孫炎曰柣門
限也經傳諸注皆以閾為門限謂門下橫木為外内之限也
注用上至礼畢　正義曰周礼大行人云上公九獻侯伯七獻子
男五獻案儀礼主人酌以獻賓賓酢主人主人又酌以酬賓乃成
一獻之礼九獻者九為獻酬而礼始畢也楚之賓子爵以霸王自
許故鄭以極礼待之　注庭中至百也　正義曰饗食礼既亡庭
実所有及所加籩豆无以言之然鄭注周礼享礼兼燕礼食礼
与飧食礼略同掌客云饔餼之礼其死牢如飧之陳上公飧五牢
飪一牢陳在西階之前正鼎九牛一羊二豕三魚四腊五腸胃
六膚七鮮魚八鮮腊九從北南陳又有陪鼎三膷一在牛鼎
之後臐鼎一在羊鼎之後膮鼎一在豕鼎之後腥四牢陳於東階
之前牢别九鼎无陪鼎也侯伯飧四牢飪一牢腥三牢子男飧

三牢飪一牢腥二牢其陳列皆如上公又上公醓六十甕後陳於庭碑東醓六十甕後陳於碑西侯伯醯醢百甕子男八十甕其陳如上公又上公米百有二十筥橫陳於醯醢之間侯伯百筥子男八十筥陳如上公此飧礼庭實之物饔餼亦然掌客上公豆四十侯伯三十二子男二十四鄭注云公四十豆堂上十六西夾東夾各十二侯伯三十二豆堂上十二西夾東夾各十子男二十四豆堂上十二西夾東夾各六然籩數亦然其籩豆之物者周礼籩人掌四籩之實朝事之籩其實麷蕡白黑形鹽膴鮑魚鱐饋食之籩其實棗栗桃乾藤榛實加籩之實菱芡栗脯羞籩之實糗餌粉餈醢人掌四豆之實朝事之豆其實韭菹醓醢昌本麋臡菁菹鹿臡茆菹麇臡饋食之豆其實葵菹蠃醢脾析蠯醢蜃蚳醢豚拍魚醢加豆之實芹菹兔醢深蒲醓醢箈菹鴈醢筍菹魚醢羞豆之實酏食糝食此等所陳虽為祭祀下云賓客亦如之是賓客与祭祀不異故三十年饗有昌歜白黑形鹽公食大夫礼亦有昌本之屬此云加籩豆六品必是此

等之物但傳文不具无以言之　二十三年注三同盟曰茲父以九年即位其年盟于葵丘十五年于牡丘唯与魯同此二盟而已云三者并數盟于薄釋宋公也案經盟于薄始云釋宋公則盟薄之時宋公未得与盟而數之者以凡盟之法皆舍其前惡結其後好故宣十五年楚人圍宋圍後始盟及城下之盟皆是其事今釋宋公之後恐楚人伐宋々公恨楚故盟以結之若未釋宋公之前何須盟誓但經文欲顯公舍之事故盟在釋前劉炫以宋公不与薄盟而規杜氏非也　楚人伐陳　正義曰傳稱楚成得臣帥師伐陳則是楚之貴卿也而稱人者釋例曰楚之君臣最多混錯此乃楚之初興未閑周之典礼告命之辭自生異同猶秦之辟陋不与中国準故成二年以上春秋未以八例也如杜彼言楚不以得臣名告故稱人耳　傳注名書至罪也　正義曰策簡策也質形体也古之仕者於所臣之人書已名於策以明繫屬之也拜則屈膝而委身体於地以明敬奉之也名繫於彼所事之君則不可以貳心辭罪釋經文　注成公至明之　正義曰何

休嘗七月雖左氏云杞子卒豈爲用夷禮死乎故解之此杞成公始
行夷禮以終其身故於卒貶之卒者人之終於終貶之見其終身
行夷禮也於時杞實稱伯唯此獨稱子是仲尼以文貶之稱子貶
之而曰子者曲禮曰其在東夷北狄西戎南蠻雖大曰子四夷之
君爵不過子故貶之爲子言如夷狄之大國耳　不書至敏也
正義曰隱七年已有例矣今重發者釋例曰杞侯降爵嫌有異
同故傳重發不書之例又更發凡者以明雖薨赴有法若或違之
國史亦兼告而書不必改正也赴以名則亦書之者謂諸侯雖不
同盟或以名赴也不然則否辟不敏者謂雖同盟而赴不以名則
亦不書以審違謬也　享其生祿　正義曰人以祿生故謂之生
祿　注胥臣至大功　正義曰胥氏也臣名也胥有臼邑蓋食采
於臼邑字季子而爲司空之官故名氏互見也不言狐毛賈佗而
獨舉此五人者賢而有大功故也顛頡歸晉尋即被戮而言大功
者當由從亡之時有大功也晉語稱公子長事賈佗〃非不賢蓋
傳文意之所在便即言之未必五人皆賢於賈佗　注僑咎〃隗姓

正義曰成三年晉郤克衛孫良夫伐廧咎如傳曰討赤狄之餘焉彼言赤狄之餘知是赤狄之别種也如曰叔隗季隗知爲隗姓也

乞食云載之　正義曰晉語云過五鹿乞食於野人〻〻舉塊以与之公子怒將鞭之子犯曰天賜也民以土服又何求焉天事必象十二年必獲此土二三子志之歲在壽星及鶉尾其有此土乎以天以命矣復於壽星獲於諸侯天之道也由是始之有此其以戊申乎所以申土也再拜稽首受而載之

及齊至殺之　正義曰晉語云齊侯妻之甚善焉有馬二十乘將死於齊而已曰民生安樂孰知其他桓公卒孝公即位諸侯叛齊子犯知齊之不可以動而知文公之安齊有終焉之心欲行而患之与從者謀於桑下蠶妾在焉莫知其在也妾告姜氏〻〻殺之

醒以戈逐子犯　正義曰晉語云逐子犯曰若无所濟吾食舅氏之肉其知饜乎舅犯走且對曰若无所濟吾未知死所誰能与豺狼爭食若克有成公子无亦晉之柔嘉是以甘食偃之肉腥臊將焉用之遂行

及曹〻觀之　正義曰斷其裸以上爲句裸裡赤体

无衣也騈脅非裸不見故欲觀其裸伺其浴乃逼迫以觀之晉語云曹共公聞其騈脅欲觀其狀止其舍諜其將浴設微薄而觀之孔晁云諜候也微蔽也　注薄迫也騈脅合幹　正義曰薄者逼近之意故為迫也說文云騈脅并幹也肋脅骨也廣雅云肋脅幹裡之肋孔晁云聞公子脅幹是一骨故欲觀之通俗文曰腋下謂之脅如此諸說則脅是腋下之名其骨裡之肋幹是肋之別名騈訓比也骨相比迫若一骨然　天之所啓　正義曰啓開也凡是天開道者非人所能及欲令鄭伯礼之　天其或者　正義曰天意不可必知故言或者裡天意或當然也　男女至不蕃　正義曰礼取妻不取同姓辟違礼而取故其生子不能蕃息昌盛也晉語曰同姓不昏懼不殖也又曰異姓則異德々々則異類々々雖近男女相及以生民也同姓則同德々々則同心々々則同志々々雖遠男女不相及畏黷故也黷則生怨々々亂育々々滅姓是故取辟同姓畏亂災也周礼不得取同姓彼遂演說其意耳未必取同姓者皆滅姓也　注國語至郷才　正義曰晉語云僖負

覉言於曹伯曰晋公子生十七年而亡卿才三人從之可謂賢乎宋公孫固言於襄公曰晋公子好善不厭父事狐偃師事趙衰而長事賈佗此三人者實左右之公子居則下之動則諮焉僖負覉言有卿才公孫固說其名氏知是一物故并引之 注弭弓至遂也 正義曰釋器云弓有緣者謂之弓无緣者謂之弭李巡曰骨飾兩頭曰弓不以骨飾兩頭曰弭孫炎曰緣謂繳束而漆之弭謂不以繳束骨飾兩頭者也二說雖反俱以弭為弓末也詩云載櫜弓矢則弓矢所藏俱名櫜也昭元年傳伍舉請垂櫜而入注云示无弓則櫜亦受弓之物方言云弓藏謂之鞬此櫜鞬二物必一弓一矢以鞬是受弓故云櫜以受箭因對文而分之耳孔晁云馬鞭及弓分在兩手欲辟右帶櫜鞬之文故云左執 注廣而至能力 正義曰廣大者失於奢僭故美其能儉也文華者失於傲慢故美其能有礼也肅敬者失於褊急故美其能寬容也忠誠者未必有力故美其能勤也此四者每兩事相反而美其能兼有之 注匜沃至澗也 正義曰說文云匜似羹魁

柄中有道可以注水盥澡手也凡曰水潘皿然則匜者盛水器也
盥謂洗手也沃謂澆水也懷嬴奉匜盛水為公子澆水令公子
洗手既而以濕手揮之使水湔汙其衣故云揮湔也　注去上衣
謝之　正義曰晉語說此事云公子欲辭司空季子、犯、子餘勸
取之乃歸女而納幣且逆孔晁云歸懷嬴更以夫妾禮迎之也服
虔云申意於楚之子申於知己降服於懷嬴屈於不知己　注六月已
於此　正義曰杜言全引詩篇者多取首章之義劉炫規過云
案春秋賦詩有雖舉篇名不取首章之義者故襄二十七年
公孫段賦桑扈趙孟曰匪交匪敖乃是卒章又昭元年云令尹
賦大明之首章既特言首章明知舉篇名者不是首章今刪
定知不然者以文四年賦湛露云天子當陽又文十三年子家賦
四月是皆取首章若取餘章者傳皆指言其事則賦載馳之四
章綠衣之卒章是也所以令尹特言大明首章者令尹意特取
首章明德故傳指言首章與餘別也杜言多取首章言多則
非是總皆如此劉以春秋賦詩有不取首章以規杜氏非也

二十四年天王出居于鄭　正義曰出居實出奔也出禮出識內
居若移居然天子以天下爲家所在皆得安居故爲天子別立此
名釋例曰天子以天下爲家故傳曰凡自周無出今以出居爲名而
不書奔殊之於列國　傳注羈馬羈紲馬繮　正義曰說文云羈馬
絡頭也又曰馬絆紲係也少儀云犬則執紲牛則執紖馬則執靮
服虔云一曰犬繮曰紲古者行則有犬杜今正以紲爲馬繮者紲
是係之別名係馬係狗皆得稱紲彼對文耳散則可以通於天
下用馬爲多故主於馬耳　注子犯至皦日　正義曰諸言有如
皆是誓辭有如日有如河有如皦日有如白水皆取明白之義言
心之明白如日如水也有如上帝有如先君言上帝先君明見其
心意亦同也　夫袪猶在　正義曰夫辭也彼時斬袪之恨今自
猶在　蒲人乙狄乎　正義曰詩獻公之時君爲蒲邑人惠公之
時君爲狄國人余未事君何有恩義於君乎今君即位其無蒲狄
乎言有人在蒲在狄爲君猶是也　行者乙刑臣　正義曰公言
女其行乎欲使之出奔也公若反齊桓念舊惡則出奔者甚衆多

矣豈唯刑臣一人乎上言畏罪者皆將去　注新有至紀綱　正義曰新有呂郤之難國未輯睦恐晉人情不可信故秦伯以兵衛文公也說文云綱維紘繩也紀絲別也則綱是維之大繩紀者別理絲縷諸門戶僕隸之吏皆使秦卒共之與晉人為紀綱理為之首領主帥也　注頭須至小史　正義曰一曰里鳧須者史記禮之里鳧須與傳文不同必有一謬故辨出其別不敢正之鄭玄周礼注云豎之未冠者之官名　沐則心覆　正義曰五年昭云沐則低頭故心反覆也　下義至處矣　正義曰在下者以貪天之功為己君之義是下義其罪也在上者以立君之勳賞盗天之罪是上賞其姦也居下者義其罪是下欺上也居上者賞其姦是上欺下也如此上下相欺蒙難可與並居處矣　大上至及也　正義曰曲礼云大上貴德其次務施報鄭玄以大上為帝皇之世其次謂三王以來則以大上其次為世代之先後也襄二十四年傳曰大上立德其次立功其次立言杜以立德謂黃帝堯舜立功謂禹稷立言謂史佚周任則以人之賢愚為上次非後年代之先後也

然則大上謂人之最大上々聖之人也以德撫民唯己是用不簡
親疏也其次聖之人則親其所親以漸相及而至於遠人爲下周
公親々之事張本也周公亦是上聖不以德而先親者制法爲後
不独爲身聖人之身不特親也　昔周之亂也　正義曰伯仲叔
季長幼之次也故通謂國衰爲叔世將亡爲季世昔周公傷彼夏
殷二國叔世踈其親戚令使宗族之不同心以相臣輔至於滅亡
故封立親戚爲諸侯之君以爲蕃籬屏蔽周室言封此以下文武
周公之子孫爲二十六國也此二十六國武王克商之後下及
成康之世乃可封建畢矣非是一時封建非盡周公所爲富辰盡
以其夏屬周公者以武王克殷周公爲輔又攝政制礼成一代大
法雖非悉周公所爲皆是周公之法故歸之於周公耳昭二十八
年傳曰昔武王克商光有天下之兄弟之國十有五人姬姓之國四
十人彼言由其克商乃得封建兄弟歸功於武王耳亦非武王之
時已建五十五國其後不復封人也昭二十六年傳曰昔武王克
殷成王靖四方康王息民並建母弟以蕃屏周昭九年傳曰文武

成康之建母弟以蕃屏周則康王之世尚有封國非獨周公時也且見於經傳者管叔蔡叔霍叔周公攝政之初以流言見黜則三叔之國已是武王封矣尚書康誥之篇周公營洛之时始封康叔于衛洛誥之篇周公致政之月始封伯禽于魯書傳称成王削桐葉為珪以封唐叔如此之類不得為武王封也凡蔣邢茅胙祭周公之胤也豈周公自封哉固當成王即政之後或康王之時始封之耳 注弔傷至兄弟 正義曰弔傷俱是悼往之辭咸訓為皆故為同也 昭六年傳曰夏有乱政而作禹刑商有乱政而作湯刑周有乱政而作九刑三辟之興皆叔世也彼叔世謂三代之末世知此二叔亦二代之末世也二代之末疎其親戚以至滅亡周公創其如此故制礼設法親其所親廣封兄弟以自蕃衛也蕃屏者分地以建諸侯使与京師作蕃籬屏扞也鄭衆賈逵皆以二叔為管叔蔡叔傷其不和睦而流言作乱故封建親戚鄭玄詩箋亦然案其封建之中方有管蔡豈傷其作乱始封建之馬融以為夏殷叔世故杜同之 注十六国皆文之昭者

自后稷以後一昭一穆〻文王於次為穆〻故文子為昭武子為穆〻昭
二十八年傳称武王兄弟之國十五人此十六彼十五者人異故
說異耳非武王時十五而周公加一也此十六國所在之地蔡郕
魯衛郜曹〻滕七國當時皆在已經解說霍在閔元年原在隱十一年
郇在此年為亦已解說其毛聃闕故唯解管雍畢酆也武穆〻四
國晋時見在故唯解應韓邘也周公之胤邢國見在隱七年解
說凡祭闕故唯解蔣茅胙也　召穆〻至其侮　正義曰常棣之
詩周公所作故周語說此事云周文公之詩曰即明是周公作也
召穆公厉王時人於時周德既衰兄弟道缺召穆〻公思周德之
不善致使兄弟之恩缺收合宗族於成周而為設燕會而作此周公
糸歌之詩曰常棣之木華鄂〻然外發之時豈不韡〻而光明乎
以與華俱外發實韡〻而光明以喻兄弟與多而相和睦豈不
強盛而有光輝乎言兄弟和睦實強盛而有光輝兄弟和睦則
強盛如是然則凡今日天下之人欲致此韡〻之盛莫如兄弟之
相親也其四章曰兄弟或有自不相善而爭訟于牆內若有他人

侵之則同心合意外禦其他人之侵侮也　注鄭善至小雅正義曰鄭善釋詁文糾者聚合之意故為收也召穆〻公厲王宣王之臣詩江漢序云命召公平淮夷經曰王命召虎是也思周德之不善故知是厲王之時周德衰微兄弟道缺也召穆〻公於東都合宗族蓋當宣王之時若當厲王之時天子踈之召公雖則聚合不能使之親也於合之上作此周公之樂歌欲感切宗族使相親也刘炫云杜云常棣詩屬小雅明是周公所作也　注常棣至韡然正義曰常棣〻釋木文也舍人曰常棣一名棣郭璞曰今關西山中有棣樹子似櫻桃可啖鄂〻然華外發者華聚而發於外鄂〻然而光明也不韡〻乎言其實韡〻也古之人語有倒者詩文多有此類　注閱訟爭貌　正義曰釋言云閱很也孫炎云相很戾也李巡李作恨注云相怨恨以心相怨恨而為閱是為爭訟貌也　庸勳至之大　正義曰親暱為是愛敬之辭也即暱与是依就之意也其庸即用也用其有功勳者親其親族親者暱其道路近者尊其有賢行者此四事是德之大者也即

訓就也就其耳聾者從其目昧者與其心頑者用其口嚚者此四姦是其之大者也勲親近賢捴姦上为名聾昧頑嚚捴身上为名以狄无他姦故於耳目心口之上為惡名耳下文各以四姦覆之唯棄嬖寵而用三良是言鄭伯之賢與上文倒隨便言耳杜言三良叔詹堵叔師叔所謂為賢如杜此注則謂鄭伯為賢與上文為賢棄者已用三良則是鄭伯之賢王則責為此鄭伯但杜注省略耳

王德狄人　正義曰苟其恩者謂之為德古人有此語也

狄固貪惏　正義曰方言云殺人取財曰惏　注周礼至二人　正義曰周礼无御士之官唯夏官大僕之屬有御僕下士十有二人掌王之燕令鄭玄云燕居時之令以親近王故備為王禦寇

注原毛皆采邑　正義曰此原伯毛伯蓋是文王之子原毛之後世為王臣仍為伯爵或本封絶滅食采畿內故云皆采邑也

注鄭南至縣南　正義曰南氾是襄城縣南則鄭之西南之竟南近於楚西近於周故王処于氾及楚伐鄭師于氾皆以為南氾其東氾在中牟縣南去鄭城既近三十年秦晉圍鄭秦軍氾南故

內東西各隨其所近而言也　注鷸冠之服　正義曰釋鳥云翠鷸李巡曰鷸一名為翠其羽可以為飾樊光云青羽出交州郭璞云似燕紺色生鬱林說文云翠青羽雀也案漢書尉佗獻文帝翠鳥毛然則鷸羽可以飾器物聚此鷸羽以為冠也　注夏書之為宜　正義曰此是大禹謨之文以說禹事故傳通以其篇為夏書彼孔安國云水土治曰平五行序曰成水土既治是地平其化五行既序是天成其施杜雖不見孔傳於義亦不相違也

注宋弔之謝之　正義曰禮弔喪之法皆主人拜其弔者謝其勤勞弔者不答拜以其為事而來不自同於賓客此皆拜弔及主人敵禮以上若其臣下來弔則主人不拜宋是先代之後王以敵禮待之故拜其來弔其餘諸侯則否　省視官具　正義曰鄭伯與三大夫每日親自省視當國官司令具其器用送之於氾而後聽其私政也　二十五年注衛邢之罪之　正義曰曲禮曰諸侯不生名滅同姓名傳云同姓也故名然則諸侯位貴居尊故不斥其名書名則是罪絕之文故云罪之　注五同盟　正義曰燬以

九年即位四年盟于召陵五年于首止八年于洮九年于葵丘十
五年于牡丘皆魯衛俱在是五月盟也　注伯姬至故昏　正義
曰伯姬魯女而以宋蕩冠之知為宋大夫蕩氏妻也婦者對姑之
文姑即伯姬故知自為子來逆婦公羊傳曰宋蕩伯姬者何蕩氏
之母也其称婦何有姑之辞也穀梁傳曰婦人既婦不踰竟是婦
人越竟逆婦非礼也以非礼故昏之紀裂繻來逆女此云逆婦者
姑自來逆故即称婦也宋有蕩氏者宋桓公生公子蕩々生公孫
壽々生蕩意諸意諸之後以蕩為氏則此人字蕩也故云蕩氏
妻　注頓迫至納故　正義曰囲陳而納頓子明頓子迫於陳
而出奔也楚人納之知其出奔楚也公羊傳曰何以不言遂兩之
也一挙兵而行此兩意非因前生後故不言遂明此囲陳納頓子
正是一叓釈例曰傳称諸侯納之曰帰今經諸称納者皆有興師
見納之叓不待例而自明故但言納不復言皈々納不須兩見故
云頓子不言皈興師見納故　注洮魯訖賜族　正義曰八年盟
于洮杜云曹地三十一年魯始得曹田以此時不得為魯地注注誤

耳礼先君既葬則嗣子成君此文公既葬成公不称爵者釋例曰
文公欲平莒於魯未終而薨故衛子尋父之志魯人由此亦脩文
公之好此孝子之感而人情之所篤故成公雖已免喪在於此
盟會降以在喪自名猶武王伐紂称太子發故經隨而書子傳據
而釋之曰脩文公之好也是說書子名之事 傳掖以赴外 正義
曰說文云掖持臂也謂執持其臂投之城外也 掖持臂之名遂
俚臂下脊上為掖是因名轉而相生也 繼文之業 正義曰言
欲繼文侯之功業而使信義宣布於諸侯今曰納王是為可矣
注黃帝至為吉 正義曰大戴礼五帝德曰黃帝与赤帝戰于
阪泉之野晉語云昔少典娶於有蟜氏生黃帝炎帝黃帝為姬
炎帝為姜二帝用師以相濟也韋昭注云濟當為擠擠滅也史記称
黃帝伐炎帝之後于阪泉之野炎帝即神農也黃帝將戰卜得吉
兆今卜復得彼兆故以為吉也 戰克而王饗 正義曰卜偃
黃帝吉兆是戰克也筮得大有是王享也 注闕地至而下
正義曰隱元年傳曰闕地及泉隧而相見是闕地通路曰隧也天

子之葬棺重礼大尤須謹慎去壙遠而闕地通路從遠處而漸邪下之諸侯以下棺輕礼小但擴上而直縣下之故隧為王之葬礼諸侯皆縣柩而下故不得用隧晋侯請隧者欲請以王礼葬也　注鄀本至鄀縣　正義曰言本在商密者拠在後移都称旧鄀以為李耳其実此时在商密後始遷於鄀縣國至彼縣而滅故彼縣專得鄀名尚此秦晋伐鄀之时国名為鄀所都之邑名商密楚以申息之師戍商密者正謂戍鄀国也析是鄀之别邑戍人居析地為商密之援　注言其至行也　正義曰杜以徑猶行者以傳文為徑故釈為行上讀為義刘炫改徑為經謂經歷飢餒下属為句輙改其其字以規杜氏非也　二十六年齊人至弗及　正義曰於例將卑師少称人將卑師衆称師此来去一也而師人異文者穀梁傳曰其侵也曰人其追也曰師以公之弗及大之也此傳无解或如穀梁之言美公已遠逐其師若言追大師然變文以美公猶嘉季子之獲而書莒挐也公追戎于濟西不言所至此言至酅者美公遠追已遠至齊地故書之也桓十年齊侯衛侯鄭伯来

戰于郎傳曰不書侵伐我有辭也此齊人侵我討郲向二盟与莒和好我亦无罪而書侵者於時晉文初起諸侯无伯齊侯是桓公之子欲以盟主自居魯不告齊而私為此盟非有正礼可辭齊侯容得侵伐故從本文　注公子〻之辭　正義曰公子遂名居則自我之心得否在於彼國乞者執謙之意不保必得之辭叙例於經則是卿也而云大夫者大夫是總辭也今定本為魯卿乞曰凡乞者深求過理之辭執謙以偪成其計故雖小國之乞大國〻〻之乞小國亦皆從不与謀之例臧宣叔命鉏乞師是也然則与謀者彼此合計同謀共行乞師者取彼之力我獨用之故不從与謀之例公羊傳曰乞者何卑辭也曷為内外同辭重師也曷為重師〻出不正反戰不正勝穀梁亦同其意以為兵凶器戰危事用師必有死傷不可必全得歸本不可理之假借故皆以乞為名

傳注勞齊師　正義曰犒者以酒食餉饋軍師之名也服虔云以師枯槁故饋之飲食勞苦禮之勞也魯語云使展喜以膏沐犒師　注柳下惠　正義曰魯語展禽對臧文仲云獲聞之是其人

氏展名獲字禽柳下是其所食之邑名謚曰惠列女傳柳下惠死
門人將謚之妻曰夫子之謚宜為惠乎門人從以為謚莊子云柳
下季者季是五十字禽是二十字　注如而也蒭恐　正義曰服
虔云言室屋皆發撤榱椽在如縣罄孔晁曰縣罄但有桷無覆蓋
杜以下云野無青艸言在野無青草可食明此在室無資糧可
噉故改如為而言居室而資糧縣盡刘炫云如罄在縣下无粟
帛炫乃以服義規杜非也　注祝融至其祝　正義曰楚世家云
楚之先出自帝顓頊高陽高陽生称々生卷章卷々章生重黎々
為高辛氏火正帝嚳命曰祝融帝誅重黎而以其弟吴回居火
正為祝融吴回生陸終陸終生季連季連芈姓楚　其後也其
後中微或在中国或在蛮夷不已紀其世周文王之時季連之苗
裔曰鬻熊事文王曽孫熊繹成王封於楚是祝融鬻熊皆為楚
之遠祖也自祝融至鬻熊司馬遷不已紀其世杜言十二世不
知出何書故刘炫規杜云計其間出有一千二百年略而言之則
百年為一世計父子為十二世何以得近千二百年乎今删定

知不然者，以其間或兄弟伯叔相及，皆爲君，故年多而世少，或可轉寫誤。刘更無別文，以意而規杜氏，未爲得也。注熊摯至夔子。正義曰：傳言熊摯有疾，是以失楚之明，是適子有疾不得嗣位。楚世家無其事，不知熊摯是何君之適，何時封夔。案鄭語孔晁注云：熊繹玄孫曰熊摯，有疾，楚之人廢之，立其弟熊延，熊摯自棄於夔，子孫有功，王命爲夔子。亦不知何所據也。凡師至曰以。正義曰：能左右者，謂欲左則左，欲右則右，故注云謂進退在己。釋例曰：凡師已左右之曰以，謂求助於諸侯而專制其用師，伐進退師意而行，故變會及之文而曰以。施於匹敵相用者，若伯主之命，則上行於下，非例所及也。吳雖大國，順蔡侯之請，自將其衆，唯蔡侯之命，故亦言以吳子也。傳例稱師，則諸不言師者，皆不用以爲例也。以之於言，所涉甚多，刘賈許潁既不守例爲斷，又亦不能盡通諸以，唯雜取晉人執季孫以歸、刘子單子以王猛居于皇、尹氏毛伯以王子朝奔楚之屬，示以義數事而已。又云：諸稱以，皆小以大，下以上，非其宜也。尋案晉侯以季孫歸，又非下以上也。荊

以蔡侯歸亦非小以大也

春秋正義卷第十二

春秋正義 十三之十五

五

春秋正義卷第十三　僖公

國子祭酒上護軍曲阜縣開國子臣孔穎達等奉

勑撰

[illegible]

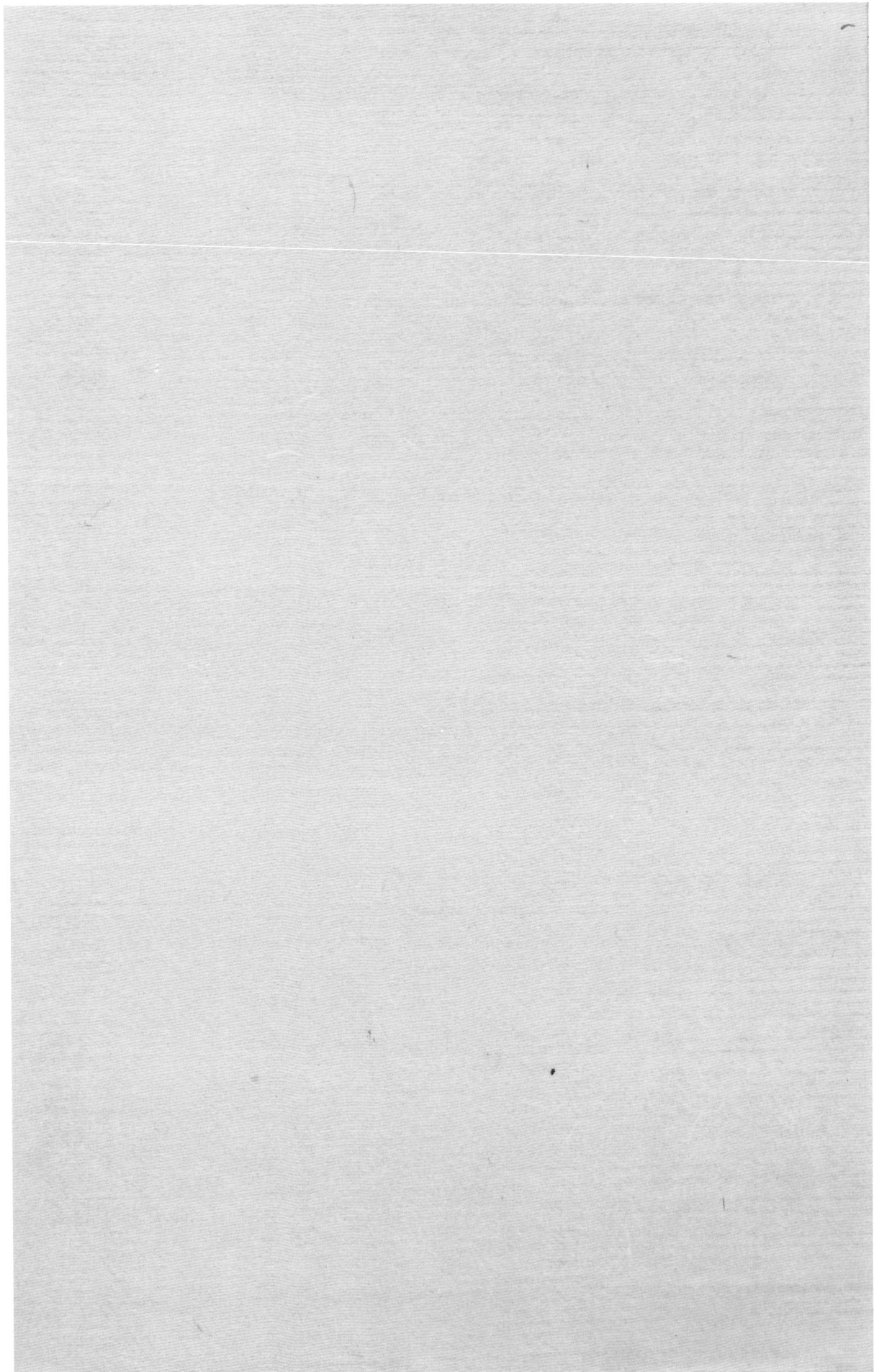

春秋正義卷第十三　僖公

國子祭酒上護軍曲阜縣開國子臣孔穎達等奉

勅撰

二十七年注傳言至兵故　正義曰此年傳云楚子及諸侯圍宋則是楚子親自來也十二月公會諸侯盟于宋云為楚子在宋而往會之明與楚子共盟也明年傳晉侯執曹伯分曹衛之田以畀宋人其下始云楚子入居于申使子玉去宋由此而言楚子初來圍宋必親到宋圍使子玉主兵明年見晉之盛身始去之獨留子玉於宋耳杜以諸侯之卿不至稱人今言楚人不得為楚子之身也子玉楚之正卿宜書其名今書曰楚人非子玉也故以恥不得志以微者告也若然在二十八年齊人伐衛杜云齊侯稱人者諱取賂而還以賤者告二十二年宋公及楚人戰于泓杜云楚告命不以主帥人數故略稱人則以彼二解義亦得通但傳有子玉在宋之文故據子玉解之所以弘通其義也初圍宋在此年冬楚子入居于申乃是明年三月圍至明年不克始是不得志耳非是初圍

之時为不得志也杜意當以此而明年始告々以今冬圍耳下句即有公會諸侯于宋楚未来告而公得往會之者公傳闕即往此待告也其書圍宋之事必待專使来告傳闕行言不得書也然若成十三年公會諸侯伐秦傳稱戰于麻隧秦師敗績而經无戰敗之事杜云时公在師後不須告蓋經文闕漏傳文独存即如彼言公見其事不復須告此時公會諸侯于宋即是親見宋圍何以不即書之而云待楚告者案檢上下襄十一年公會晉侯云々伐鄭傳稱鄭人行成下言晉趙武入盟鄭伯鄭子展出盟晉侯杜云二盟不書不告二十五年公會晉侯云々于夷儀傳稱伐齊々人使隰鉏請成慶封如師杜云慶封独使於晉不通諸侯故不書二十六年傳六月公會晉趙武宋向戌鄭良霄曹人于澶淵晉人執甯喜以歸杜云歸晉而後告諸侯故經書在秋此二事者公雖在會不告不書所言不須告者皆謂公親行其事麻隧公親在戰故云不復須告此時公往与盟不与圍宋故圍宋之事必待告乃書既以微者来告猶序諸侯之上者春秋之例會同以國大小

内序征伐則以主兵在前此序諸侯之上由楚主兵故也　注諸
侯圍宋地　正義曰陳蔡鄭許皆是楚之属国楚子帥而与之囲
宋往年公使公子遂如楚乞師始与之通和好魯非楚之属国囲
宋之実公不与謀直聞其在宋往会之耳非是楚来召公公自往
会之非後期也言此者文七年扈之盟為公後期不序其国而摠
曰諸侯此亦摠曰諸侯有後期之嫌故明之非為後期而摠称諸
侯即上囲宋之諸侯也一実而再見者前目而後凡常例也囲称
楚人以徽者告魯此与諸侯盟会必是楚子親之不復別言楚子
者上已歴序諸侯遂令楚子為楚人之処即後摠大故不復曲序
之也凡盟会以国為地者必国主与其盟会此時宋方見囲无嫌
与盟故直以宋地也　傳不廃喪紀　正義曰周礼小司徒掌喪紀
之禁令庖人掌喪紀之庶羞雜記曰衰麻哭泣所以節喪紀也言
喪紀者多矣喪紀者喪事之摠名諸侯相於雖為弔贈故注云弔
贈之数不有廃也　毋賞二人耳　正義曰耳助句也　国老皆賀
正義曰王制云有虞氏養国老於上庠養庶老於下庠然則国老

者国之卿大夫士之致仕者也　子之至国也　正義曰二十二年子玉伐陳城頓而还子文使為令尹叔伯曰子若国何對曰吾以靖国也夫有大功而无貴仕其人能靖者与有几子文恐子玉矜功為乱故授令尹冀以靖国家此舉其前言以非之　過三至人矣　正義曰若使為帥過三百乘其必不能入前敵矣　從先軫公之施　正義曰刘炫云下蒐于被庐先軫始佐下軍此时未為下軍之佐以規杜氏知不然者以方欲救宋即蒐被庐先軫此語与蒐相近不知未蒐之前先軫身作何官故以蒐後下軍之佐明之然先軫後年亦為中軍帥不云中軍帥者相去既遠又隔下軍之佐故杜不言之　謀元帥　正義曰元長也謂將帥之長軍行則車者居中故晋以中軍為尊而上軍次之其二軍則上軍為尊故閔元年晋侯作二軍公將上軍　說礼至本也　正義曰說謂愛樂之敦謂厚重之詩之大旨勸善懲悪否之為訓詁為賢伐罪在上以道禁民為非之謂義詩書義之府藏也礼者謙卑恭謹行斂於敬樂者欣喜歡娛事合於愛揆度於内舉措得中之

謂德禮樂者德之法則也心說禮樂志重詩書遂禮樂以布德習
詩書以行義有德有義利民之本也晉語云文公問元帥於趙衰
對曰郤縠可年五十矣守學彌惇夫好先王之法者德義之府也
夫德義生民之本也能敦篤不忘百姓請使郤縠公從之　夏書
至試之　正義曰夏書言用臣之法賦取也取人納用以其言察
其言觀其志也分明試用以其功考其功觀其能也而賜之車服
以報其庸庸亦功也知其有功乃賜之古人之法如此君其試用
之　注尚書至功也　正義曰此古文虞書益稷之篇漢魏諸儒
不見古文因伏生之謬從堯典至胤征凡二十篇揔名曰虞夏書
以與禹對言故傳通謂大禹謨以下皆為夏書也古本作敷納以
言明庶以功敷作賦庶作試師受不同古字改易耳賦稅者取受
之義故為取也庸功釋詁文舜典云敷奏以言明試以功車服以
庸文無略同此引夏書非舜典也　注狐毛偃之兄　正義曰晉
語偃辭曰毛之知賢於臣其齒又長毛也不在位不敢聞命　注
未義則苟生　正義曰未知君臣之義不作長久之圖苟且為生

以過朝夕是未安其居　入務至生矣　正義曰利民之實洮止一塗晉語說文公為政云棄責薄斂施舍分災救乏振滯匡困資無輕關易道通賈寬農務稽勸分省用足財利器明德以厚民性皆是利民之實民懷生者謂有懷義之心不復苟且劉炫云生既厚民皆懷戀居處　注未明於見用之信　正義曰信是人之所用若未伐原示信民未明於信是人用故傳云未宜其用云見用者言信見為人所用　文之教也　正義曰論語云上好禮則民莫敢不敬上好義則民莫敢不服上好信則民莫敢不用情今晉侯以義信禮教民然後用之是文德之教也明年傳君子謂晉於是役也能以德攻注云以文德教民而後用之謂此役也

二十八年注公子訖其罪　正義曰經言買傳言叢叢蓋名買字叢或字相似而一誤也周禮司刺掌三刺之法以贊司寇聽獄訟一刺曰訊群臣再刺曰訊群吏三刺曰訊萬民鄭玄云刺殺也訊而有罪則殺之訊言也內殺大夫此及成十六年刺公子偃皆書刺者言用彼三刺之法言問臣吏萬民皆言合殺乃始殺之以

示不枉濫也此三刺之法位在外朝庫門之外皋門之内故小司
寇掌外朝之政三公及州長百姓北面群臣西面群吏東面於此
訊之也魯史獨設此名所以異於外也公羊以為内諱殺大夫謂
之刺以為諸侯不得專殺故諱言刺之其意小異於此公實畏晉
殺子叢以説晉言戍衛者叢之所為又歸罪於叢言不終戍是故
殺之恐不内遠近所信故顯書子叢之罪也然魯殺子叢本為
兩意謂楚云不卒戍謂晉云叢欲戍衛今經之所書々謂楚之辭
不書謂晉之辭者以魯先與楚同好恐楚疑之故顯書不卒戍之
罪以告属楚諸侯心實畏晉未敢宣露故經不昏告晉之辭蘇
云公子買不卒戍者告晉楚之辭也謂晉云公子買比來戍衛今
不使終其戍事是以殺之謂楚云此令公子買為楚戍衛其買
不終戍事是以殺之　注畀與也　正義曰劉炫云公羊傳曰畀
者何与也其言以畀宋人何与使聽之何休云宋稱人者明聽訟
必師斷与其師縱共之穀梁傳曰畀与也其曰人何也不以晉
侯畀宋公也注云畀上与下之辭故不以侯畀公案傳執曹伯分

曹衛之田以畀宋人則田亦稱人非為斷獄故稱人也若不使晉
侯與宋公自可改其畀名何以名之為畀而使義不得與也
若與宋人豈宋國卑賤之人得獨受曹伯而治之乎二傳之言
皆不得合左氏故以人為辭舉國而稱之耳　注宋公至敗績
正義曰於例將卑師衆稱師此齊宋秦皆文稱師則將非卑者傳
云宋公齊國歸父秦小子憖次于城濮及其交戰唯言晉師陳于
莘北說晉之將帥與楚相敵都不言齊宋公卿知其既次城濮以
師屬晉不與戰也沈氏云定四年戰于柏舉傳稱蔡侯吳子唐侯
伐楚杜云唐侯不書兵屬於吳蔡今宋齊秦屬晉而書之者
彼柏舉之戰唐師并屬吳蔡與之同陳故不書此齊宋師等雖
屬晉猶異陳故得書之傳稱子玉及陳蔡之師皆在於陳而不
書者楚人恥敗告辭略故史不得書之劉炫規過以為晉人告略
今知不然者但於此戰曾猶屬楚凡禍福相告必同好之國
故知楚人來告也楚人來告不言陳蔡者恥其諸國皆在不能敵
晉故略言楚人而已若其晉告則應矜其勝更以少敗多何肯

略其陳蔡而不告也劉以爲晉人來告而規杜氏非也　陘殘
上文有誤　正義曰傳稱王子虎盟諸侯于王庭而不名子虎知
子虎臨盟不與歃定四年傳稱踐土之盟其載書云王若曰晉重
魯申衛武蔡甲午鄭捷齊潘宋王臣莒期其次與今不同者今之
班次以國大小爲序及其盟也王臣臨之異姓爲後故載書之次
與今異也定四年召陵之會傳稱祝佗言於萇弘曰踐土之盟衛
成公不在夷叔其母弟也猶先蔡萇弘說告劉子及長衛侯於盟
如彼傳文則踐土召陵二盟衛皆先蔡而經序諸國之序二會皆
蔡在衛先者釋例曰周之宗盟異姓爲後故踐之載書齊宋在大
降於鄭衛亦周而言止禋王官之宰臨盟者也其餘雖盟未必皆
然踐土召陵二會蔡在衛上時國次也至盟乃正其高下者敬恭
明神本其始也是言盟會異次之意也如釋例之言王官之宰
臨盟乃以異姓爲後則二十九年翟泉之盟王子虎在焉宣七年
黑壤之盟王叔桓公臨之彼二盟亦當異姓爲後與今異次也八
年洮之盟王人在列杜指王官之宰則早者未必皆別同姓異姓

若先王官之伯則以大小為序襄二十七年宋之盟晉楚爭先是其餘雖盟不先同姓之文周禮典命云諸侯之適子誓於天子攝其君則下其君一等未誓則以皮帛繼子男叔武是衛侯之弟未得從世子之法攝位發盟以先正禮其班位高下出於主會之意以其非王命所加使從未成君之禮故稱子而序於鄭伯之下盡晉文之意使然　陳侯如會　正義曰沈氏云八年鄭伯云乞盟此直云如會者彼及其盟故云乞盟此則不及其盟又陳侯不乞故與彼文異　注王在至王所　正義曰穀梁傳曰朝不言所言所者非其所也是其由非京師故稱王所也公羊傳曰曷為不言公如京師天子在是也曷為不言天子在是不與致天子也其意言晉文公召王來踐土左傳於此先召王之處直云作王宮于踐土杜云襄王聞晉戰勝自往勞之故為作宮則以王意自往非晉召之不同公羊説也　注元咺至十年　正義曰宣十年齊崔氏出奔衛傳曰書曰崔氏非其罪也文八年宋司城來奔傳言司城效節於府人而出故皆以官書之也然皆官及氏為貴則

君名不是賢文以元咺訴君於晉所訴並直令君陷罪失君臣之節故无賢文君其名從本文也　注凡四同盟　正義曰款以十三年即位十五年盟于牡丘十九年于齊二十一年于薄二十七年于宋及陳侯在是四同盟也　注陳共至貶也　正義曰陳侯款經不書葬正以稱子知其先君未葬也宋襄稱子九年葵丘會也陳共公稱子此會也陳懷公稱子定四年召陵會也其班次上下傳无義例故疑主會所次非褒貶也桓十六年公會宋公衛侯陳侯蔡侯伐鄭杜云蔡常在衛上今序陳下蓋後至二十九年翟泉之盟秦人在陳蔡之下傳歷序諸侯之卿而有秦小子憖杜云秦小子憖在蔡下者若宋向戌之後會彼二臭班失其次杜以後至欲之知此陳共公稱子降在鄭下非後至者杜以後至為說亦无明文正以國之大小班序先定今乃退在小國之下因向戌有後至之說故取以為說耳未成君者例无定式不知所由故言蓋為疑辭疑主會之意亦未必不由後至而降之礼雜記云君薨太子號稱子待猶君也然則待之如君在本班者為得礼也

降其班者出自主令之意　晉人乙京师　正義曰成十五年晉
侯執曹伯歸于京師彼不言之此言之者公羊傳曰歸之于者罪已
定矣歸于者罪未定也左氏无此義正是史異辭耳唯晉感乙之
例正義曰侯獳受君以請此曹伯歸自京师歸国逆之例成十六年曹人再
請於晉乃釋成公而云曹伯歸自京師歸外納之文者彼国人請
君自是恒变此侯獳貨筮史致其誠心晉侯感其言而特釋之所
以顯侯獳故歸国逆例也傳興人乙於墓　正義曰此謀字或作
誦涉下文而誤耳其云誦者皆韻如詩賦此称舍於墓直是計
謀之言不得為誦今定本作謀　勞之乙何為　正義曰二子有
歸衍之勞未得厚賞故言勞苦之大不曾圖謀其報此小惠於
何有義恨公忘已而念彼也　距躍乙勵也　正義曰詩称魚
躍易言竜躍則躍是举身向上之名礼記婦人踊不絶地則踊亦
向上之名詩云踊躍用兵則踊躍二事勢相類也說文云躍迅也
踊跳也然則躍以疾生名故以距為超越言距地向前跳而越
物過也曲踊以曲為言則謂向上跳而折復下故以曲踊為跳踊耳

言直上向下而已以傷病之人而再言三百不可為六百踊也杜
言百猶勤亦不知勤何所謂蓋後訓勤為勉言每踊皆勉力為
之軍志之謂矣　正義曰允當則歸謂信當於理則須歸還先求
適分決戰取勝也知難而退謂知前敵之難則須退辟也有德不
可敵謂必知敵強不須与競也此三志者与晉相遇之謂矣劉炫
云此志三云者情有淺深允當則歸謂彼雖可勝得當則還言前
人弱於已也知難而退謂勝不可必早自收斂言前人与已敵也
有德不可敵謂必知彼彊不須与競言前人彊於已也三者彼弱
之強揔言晉之謂矣指言晉強於已也　注楚子至益之　正
義曰宣十二年傳稱武子說楚事云其君之戎分為二廣有一
卒々偏之兩是楚有左右廣也周禮車僕掌戎路之萃廣車之
萃鄭玄云廣車横陳之車襄十一年鄭人賂晉侯以廣車蓋兵車
之名々之為廣因即以車表兵謂屬西廣之兵也文元年商臣以
宫甲圍成王是東宫兵也周禮司馬凡制軍百人為卒知六卒六
百人也　先軫曰子与之　正義曰以子犯言為无理故先言子

与之歃令子犯与子玉後衛封曹既言此以荅子犯然後復言其
不可之理更別為之立計使私許復曹衛以攜之　背惠食言
正義曰釈詁云食偽也孫炎云食言之偽尚書湯誓云尓无不
信朕不食言孔安国云食盡其言偽不実也哀二十五年傳孟武
伯悪郭重曰何肥也公曰是食言多矣能无肥乎然則食言者
而不行如食之消散後終不行則前言為偽通謂偽言為食言
故尓雅訓食為偽也　注直気為盈飽　正義曰素訓為空忽怒之
深空腹不食直気盈飽也　注鄰丘陵険阻名　正義曰兵法右
背山陵前左水澤師背鄰而舍知其背丘陵也蓋所舍之処
有丘陵名鄰其処有険阻也　注鹽嗹也　正義曰鹽之為嗹
未見正訓蓋相傳為然服虔云如俗語相罵云嗹女腦矣　注五
万之脩備　正義曰說文云韅著掖皮也靷引軸也鞅頸皮也此
注与說文不同蓋以射騎而為解也驂馬挽車有皮在背者為韅
胷者為在腹為帶者為縶絆其足者從馬上而下次之其證正
謂在足是也傳唯舉四支文無所結舉其小支皆具言其駕乗

脩備明諸夏皆備也　鄭伯至而懼　正義曰致其師者致其鄭
国之師許以佐楚也戰時雖死鄭師畏本心佐楚故既敗而懼
注子人氏九名　正義曰桓十四年鄭伯使其弟語来盟傳稱子
人来盟杜云子人即弟語也其後爲子人氏七年傳子華云泄氏
孔氏子人氏三族實違君命今子人九必是語之後也杜譜以
九爲雜人謬矣　晉欒至衡雍　正義曰此二盟及上文晉侯衛
侯盟于斂盂皆不書者皆不告也　注以策至晉　正義曰周
語稱晉文公初立襄王使大宰文公及内史叔興賜文公命注国
語者皆以爲大宰文公即王子虎也今尹氏又在王子虎之上故
以爲皆卿士唯叔興是大夫或云皆大夫皆字妄耳九命者大宗
伯云一命受職再命受服三命受位四命受器五命賜則六命賜
官七命賜国八命作牧九命作伯　注大輅至有服　正義曰周礼
巾車金路鉤樊纓九就建大旂以賓同姓以封革路龍勒條纓五
就建大白以即戎金路以封同姓知大輅是金輅也革路以即戎
言戎輅戎車即周礼之革路二輅各有服者周礼司服侯伯之服

自鷩冕而下凡兵事韋弁服金輅祭祀所乘其大輅之服當謂鷩冕之服戎輅之服當謂韋弁服也　注彤赤至征伐　正義曰彤赤玈黑舊說皆然說文彤從丹玈從玄是赤黑之别也周禮司弓矢掌六弓王弓弧弓以授射甲革椹質者夾弓庾弓以授射豻侯鳥獸者唐弓大弓以授學射者使者勞者鄭玄云勞者勤勞王事若晉文侯文公受王弓矢之賜者考工記弓人云往體多來體寡謂之夾庾之屬往體寡來體多謂之王弓之屬往體來體若一謂之唐弓之屬然則唐大是弓强弱之名彤玈是弓漆之色王弧則合九而成規唐大合七而成規夾庾合五而成規司弓矢又有八矢枉矢絜矢利矢射用諸守城車戰殺矢鍭矢用諸近射田獵矰矢茀矢用諸弋射恒矢庳矢用諸散射鄭注約考工記云枉矢之屬五分二在前三在後殺矢之屬三分一在前二在後矰矢之屬七分三在前四在後恒矢之屬軒輖中其枉殺矰恒弓所用絜鍭茀庳弩所用彼司弓矢既云枉矢絜矢用諸守城車戰此天子賜諸侯弓矢使用之以戰則彤矢玈矢當彼枉矢也但弓矢

相配強弓用重矢弱弓用輕矢既唐弓大弓強弱中其恒矢軒
輖亦中又司弓矢云恒矢痺矢用諸散射鄭玄云散射謂禮射及
習射也此賜弓矢則禮系之叏彤矢旅矢或當恒矢也旅弓矢千
具於彤而略於旅準之則矢千者十也諸侯賜弓矢然後專征伐
王制文　注秬黑至器名　正義曰秬黑黍釋草文李巡云黑
黍一名秬黍周禮鬯人掌共秬鬯而飾之鄭玄云鬯釀秬為酒芬
香條暢於上下也鬱人掌祼器凡祭祀之祼事和鬱鬯以實彝
而陳之禮祭祀必先祼是用之以降神也釋器云彝卣罍器也
李巡曰卣鬯之鐏也孫炎曰鐏彝為上罍為下卣居中也詩江
漢篇述宣王賜召穆公云秬鬯一卣告于文人鄭箋云賜之使祭
其宗廟告其先祖也當賜之時實之於卣其祭則陳之於彝也
虎賁三百　正義曰國語云天子有虎賁習武訓諸侯有旅賁禦
災害大夫有貳車備承事士有陪乘告奔走周禮司馬之屬虎
賁氏下大夫二人虎士八百人掌先後王而趨以卒伍軍旅令
同亦如之舍則守王閑　注逖遠至遠之　正義曰逖遠釋詁文

紏者纏治之名有恐於王者當繩治之而使遠於王也　注將助
之臣也　正義曰勸將者佐助之意故爲助也餘皆釋言文注
弁以至如星　正義曰礼稱皮弁明其用皮也知以鹿子皮者相
傳爲然至今仍用之詩毛傳云瓊玉之美者則瓊亦玉也璵美者
飾弁以恐者飾纓耳周礼弁師掌王之皮弁會五采玉璂鄭玄云
會縫中也璂讀如綦々結也皮弁之縫中每貫結五采玉以爲
飾謂之綦又諸侯及孤卿大夫之皮弁各以其等爲之鄭玄云孤
則璂飾四三命之卿璂飾三再命之大夫璂飾二是諸侯之臣其
皮弁得以玉爲飾也弁師又云王五采諸侯二采鄭玄云王璂飾
十二上公九侯伯七子男五卿大夫皆二采璂飾各如其命數鄭
又云三采朱白蒼二采朱綠其纓之飾則无以言之蓋以玉飾纓
之春耳詩云會弁如星衛風淇奧篇也鄭箋云會謂弁之縫中
飾之以玉皪々而處狀似星也　注孟諸至曰麋　正義曰釋地
云十藪宋有孟諸郭璞云今在梁國睢陽縣東北周礼職方氏
正東曰青州其沢藪曰望諸禹貢豫州道荷沢被孟豬明皆

是一物而字改易耳釋水云水草交為湄李巡曰水中有草木交會曰湄古字皆通用故此作麋耳　注因神至之理　正義曰刘炫云神道冥昧与人不交楚師之敗未必由此但於時戰在河旁河神許助若子玉從神所求不惜瓊玉則國人以為神得所欲必將助己自當三軍用命戰士爭先亦既不遂神心人謂神必不助則衆意皆阻莫不畏敵且兵凶戰危必有傷殺三軍之命在茲一舉猶尚愛惜此物是无恤民之心在軍之士誰肯競勸故云因神之欲以附百姓之願是將師之理也裨竈請用瓘斝攘火非神所求若從而与之則驚動民意且災不可免徒長妖妄故子産不与異於此也　注夷謚　正義曰謚法安民好靖曰夷

注牛馬至失之　正義曰刘炫規杜以為放牛馬於澤遺失大旆左旃不失牛馬今删定知不然者若不失牛馬唯亡左旃罪夫亦重何須殺之以徇牛馬是軍之要用於事尤重故費誓云馬牛其風臣妾逋逃則有常刑今既亡左旃又失牛馬為罪至重故殺之以徇若牛馬不失又大旆在軍何得因放牛馬而亡左

旆故知風于澤者爲别失馬牛又於軍中亡失大旆之左旃故杜
云掌此二事而不脩理劉以爲不失牛馬而規杜過也　注大
旆至曰旃　正義曰釋天云緇廣充幅長尋曰旐繼旐曰旆則
旆是旗之尾也今别名大旆則此旆有異於常故以大旆爲旗
名上云狐毛設二旆而退之亦此類也通帛爲旃周禮司常文
也鄭玄云通帛謂大赤從周正色无飾釋天云因章曰旃孫炎曰
因其繒色以爲旗章不畫之是也謂之左旃蓋是左軍所建者
此亦於事難明不可強說　注愷樂也　正義曰大司馬云若師
有功則左執律右秉鉞以先愷樂獻于社注云律所以聽軍聲
鉞所以爲將威兵樂曰愷司馬法曰得意則愷樂愷歌示喜也
注大士至之義　正義曰周禮獄官多以士爲名鄭玄云士察也
主察獄訟之事者周禮命夫命婦不躬坐獄訟小司寇職文也鄭
玄云爲治獄吏褻尊者也躬身也不身坐必使其屬若子弟
也喪服傳曰命夫者其男子之爲大夫者命婦者其婦人之爲
大夫妻者凡斷獄訟皆令競者坐而受其辭故云不躬坐也大

司寇云以兩造禁民訟以兩劑禁民獄鄭玄云訟謂以財貨相告
者獄謂相告以罪名者對文則小別散則可以通獄訟皆爭罪之
事也元咺不宜與君對坐故使鍼莊子代衛侯為坐獄之主寧子
為輔々莊子也以寧子位高故先言之士榮亦輔莊子舉其官名
以其主獄事故亦使輔之與晉之獄官對理質正元咺也所引傳
曰在襄十年　注寧俞至者深　正義曰寧俞親以衣食為己職
者慮君飢渴且防酖毒也詩毛傳曰小曰橐大曰囊々橐所以盛
衣亦可以盛食宣二年傳曰為之簞食與肉寘諸橐以與之是也
釋言曰餬饘也鬻糜也郭璞曰饘糜也孫炎曰鬻淖糜也然則
糜之與鬻稠淖之異名耳　注晉侯至之事　正義曰晉侯本意
止欲大合諸侯之師共為事天子以為臣之名義實無覬覦之
心但於時周室既衰天子微弱忽然帥九國之師將數十萬衆
入京師以臨天子似有篡奪之謀恐為天子拒逆或使天子怖懼
棄位出奔則晉侯心實盡誠無辭可解故自嫌彊大不敢朝王
故召諸侯來會于溫々去京師路近因加諷諭令王就會受朝天

子不可以受朝爲辭故令假稱出獵若言王自出狩諸侯因會遇王遂共朝王得盡君臣之禮皆孔子所謂譎而不正之事穀梁傳曰全天王之行也爲若將狩而遇諸侯之朝也爲天王諱也是使王狩之意也公羊以爲踐土與此皆是晉侯召王何休云時晉文公年老恐霸功不成故上白天子曰諸侯不可卒致願王居踐土下謂諸侯曰天子在是不可不朝迫使正君臣明王法案溫去京師路先百里晉侯已已致之於溫何故不已致之於路何休妄造其辭非晉侯之意故杜氏正之自嫌彊大不敢朝周耳　注使若至得地　正義曰此傳稱仲尼之語即云書曰明是仲尼新意非舊文也杜以書曰爲仲尼新意亦以此而知之聖人作法所以貽訓後世以臣召君不可以爲教訓故改正舊史舊史當依實而書言晉侯召王且使王狩仲尼書曰天王狩于河陽言天王自來狩獵于河陽之地使若獵失其地故書之以説王然釋例曰天子將諸侯田獵皆於其封内不越國而取諸人河陽實以屬晉非王狩所故言非其地且明德也　注在隱其召君之闕是説改史之意也

討天王之狩失地不書因此實非王地借之以改舊史若説王狩
然實不誑王也穀梁傳曰水北爲陽山南爲陽溫河陽也舍于溫
言小諸侯以河陽言之大天子也然河陽與溫止是一地天子一
就諸侯假辭以稱狩耳左氏無此義但舍指所在之地故言溫狩
是因儀之所故廣言其地蘇氏云明晉侯之德設其召君書天子
之狩顯其失地便是褒諸侯敗天子所以然者此亦假其失地之
文欲明王狩所在非實敗也若隱其召君則全沒不書於義爲可
必書天王非地之狩者若全沒其文無以明晉侯爲崇天子之
德故書天子出狩諸侯往朝　注隱其召明之　正義曰晉侯所
以召王（功德）志在爲崇天子故改舊史隱其召君之闕以明晉侯之
功德讓爲事天子是也丘明爲傳所以寫仲尼之意凡所改
易皆是仲尼而於河陽之狩趙盾之弑泄冶之罪此三事
特稱仲尼曰者史策所書皆書實事晉侯召王使狩而作
自辭之文是言不實也凡例弑君稱君君無道靈公不君而
稱臣以弑似君無咎也大夫無罪見殺不書其名泄冶忠諫而被

被殺書名乃罪合死也此三事皆違凡典變舊例以起大義危
疑之理恐人不信須聖言以爲證故特稱仲尼以明之　壬申
公朝于王所　正義曰傳之上下例不虛舉經文此虛舉經者
經上晉侯召王以諸侯見之定二十九年注翟泉也稱人
正義曰傳曰卿不書罪之也在禮卿不會公侯唯言諸侯之卿會
魯君罪耳不書罪魯侯與子虎知其亦有罪者襄二十六年公
會晉人鄭良霄宋人曹人于澶淵彼由趙武敵公貶之稱人而
文不没公此没公不書明公別有罪五年公及齊侯宋公云々會
王世子于首止王世子不盟也九年公會宰周公云于葵丘宰
周公不盟也往年踐土之會王子虎盟諸侯于王庭宣七年黑
壤之會王叔桓公臨之王之公卿皆不與諸侯共盟則知諸侯不
合盟王臣々々不合与諸盟今王子虎亦貶稱人知魯侯諱盟夫
子大夫故没公不書也王子虎違禮下盟故貶稱人　傳饋之
芻米　正義曰周禮掌客天子待諸侯之禮上公饔餼九牢饔々
五牢餼四牢車禾視死牢々十車芻禾五十車々米視生牢々

十車則米四十車侯伯饔餼七牢禾四十車米三十車子男饔
餼五牢禾三十車米二十車芻薪皆倍禾也聘禮卿饔餼五牢
禾米与子男同其附庸執帛与公之孤同則饔餼亦五牢禾
三十車米二十車薪芻倍禾則此饋之芻米芻六十車米二十
車　且謀伐鄭　正義曰晉侯受命鄭伯傳王踐土与溫二會
咸在鄭无叛晉之狀而此會謀伐鄭者文公昔嘗過鄭々不禮
及城濮戰前鄭後如楚致以楚敗之後畏威來會晉侯以大義
受之內實懷恨此會鄭人不至必有背晉之心故謀代之也晉
語城濮戰下秋文公誅觀狀以伐鄭及其陴鄭人以名宝如
成公不許陽叔詹請亨而會之左傳无伐鄭之文蓋溫會以後
已嘗伐鄭々至今未服故此會謀伐明年遂与秦圍之傳曰
且貳於楚也是鄭自知負晉故有貳心也　注經書記[illegible]會
正義曰經若敗歸秋人傳則言其名氏若傳无名氏則本无
徵人此經書蔡人而傳无名氏此是實蔡之微者秦是大国
小子慭名見於傳而在蔡微者之後若宋向戌之後會也襄

二十六年公會晉人鄭良霄宋人曹人于澶淵傳曰趙武不書尊公也向戌不書後也鄭先宋不失所也案是大國常在鄭先向戌既以會公貶又以後至退其班使在鄭下此小子愍既以會公貶又退之在蔡下若被宋向戌之後會也然向戌後會傳為發之經書良霄以駮向戌之後今小子愍既是後會傳不為發又不書蔡人之名以駮之者但秦辟陋西戎未同中國蔡人又蔡之微者不合書名故傳不發之經不須責也公孫固序在蔡上者蓋為大司馬尊於歸父々々雖執齊政不廢身非上卿如管仲之類稱文十七年陳公孫寧襄二十七年陳孔奐皆序在衛下杜云非上卿即此類也　注大國至發之　正義曰昭二十三年傳叔孫婼曰列國之卿當小國之君固周制也是其可以會伯子男也諸卿見貶更有此嫌者謂諸卿既上盟天子大夫又上敵公侯故云兼案杜上注經云諸侯大夫違禮盟公侯又注傳云諸侯大夫上敵公侯則是唯責諸侯大夫上敵公侯不責上盟天子之使而言兼有此嫌者以魯君上

盟天子之使已諱而不書則諸侯之臣罪在可悉故傳云歸不書
罪之略言其更故杜經傳二注唯言敵公侯不云盟王使以其可
知故也刘炫以為直責其敵公侯不責其盟王使以規杜氏必
如刘義則是君盟王使乃為有罪臣盟王使難先發責便是君
臣易位尊卑失序聖人無訓豈足若是乎　注傳言至之情　正義
曰周礼夷隸掌与鳥言貉隸掌与獸言鄭司農云夷狄之人
或曉鳥獸之言鄭玄云夷隸征東夷所獲貉隸征東北夷所
獲然則介葛盧是東夷之國其土俗有知者故介葛盧曉之
三十年注咺見至稱君　正義曰咺既稱名故知以訟君立瑕為
咺之罪狀其殺之者諸侯雖篡弑而立之已列於會雖復見弑即成
為君弑商人蔡侯班之屬是也瑕立之雖已經年未會諸侯故不
稱君既不成君即与元咺同為國討之辭元咺先死故稱及也瑕
若成君當稱周歂冶廑為文書曰衛殺其君瑕　傳注衛醫至
酖毒　正義曰周礼大司馬以九伐之法正邦國賊殺其親則正
之鄭玄云正之者執而治其罪王霸記曰正殺之也春秋傳二十

八年晉人執衛侯歸之于京師坐殺其弟叔武如鄭彼言則衛侯合死而云罪不及死者衛侯之心疑叔武耳前驅歂犬卜君意而殺之非衛侯命殺也知其无罪枉殺而哭又命殺歂犬是則殺非其意也故不合死若然則是衛侯无罪而往年衛侯與元咺訟衛侯不勝殺士榮刖鍼莊子者用讒疑賢才論盟先期入是衛侯之罪也罪不合死而晉侯心怨欲得殺之故使醫因治疾而加酖毒者不治疾不得使醫故知因治疾也魯語云晉人執衛成公歸之于周使醫酖之不死醫亦不誅臧文仲言於僖公曰夫衛君殆无罪矣今晉侯酖衛侯而不死亦不討其使者諱而惡殺之也是罪不合死之意也　注服卿至受命　正義曰言祀先君而服將命知其將入廟也必入廟者祭統云古者明君爵有德而祿有功必賜爵祿於大廟示不敢專也命臣必在廟而王制云爵人於朝者朝上詢於衆人位定然後入廟受命今世受官猶然　注汜東汜　正義曰劉炫云二十四年王出適鄭處于汜注云鄭南汜也釋例土地名僖二十四年汜下云此南汜也周王

出居于氾楚伐鄭師于氾襄城縣南氾城是也此年氾下云氏東
氾也秦軍氾南晋伐鄭師于氾滎陽中牟縣南氾水是也楚杜考
校既精為不復爾尋討傳文未見杜意　注行李使人　正義
曰襄八年傳云一介行李杜云行李行人也昭十三年傳云行理
之命杜云行理使人李理字異為注則同都不解理字周語行理
以節逆之賈逵云理吏也小行人也孔晁注国語其本亦作李字
注云行李行人之官也然則兩字通用本多作理訓之為吏故
為行人使人也　不闕秦焉取之　正義曰沈云不闕秦安更何
從取之言為心取秦先謀取鄭言滅秦以將利晋益大疆土
注昌歜象虎　正義曰昌歜饗之所設必是籩豆之實周礼
醢人朝事之豆其實有昌本麋臡鄭玄云昌本昌蒲根切之四
寸為菹彼昌本可以為菹知此昌歜即是昌蒲菹也斉為那歜
尊有云甫歜其音為觸說文云歜盛气怒也從欠蜀声此昌歜
之音相傳為在感反不知其字与彼為同為異備檢書傳昌蒲
之草無此別名未知其所由也此云白黑下云嘉穀々之白黑

唯稱黍為然下云鹽虎形知其形象虎也　辭曰諾堪之　正義曰周礼掌客王巡守百官從者所過之國共其積膳之公賦上公之礼卿賦侯伯之礼大夫賦子男之礼掌固公是天子三公其主國待之當為於國君但周公自謙不敢當比國君耳既云備物之饗以象其德及說備物之下即云以獻其功之德互見之耳獻其功者獻禮並見旌表之也備設以象德薦獻以見功故象獻分配而文　注公既諾曰初　正義曰經書宴好之事傳說將命之初故云命之將聘于周未切又命之遂聘于晉今其從周即去更不迴也賈服不曉傳意解為先聘晉後聘周故杜詳說之　三十一年注晉分諾曰取　正義曰濟西之田實是曹地晉文分以賜魯故不繫於曹曹不繫晉者晉本意賜諸侯不為己有故亦不繫晉也昭四年傳例曰凡克邑不用師徒曰取取田取邑義亦同也　注龜曰諾繇也　正義曰龜曰卜曲礼文也洪範稽疑云龜從筮從禮從人之心也人心欲吉不從是不吉也卜郊不吉不後而郊牲免所用故免牲免猶縱放不殺之也

穀梁傳曰免牲者爲之緇衣熏裳有司玄端奉送至于南郊免牛亦然左傳无說其夏或然也桓五年傳例曰凡祀啓蟄而郊啓蟄周之三月也今於夏四月卜郊者傳舉節氣有前有却但使春分未過仍得爲郊故四月得卜郊也故杜例曰凡十二月而節氣有二十四共通三百六十六日分爲四時間之以閏月故節不必得恒在其月初而中氣亦不得恒在其月之半是以傳舉天宿氣節爲文而不以月爲正僖公襄公夏四月卜郊但說其非所宜卜而不說其四月不可郊也孟獻子曰啓蟄而郊郊而後耕耕謂春分也言得啓蟄當卜郊不得過春分耳是言四月得郊也周禮大宰職云祀五帝前期十日師執事而卜日然則將祭必十日之前豫卜之也言四卜郊者蓋三月每旬一卜至四月上旬更下乃成爲四卜也此言四卜郊不從襄七年三卜郊不從公羊傳曰曷爲或言三卜或言四卜三卜礼也四卜非礼也三卜何以礼求吉之道三今左傳以爲礼不卜常祀則一卜亦非不云四非而三是異於公羊說　注三望至之辭　正義曰公羊傳曰三望者何

望祭也然則昌祭々泰山河海郑玄以為望者祭山川之名諸侯之祭山川在其地則祭之非其地則不祭且魯竟不及於河岛貢海岱及淮惟徐州徐即魯地之望謂淮海岱山也賈逵服虔以為三望分野之星國中山川今杜亦從之以襄九年傳曰陶唐氏之大正閼伯居商丘祀大火相土因之故商主大火昭元年傳云辰為商星參為晉星楚語云天子徧祀群神品物諸侯二王後祀天地三辰及其土地之山川注國語者皆云諸侯二王後祀天地三辰日月星也非二王後祀分野星辰山川也以此知三望分野之星國内山川其義是也昭七年夏四月甲辰朔日有食之於時交之二月日在降婁傳稱去衛地如魯地於十二次豕韋衛地降婁魯地魯祭分野之星其祭婁之神也此三望者因郊祀天而望祭之於法不獨祭也魯既廢郊天而獨脩小祀故曰猶公羊穀梁皆云猶者可止之辭　注辟狄至帝丘正義曰傳稱狄圍衛々遷于帝丘蓋有阻險可以辟狄難也釋例曰帝丘故帝顓頊之虚故曰帝丘昆吾氏因之故曰昆吾

之歷東郡濮陽縣是也　傳重館　注曲〻地　正義曰魯語說此事云獲地於諸侯爲多臧文仲反既復命爲之請曰地之多重館人之力也臣聞之曰善有章雖賤賞也今一言而辟竟其章大矣請賞之乃出而爵之　注諸侯至常祀　正義曰明堂位稱成王幼弱周公踐天子之位以治天下制礼作樂七年致政於成王成王以周公爲有勲勞於天下命魯公世〻祀周公以天子之礼樂是以魯君孟春乘大路載弧韣旂十有二旒日月之章祀帝于郊配以后稷天子之礼也是魯以周公之故得用天子礼樂天子命之則爲常祀故郊爲魯之常祀也記言正月謂周正建子之月与傳啓蟄而郊其月不同礼記是後儒所作不可以難左傳　注既得至曰牲　正義曰上云卜其牲日則牲之与日俱卜之也必當先卜牲而後卜日卜得吉日則改牛爲牲然則牛雖卜吉未得稱牲〻是成用之名不可改名爲牲更卜吉凶明知卜牛在卜日之前也此言免牲是已得吉日牲既成矣成七年乃免牛是未得吉日牲未成也　趙衰爲卿　正義曰晉語云文

公命趙衰爲卿讓於欒枝先軫後又使爲卿讓於狐偃狐毛卒又使爲卿讓於先且居公曰趙衰三讓其所讓皆社稷之衛也廢讓是廢德也以趙衰故蒐于清原作五軍使趙衰將新上軍箕鄭佐之胥嬰將下軍先都佐之如役文止謂趙衰作五軍故特言趙衰爲卿以見之於时旧三軍之將佐先軫將中軍郤溱佐之先且居將上軍狐偃佐之欒枝將下軍胥臣佐之國語爲其文也　卜曰三百年　正義曰案史記衛世家及年表衛從此年以後歷十九君積四有二十年衛元君乃徙于野王元君卒子角代立秦滅衛廢角爲庶人　注相夏至祭也　正義曰夏本紀禹生啓啓生大康及仲康仲康生相是爲啓之孫也周禮祭人鬼曰享　注欲祀相之命　正義曰昭七年傳稱晉居　夏虛祀鯀而晉侯疾瘳此衛居帝丘而不合祀相者祭法云鯀障洪水而殛死載在祀典傳稱實爲夏郊三代祀之周室既衰晉爲盟主爲代天子祭絶祀之神故祭鯀爲得禮相無功德於民惟爲子孫自祭故稱杞鄫何事非衛之罪与鯀異也　三十二年

注文公也三月盟　正义曰經无其葬故言其謚也捷以莊二
十二年即位至此与魯十餘同盟言三同盟者但杜数同盟不
例若同盟少者数先君之盟或数大夫之盟或数經不書盟而传
載盟者若同盟多者唯数今君或就今君之中数其大会盟之
顯著者此言三同盟者皆拠王臣涖盟則八年盟于洮九年于
葵丘二十八年于踐土是也刘炫不尋杜意而規其謬非也
注不地乇帳盟　正义曰会狄于欑函言地今不言地故云就
庐帳盟庐帳即是狄人所居之处上云衛人侵狄及狄盟猶若公
如晋及晋侯盟是指其所居之处故不言地也刘炫云春秋時
戎狄錯居中国此狄无国都处所直云及狄盟々於狄之处也以
狄俗逐水草无城郭宫室故云就庐帳盟　传注殯窆之宫窆
正义曰周礼鄉師職云大喪及葬与匠師御柩及窆執斧以涖匠
師昭十二年传曰日中而堋礼記皆作封堋窆声相近而字
改易耳皆謂葬时下棺之名也殯則欑置於西序亦是下
棺於地故殯為窆棺也晋武公自曲沃而兼晋国曲沃有旧

時宮廟故公卒而往殯宮礼諸侯五日而殯案經文以己卯卒
庚辰是卒之明日即將殯者以曲沃路遠故早行耳礼在牀曰
尸在棺曰柩下云柩有聲明是斂於棺而後行也 注孟明
訖乙丙 正義曰世族譜以百里孟明視為百里奚之子則姓
百里名視字孟明也古人之言名字者皆先字後名而連言之
其術丙必是名西乞白乙或字或氏不可明也譜云或以為西乞
術白乙丙為蹇叔子案傳稱蹇叔之子與師言其在師中而
已卷是西乞白乙則為將帥不得云与也或說必妄記異聞耳
中壽 正義曰上壽百二十歲中壽百下壽八十 注大阜曰
陵 正義曰釈地云高平曰陸大陸曰阜大阜曰陵李巡曰高
平謂土地豐正名為陸大陸謂土地高大名曰阜阜最高大為
陵 注皋夏桀之祖父 正義曰夏本紀文桀父名發桀名
履癸 注此道訖高道 正義曰此道見在殽是山名俗呼為
土殽石殽其阨道在兩殽之間山高而曲兩山參差相映其下
兩所不及故可以辟風雨也公羊傳曰蹇叔送其子而戒之

曰爾即死必於殽之嶔巖是文王之所辟風雨者也此注言兩
山相嶔故可以辟風雨者杜氏此言或取公羊之意嶔字蓋
誤山但嶔巖是山之貌而相嶔文亦不順未足審杜意也何休
云其處險阻隘勢一人可要百故文王避之驅馳常若辟風雨
三十三年注晉侯至言及　正義曰杜以諸侯之賤不至稱人故
知諱在喪用兵以賤者告也襄十四年傳戎子駒支自陳此事云
謂我諸戎四嶽之裔胄且此云姜戎知是姜姓之戎也角之掎
之皆彼傳文耳彼云晉禦其上戎亢其下是不同陳故言及也然
戰之陣共用師不言及者皆同陳也　注大原至為歸　正義
曰刘炫云案傳晉侯親兵先軫死敵則將帥非卻缺也而稱人
者晉諱而以微人告今知不然者以戰于殽文公未葬故諱其
背殯用兵此則文公既葬之後於礼得從戎事又敗狄有功又何
恥諱而以微者告故杜云卻缺稱人未為歸刘以晉侯稱人同於
殽諱而規杜氏非也　注晉至為誤　正義曰此在十二月下
杜以長歷校之乙巳是十一月十二日誤經十二月為誤遂以此

經四年夏皆爲十一月夏之九月霜不應重々又不已殺草所以爲
災也此云隕霜不殺草定元年冬十月隕霜殺菽穀梁傳曰未可
以殺而殺舉重可殺而不殺舉輕其意言菽重草輕也傳注王
城也不下　正義曰成二年傳稱晉解張御郤克鄭丘緩爲右
張侯曰矢貫予手及肘左輪朱殷傷手而血染左輪是御者在
左大將居中也宣十二年傳稱楚許伯御樂伯攝叔爲右樂伯
云左射以菆是射在左而御在中也鄭玄詩箋云兵車之法左
人持弓右人持矛中人御車故左右下御不下　注謂過也示勇
正義曰服虔云元禮謂過天子門不櫜甲束兵而但免胄呂氏
春秋說此夏云師行過周王孫滿曰過天子之城宜櫜甲束兵
左右皆下然則過天子門卷甲束兵必右有此禮或出司馬
兵法其書既亡未見其本　注商行也先之　正義曰周禮大宰
以九職任萬民六曰商賈阜通貨賄鄭玄云行曰商處曰賈易
云商旅不切是商行賈坐而言行賈者相形以曉人也乘韋
賀四馬因以乘爲四名禮言乘矢謂四矢此言乘韋謂四韋也

遺人之物必以輕先重後故先韋乃入牛老子云雖有拱璧以先四馬不如坐進此道是古者將獻饋必有以先之　注腆厚也韋薪　正義曰腆厚淹久經傳常訓也周礼大行人云王待諸侯之礼上公五積侯伯四積子男三積々々皆謂米禾芻薪知此亦然案掌客上公五積皆視飧牽鄭注云飧牽謂牢牲以往不殺也亦有米禾芻薪鄭又注云上公飧五牢米二十車禾三十車侯伯四牢米禾皆二十車子男三牢米十車禾二十車芻薪皆倍其禾積既視飧則米禾芻薪与飧同　注遽傳車　正義曰釋言云馹遽傳也孫炎曰傳車驛馬也　注資糧也羊豕　正義曰聘礼既飧饔餼五牢餁一牢腥二牢餼二牢以餁是熟肉腥是生肉知餼是未殺故云生曰餼牛羊豕可牽行故云牽謂牛羊豕也　注原圃具囿皆囿名　正義曰下注云中牟縣西有圃田沢則原圃地名以其地内囿知与具囿皆囿名也囿者所以養禽獸故今自取其麋鹿案天子曰苑諸侯曰囿　注迎来也旅賓　正義曰聘礼賓至于近郊君使卿朝服用束帛労及聘事皆畢

乃云賓遂行舍於郊公使卿贈如覲幣是來有郊勞去有贈
賄也　郤缺獲白狄子　正義曰宣十五年晉師滅赤狄潞氏以
潞子嬰兒歸彼書於經而此不書者蓋略賤之不以告也　注曰
季氏曰鎡　正義曰世本云垂作耨釋器云斪斸謂之定李巡曰
鋤也廣雅云定謂之耨呂氏春秋云耨柄尺此其度也其耨六寸
所以間稼也高誘注云耨耘苗也六寸所以入苗間也釋名云耨
鋤嫗耨禾也釋詁云鎡鐀也孫炎曰鎡野之鐀也　康誥之及
也　正義曰此魯言康誥曰直引康誥之意耳非康誥之全
文也彼云子弗祗服厥父事大傷厥考心于父不能字厥子乃疾
厥子于弟弗念天顯乃弗克恭厥兄兄亦不念鞠子哀大不友
于弟曰乃其速由文王作罰刑兹無赦其意言不慈不祗不友
不恭各用文王之法刑之不是罪子又罪父刑弟復刑兄是其不
相及也　注詩國之善節　正義曰彼毛傳曰葑須也菲芴也
釋草云須葑孫炎曰須一名葑鄭玄坊記注云葑蔓菁也釋草
又云菲芴也孫炎曰葍類也陸璣毛詩義疏云葑蔓菁幽州人

人或謂之芥也菲似葍莖麁葉厚而長有毛三月中烝煮為
茹滑美又可以為羹是也此二菜其根有惡時故云上善下惡食
之者取善節也　注且居至進之　正義曰且居父在之時也
將上軍以父死敵故進之注文公至倒錯　正義曰經書十二月
下云乙巳公薨杜以長歷推之十一月十二日有乙巳乙巳非十
月文元年傳曰於是閏三月非禮也故記四月并閏為七月禮當
五月而葬今乃七月始葬故傳曰緩也左氏為傳凡有說者皆
先言所說乃後述其事自此以下不論葬緩既言葬之緩遂
因說作主祭祀之事皆事與葬連故文相次耳僖公葬在明
年而此年有傳知其當在明年經葬僖公下今在此者竹簡編
倒錯故求杜以此年空說葬事而其上無經文元年空舉經而
其下無傳故謂此年之傳當在彼經之下於理誠為順序於文
失於重疊此云葬僖公彼又云葬僖公重生文者亦既錯謬必
非其本或可編絕之処三字分簡彼有葬無公此有公無葬
後人並添足之致使彼此共乖一文耳若其不然不知所以謬也

凡君至於廟　正義曰釋例云此諸侯之礼故稱君々既葬反虞則免喪故曰卒哭々止也以新死者之神祔之於祖尸柩既已遠矣神形又不可得而見矣孝子之思彌篤傍徨求索不知所也故造木主立几筵特用喪礼祭祀於寢不同之於宗廟々々則後用四時烝嘗之礼也三年喪畢致新死者之主以進於廟々之遠主當遷入祧於是乃大祭於大廟以審定昭穆々々謂之禘此皆自諸侯上達天子之制也其意与此注同文少詳耳劉炫云既言作主非礼因言作主祭祀吉凶之節凡諸侯之薨葬日而虞從是以後間日一虞七虞之後明日而為卒哭之祭卒哭之明日而作祔祭以新死之神祔於祖父於卒祔祭而作木主以依神其主在寢特用喪礼祭祀於在寢之主其四時常祭礿祠烝嘗及三年喪畢為大祀禘祭並行之於廟正礼當如是々耳今以葬後出後積十月始作僖公木主是作主大緩故為非礼也　注既葬至大夫　正義曰檀弓曰既封有司以几筵舍奠於墓左反日中而虞葬日虞弗忍一日離也雜記曰士三虞大夫五諸侯

七七虞記曰始虞用柔日再虞皆如初三虞卒哭用剛日如士虞之礼諸侯七虞其六虞用柔日最後虞改用剛日閒一日乃卒哭卒哭亦用剛日則諸侯卒哭在葬後十四日也然始免喪与葬不得相遠共在一月之内故杜每云既葬卒哭衰麻除是其不甚相遠然喪事先遠日則葬在月半之後葬後行虞〻後卒哭所以得同月者但卜葬當先遠日但葬是喪之大事又為虞祔之祭當應及早爲之使得容其虞祔礼云喪事先遠自謂練祥禫除之屬晋平公之喪大夫欲見新君王与文伯宴樽以魯壺皆是既葬之後未卒哭之前雜記曰天子七月而葬九月而卒哭諸侯五月而葬七月而卒哭釈例云礼記後人所作不与春秋同是七虞九虞杜所不用或云杜亦同之解云此注言虞則免喪者謂七虞皆畢乃免喪免喪後日内卒哭也理亦通耳檀弓曰葬日虞是日也以虞易奠卒哭曰成事是日也以吉祭易喪祭是葬前奠而不祭至虞乃内喪祭卒哭乃内吉祭也自初死以於卒哭昼夜哭无时謂之卒哭者卒此无时

之哭自此以後唯朝夕哭耳天子諸侯則於此除喪全不復哭也檀弓於卒哭之下云明日祔於祖父士虞祀亦云卒哭明日以其班祔是以新死之神祔之於祖也於此之時葬已多日尸柩既已遠矣孝子思慕弥篤彷徨不知所至故造木主立几筵以依神也作主致之於寢特用喪祭之禮祭之於寢不同祭之於宗廟也大夫以下不得稱君此言凡君者謂諸侯以上耳不得通於卿大夫也文二年公羊傳曰主者曷用虞主用桑練主用栗鄭玄注禮用公羊之說以為虞已有主此傳稱祔而作主者虞而作主禮本无文不可以公羊而疑左氏也　唯冬祭乙於吉

正義曰周禮々祀諸文皆有之也新主既特祀於寢則其餘宗廟四時常祀自如旧不廢也三年喪畢新主入廟々之遠主當近入祧乃為大祭於大廟以審昭穆謂之為禘於是新死者乃得同於吉也釋例曰旧說以為諸侯喪三年之後乃烝嘗禘傳襄公十五年冬十一月晉侯周卒十六年春葬晉悼公改服脩官烝于曲沃今于湨梁其冬穆叔如晉且言齊故晉人答以寡君

之未禘祀其陵晉人徵朝于鄭〻公孫僑云湨梁之明年公孫夏從寡君以朝于君見於嘗酎與執膰焉此皆春秋之明證也是言知諸侯卒哭以後時祭不廢之事也釋例又曰凡三年喪畢然後禘於是遂以三年内節仍計除喪即吉之月卜日而後行事无後常月也是以經書禘及大事傳唯見莊公之速他无非時之說也如例所言除喪即吉禘遂以三年内常則新君即位二年而禘五年又禘八年又禘僖八年禘于大廟宣八年有事于大廟定八年從祀先公皆得三年之常期也案元年夫人姜氏薨以三年喪畢而禘再經三年則九年乃可禘耳而得八年禘者哀姜之喪畢不内作禘八年因禘祭乃致之故計閔公之喪數之耳昭十五年有事于武宮計非禘年而内禘者釋例曰禘于大廟禮之常也各於其宮時之内也雖非三年大祭而書禘用禘禮也昭二十五年傳曰將禘於襄公亦其義也三年之禘自國之常事不書故唯書此數事祭雖得常而記仲遂叔弓之非常也如杜此言昭十五年雖非禘年用禘禮故稱禘也鄭玄解禮二年一祫五

年一禘社解右傳都不言祫者以左傳无祫語則祫禘正是一祭故杜以審諦昭穆謂之爲禘明其更无祫也古礼多亡未知孰是且使礼傳各從其家而爲之說耳刘炫云以正經无祫文也唯礼記毛詩有祫字耳釈天云禘大祭也則祭无大於禘者若祫大於禘禘不得稱大乎

春秋正義卷第十三

春秋正義卷第十四　文公

國子祭酒上護軍曲阜縣開國子臣孔穎達　等奉

勅撰

正義曰魯世家文公名興僖公之子夫人聲姜所生以襄王二十六年即位謚法慈惠愛民曰文是歲歲在降婁　元年注先君至死君　正義曰諸侯之礼既葬成君先君雖則未葬既踰年矣而君即位者不可曠年無君故也即位必於歲首若歲首不行此礼餘月不得行之便是曠年無君故雖則未葬亦即行之釋例曰遭喪繼立者每新年正月必改元正位百官以序故國史書即位於策以表之文公成公先君之喪未葬而昔即位因三正之始明繼嗣之正表朝儀以固百姓之心此乃國君明分制之大礼譬周康王麻冕黼裳以受々畢然後反喪服也雖踰年行即位之礼名通於國內必須既葬卒哭乃免喪古之制也杜別顧命康王之受以譬此者彼是既殯此是踰年雖時不同取其暫服吉服受相似耳康王之誥云王義嗣德答拜彼始殯訖即呼為王知諸侯既殯

臣子亦呼为公既尸其位名号即成但先君未葬百官揔聽於冢宰
未得即成为君八年八月天王崩九年春毛伯来求金傳曰不書
王命未葬也是踰年未葬不得命臣出使必待卒哭乃免喪也
注叔氏至礼也　正義曰四月風氏薨五年王使榮叔歸含且賵
召昭公来會葬傳曰礼也夫人之喪含葬为礼知諸侯之喪天子
使大夫含葬为得礼也蘇氏云外卿来含葬不書此書者为王使
故特書之傳稱内史叔服内史於周礼为中大夫天子大夫例書
字知叔氏服字也　注毛国至此也　正義曰僖二十四年傳稱
原伯毛伯杜云原毛皆采邑此毛与彼計是一人而注不同者此
毛南是文王之子封为畿外之国於時諸侯無復有毛或是世變
王朝本封絶滅經此以後常稱毛伯国名尚存仍为伯爵必受得
采邑为畿内諸侯故注彼云采邑此云国也封爵既存故并諸侯
内王卿士者周礼大宗伯以玉作六瑞以等邦国王執鎮圭公執
桓圭侯執信圭伯執躬圭子執穀璧男執蒲璧冬官玉人桓圭以
下皆禮之命圭是用之以命諸侯世緒侯即位天子賜之以命圭

魯是侯爵當賜之以信圭也玉人又云天子執冒四寸以朝諸侯
其冒邪刻其下与圭頭相合諸侯執圭以朝天子〻〻執冒以冒
之觀其相當以否所以合瑞為信也僖十一年晉惠公新立王賜
之命此亦新立是其比也傳稱晉侯受玉惰以此知賜命必有玉
也公羊傳曰錫者何賜也命者何加我服也唐氏云衣之篇晉人
為其君請命於天子之使以元衣為辭則賜命亦有服杜不言服
者主於玉而略之耳　注咸衛至魯史　正義曰僖二十九年翟
泉之盟諸侯之卿為令魯侯故貶稱人則魯卿令他諸侯亦合貶
而春秋魯大夫皆不貶者貶他國之卿已成体例〻〻已舉於魯
不須加貶理足可明故捴用魯史成文不復改易也他國君昏卒
及爵內常稱公稱薨亦体例已舉皆用史也　傳於是至不悖
正義曰於是并魯歷置閏〻三月非礼也言於礼置閏不當在此
月也因論置閏之法先王之正時也履端於始履步也謂推步歷
之初始以為術歷之端首舉月之正半在於中氣歸其餘分置於
終末言於終末乃置閏也更復申之履端於始序則不愆揖四时

之序不愆也舉正於中民視聽則不疑惑也歸餘於終於時叓
則不悖亂也此年不合置閏而置閏則不是歸餘於終故為非禮
也　注於歷也所說　正義曰古今曆法推閏月之術皆以閏餘
減章歲餘以歲中乘之章閏而一所得為積月命起天正算外閏
所在也其有進退以中氣定之无中氣則閏月也右曆十九年為
一章々有七閏入章三年閏九月六年閏六月九年閏三月十一
年閏十一月十四年閏八月十七年閏四月十九年閏十二月此
據元首初章若於後漸積餘分大率三十二月皆則置閏不必恒同
初章閏月僖五年正月辛亥朔日南至治曆者以彼為章首之
歲漢書律曆志云文公元年距僖五年辛亥二十九歲是歲閏餘
十三閏當在十一月後而在三月故傳曰非禮也志之所言閏當
在此年十一月後今三月已即置閏是嫌閏月大近前也杜以為
係三十年閏九月文二年閏正月故言於曆法閏當在僖公末年
誤於今年置閏嫌置閏大近後也杜為長曆置閏疏數无復定準
凡為曆者閏前之月中氣在晦閏後之月中氣在朔僖五年正月

朔旦冬至則四年當閏十二月也杜長曆僖元年閏十一月五年
閏十二月與常曆不同者杜以襄二十七年再失閏司曆已昭二
十年二月己丑日南至哀十二年十二月螽云火猶西流司曆已
則春秋之世曆法錯失所置閏月或先或後不與常同杜唯勘經
傳上下日月以為長曆若日月同者則數年不置閏若日月不
同須置閏乃同者則未滿三十二月頻置閏所以異於常曆故釋
例云春秋日有頻月而食者有曠年不食者理不得一一如筭以
守恒數故曆無有不失也始失於毫毛尚未可覺積而成多以失
弦望朔晦則不得不改憲以順之書所謂欽若昊天曆象日月星
辰易所謂治曆明時言當順天以求合非為合以驗天者也故當
脩經傳日月以考晦朔以推時驗下又云據經傳微旨考日辰晦
朔以相發明為經傳長曆未必得天蓋春秋當時之曆也是杜自
言不與常曆同　注步曆之始終　正義曰日月轉運於天猶如
人之行步故推曆謂之步曆々々之始以為術之端首謂曆之上
元必以日月全數為始於前更無餘分以此日為術之端首故言

履端於始也朞之日三百六十有六日謂從冬至至冬至必滿此數乃周天也日月之行有遲有速日行遲月行速凡二十九日過半月行及日謂之一月過半者謂一日於歷法分為九百四十分月行及日必四百九十九分是過半二十九分今一歲氣周有三百六十五日四分日之一其十二月一周唯三百五十四日是少十一日四分日之一未得氣周細而言之一歲止少弱十一日所以然者一月有餘分二十九一年十二月有餘分三百四十八是一歲既得三百五十四日又得餘分三百四十八其四分日之一一日為九百四十分則四分日之一為二百三十五分今於餘分三百四十八內取二百三十五以當卻四分日之一餘分仍有一百一十三其整日唯有十一日又以餘分一百一十三減其一日九百四十分唯有八百二十七分是一年有餘十日八百二十七分少一百一十三分不成十一日也劉炫云則一歲為十二月猶有十一日有餘未得周也分一周之日為十二月則每月常三十日餘計月及日為一月則每月唯二十九日餘前朔後朔相去二

十九日餘前氣後氣相去三十日餘每月參差氣漸不正但觀中
氣所在以爲此月之正取中氣以正月故言舉正於中也月朔之
與月節每月剩一日有餘所有餘日歸之於終積成一月則置之
内閏故言歸餘於終　注斗建至疑惑　正義曰閏後之月中氣
在朔則斗柄月初已指所建之辰閏前之月中氣在晦則斗柄月
末方指所建之辰故舉月之正在於中氣則斗柄常不失其所指
之次如是乃得寒暑不失其常　注衛毛伯字　正義曰知是字
者以天子之卿例皆爵不言名大夫稱字故毛伯雖卿或稱字宗
僖九年公會宰周公云々杜云三公不字明卿或皆字　晉襄公
既祥　正義曰禮朞而小祥晉文公以僖三十二年十二月卒則
三十三年十二月内小祥此云既祥謂小祥也　注合古至執孚
正義曰釋例云衛孔達爲政不共盟主興兵於隣國受討喪邑宮
而告陳雖從陳之謀僅得自定以謀而濟故君子但言合古而不
釋其尤也劉炫云春秋之時天子微弱霸主秉德刑以長諸侯諸
侯從時命以事霸主大字小々事大所以相保恃也晉之與衛小

大不同而恥於受屈望以殭獲免明王在上理在可然度時之宜
則非善計君子以為合古之道失當今之宜亦不言其謀全非理
也 注言其至惡謚 正義曰既見其不瞑目則是未斂於棺故
知未斂也礼葬乃加謚未斂而加惡謚言其忍之甚也冤枉之人
死矣未有已見其灵此复特為商臣忍甚耳楄譚以為自縊而死
其目未合尸冷乃瞑非由謚之善惡也乱而不損曰灵安民立政
曰成 為大子之宮 正義曰商臣今既為王以其為大子之時
所君室內財物僕妾盡以与潘崇非与其所居之宮室也 凡君
即並聘 正義曰即位者既葬除喪即成君之吉位也唯以既葬
為限不以踰年為斷八年八月天王崩九年春毛伯來求金傳曰
不書王命未葬也是未葬雖踰年不得命臣出使也宣十年夏四
月齊侯元年六月葬齊惠公冬齊侯使國佐來聘是既葬未踰年
得命臣出使也何休膏肓以為三年之喪使卿出聘於義左氏為
短鄭康成箴云周礼諸侯邦交歲相問殷相聘世相朝左氏合古
礼何以難之 二年注孟明至御城 正義曰於例將卑師衆稱

師今稱秦師知將非卿者故言孟明名氏不見非命卿也傳稱秦
伯不廢孟明復使爲政則孟明秦之執政之卿也而言非卿者成
二年注云卿大夫常不書而書公子首者首命於國備於禮成爲
卿故也然則備卿禮乃成爲卿禮不備則不書秦是辟陋之國不
以卿禮成孟明不言孟明非執政也此年晋士縠堪其事故名書
於盟襄二十九年鄭公孫段攝卿以行名見於城杞況此眞卿
而不書者以秦辟陋在戎異於中國禮命不足故云非命卿也
注主者至於廟　正義曰主所用木經无正文公羊傳曰主者曷
用虞主用桑練主用栗尤傳唯言祔而作主々一而已非虞練再
作公羊之言不可通於此也論語哀公問主於宰我々々對曰夏
后氏以松殷人以柏周人以栗先儒舊解或有以爲宗廟主者故
杜依用之案古論語及孔鄭皆以爲社主社爲木主者古論不行
於世且社主周禮謂之田主死留稱主者以張包周等並爲廟主
故杜依所依用刘炫就此以規杜過未爲得也　注延父至晋都
正義曰春秋卿則書名氏賤者則稱人外卿之敗例皆稱人魯卿

之貶乃去其族去族与称人相對即是不爲卿也处父爲晉正卿
不臣斥君以礼君使盟魯即從君命親与公盟故貶去其族若言
处父是晉之賤人則不後晉公直言及晉处父盟若言魯之賤人
往与之盟也魯之賤人不合書名舉其所爲之事而已言及不言
名是微人之常称也以微人常称与处父爲偶若处父亦賤人也
魯以微人敵微人直也晉以卿敵公不直也如此書經者以魯之
直厭晉之不直也然則不貶处父称人者貶之称人則惡名不見
貶其族　當其名所以惡处父也釋例曰隨此称人則所罪之名
不章故特書处父也翟泉澶淵亦令公使所以称人者以其衆卿
非一依例總貶不地者盟於晉之都也諸侯會聚盟於他國之都
者即以國名爲盟地魯之君臣独往他國而与之盟者不後舉國地
三年冬公如晉十二月公及晉侯盟是也　注大事略其文
正義曰昭十五年有事于武宮傳称禘于武宮有事是禘則知大事
亦是禘也躋升也釋詁文公羊傳曰躋者何升也禘祭之礼審諦
昭穆諸廟已毀未毀之主皆於大祖廟中以昭穆爲次序父爲

昭子爲穆大祖東向昭南向穆北向孫從王父以次而下祭畢則
復其廟其兄弟相代則昭穆同班近擬春秋以來惠公與莊公當
同南面西上隱桓與閔僖亦同北面西上僖是閔之庶兄繼閔而
立昭穆亦同位次閔下今升在閔上故書而說之僖公以其三十
三年十一月薨至此年十一月喪服始畢今始八月時未應吉禘
而於大廟行之與閔公二年吉禘于莊公其違禮同也彼書吉禘
其說已明則此亦從說可知不復更說其速也從猶空也空以逆
祀之故亂國大典故特大其事謂之大事說逆祀也釋例曰文公
二年僖公之喪未終未應行吉禘之禮而於大廟行之其說已明
徒以躋僖而退閔故特大其事異其文定八年亦特書順祀皆所
以起非常也有事于武宮及順祀傳皆稱禘則知大事有事于大
廟亦禘也　注四人至爲秦　正義曰四國大夫傳皆言名氏是
四人皆卿也秦穆悔過終用孟明仲尼特善其事无辭可以寄文
故貶四國大夫稱人所以爲崇秦德以諸侯之名无所可加貶大
夫以爲秦大夫非有罪也襄八年邢丘之會晉悼霸功既就德立

刑行貶諸侯之卿以爲晉侯其叓与此同也秋例曰秦伯終用孟明而致敗々而罪已赦其過而美其志孟明増脩其德以霸西戎夫子嘉之故於伐秦之役貶四国大夫四国大夫奪君命而行今以一義变例故稱尊秦謂之崇德明罪不在四国大夫也　注傳曰言昏礼　正義曰公羊傳曰此何以書譏何譏尒譏喪娶也娶在三年之外則何譏乎喪娶三年之內不圖昏其意謂此喪服未畢而行昏礼也何休擬此作膏肓以左氏爲短今左氏傳謂之礼也必是喪服已終杜以長歷推之知僖公以其三十三年十一月薨至此年十一月喪已畢矣納幣雖則无月以傳言礼則知納在十二月也士昏六礼其一納采次有問名納吉至納徵始有玄纁束帛士謂之納徵諸侯則謂之納幣以其幣帛多其礼大与士礼不同故異其名也案士之昏礼納采問名同日行事納采者納其采擇之礼主人既許賓即問名將歸卜其吉凶也卜而得吉又遣使納吉如納采之礼納吉之後方始納徵成也使々納幣以成昏礼也此納幣以前已有三礼須再度遣使一月之內不容三遣

適齊蓋公為太子時已行昏礼疑在僖公之世已行納采納吉今
繞而成之也杜言其一納采欲明納徵之前更有昏礼納幣非昏
礼之始豫為下句公為太子時已行昏礼張本也大子昏礼理自
不昏無則公昏唯昏納幣其納采納吉亦不昏也釈例曰諸侯昏
礼七以士昏礼準之不得唯止於納幣逆女々々納幣二事皆必
使卿行々々則昏之他礼非卿則不昏也宋公使華元来聘々不
應使卿故傳但言聘共姬也使公孫寿来納幣々々應使卿故傳
明言得礼也魯君之昏亦唯存納幣逆女此其義也　傳箕之至
黜之　正義曰御与車右無有常圓必臨戰更選定之韓之戰卜
右慶鄭吉是其事也自殽戰之後狼瞫為右箕之役將戰選右先
軫黜之箕戰先軫死事非既戰乃黜之也　周志至待之　正義
曰周之志記有之曰有勇以害在上則為不義之人不得升於明
堂若殺先軫則必死々々而不義非勇也如以死共国家之用是之
謂勇吾自以有勇之故求為車右若殺先軫則是无勇无勇而被
黜退亦是得其所也吾後安得為狠吾今恨者謂在上不我知也

也言其不知我有勇也若殺先軫即是之戒為无勇无勇被黜退則黜而合其宜也乃是在上知我矣不得言在上不我知也子且待之　注周志至得升　正義曰志者記也謂之周志明是周世之書不知其書何所名也鄭玄以為明堂在國之陽与祖廟別處左氏舊說及賈逵盧植蔡邕服虔等皆以祖廟与明堂為一故杜同之祭統云古者明君必賜爵禄於大廟傳稱公劫還告廟舍爵策勳是明堂之中所以策功序德故不義之人不得升之也言上即是不義故不得登明堂也　注過葬至三年

正義曰僖三十三年傳已發例言作主非礼此後云書不時者彼因葬緩遂通說作主之失未辯失之所由於此又言不時以明失礼之狀接成彼義也　注未至諸侯　正義曰沈云非公命不書此穆伯會諸侯出未至而書者此公既在外命正卿會國故守國之臣亦合告廟而行故得書之也　注晉司至故書

正義曰傳舉司空之官云堪其事乃書之明本不當書故知非卿也成二年傳稱魯賜晉三帥三命之服司空亞旅皆受一命之

服是其知司空非卿之文也　注僖是至逆祀　正義曰禮文子異昭穆兄弟昭穆故同僖閔不得為父子同為穆耳當閔在僖上今升僖先閔故云逆祀二公位次之逆非昭穆亂也魯語云將躋僖公宗有司曰非昭穆也弗忌曰我為宗伯明者為昭其次為穆何常之有如彼所言似閔僖異昭穆者位次之逆如昭穆之亂假昭穆以言之非謂異昭穆也若兄弟相代即異昭穆設令兄弟四人皆立為君則祖父之廟即已毀知其理必不然故先儒無作此説　注宗伯至之禮　正義曰周禮大宗伯掌建邦之天神人鬼地祇之禮小宗伯掌建國之神位辯廟祧之昭穆諸侯之官所掌亦當然也　注新鬼至所見　正義曰且明見者既尊崇僖公且明言其意之所見々其順大小升聖賢也劉炫以為直擬兄弟大小為義不須云死之長幼以規杜氏今刪定知不然者以傳云新鬼大故鬼小則大小之語摠該諸夏非直獨擬兄弟明知亦擬年時也　君子以為失禮　正義曰傳有評論皆託之君子此下盡先始以來皆是一君子之辭耳別詩二文於詩之下各言君

子者君子裨作詩之人此論夏君子又引彼作詩君子以為證耳
僖公薨後始作魯頌為傳之時乃設此辭非當時君子有此言也
弗忌之意以先大後小為順故言明順禮也君子之意以臣不先
君為順故云禮无不順各其訓順〻〻不同也魯語展禽云夏父弗忌
必有天殃其葬也焚煙達于上孔晁云巳葬而柩焚煙達榑外
注鯀禹至世祖　正義曰鯀禹父夏本紀文也契湯十三世祖殷
本紀文契生昭明〻〻生相土〻〻生昌若〻〻生曹圉〻〻生
冥〻生振〻生微〻生報丁〻〻生報乙〻〻生報丙〻〻生主
壬〻〻生主癸〻〻生天乙〻〻即湯也下注云不窋后稷子周
本紀文服虔云周家祖后稷以配天明不可先也故言不先不窋
禹湯異代之王故言不先鯀契也然則文武大聖后稷賢耳非是
不可先也下句引詩皇祖后稷不敢重文故舉不窋以辟之　注
帝乙至尚之　正義曰帝乙微子父宋世家文厉王鄭桓公父鄭
世家文微子桓公宋鄭始祖也言宋祖帝乙鄭祖厉王則二国立
其廟而祖祀之微子不先帝乙桓公不先厉王猶上祖也言不以

不肖擕焉尚之也宋为王者之後得祀殷之先王帝乙之廟不毀者蓋以为其所出故特存焉周制王子有功德出封者得廟祀所出之王魯以周公之故得立文王之廟襄十二年傳稱魯为諸姬臨於周廟々々文王廟也鄭之祖武王有大功故得立厉王之廟昭十八年傳稱鄭人救火使祝史徙主祏於周廟々々厉王廟也魯頌无后稷　正義曰魯頌閟宮之篇美僖公之德也上皇々为美下皇为君言僖公春秋祭祀非有懈倦其所享祀不有差忒所祀之神有皇々之美者为君之上天配之以君祖后稷也　仲尼无知也　正義曰魯臣多矣而独譏文仲者以文仲執国之政有大知之名为不知之事故特譏之其餘則不足責矣論語稱仁者愛人知者不惑故以害於物者为不仁闇於事者为不知卑下展禽而不肯举薦廢去六関而不設防禁妾織蒲席而与民争利此三事为不仁也死其位而虚器不知礼而縱逆祀不識鳥而祀爰居此三事为不知也　注展禽无立人　正義曰論語云臧文仲其竊位者与知柳下惠之賢而不与立也又曰仁者己欲立而

立人知賢不舉是無怨心故為不仁也　注塞關至廢之　正義曰昭五年傳稱孟丙仲壬之子殺豎牛於塞關之外襄十七年傳稱師自陽關逆臧孫二關見於傳如此之屬凡有六也民以田農為本商賈為末農民力以自食商民遊以求食漢書賈誼說上曰今毆民而歸之農皆著其本各食其力末作遊食之民轉而緣南畝則畜積足矣杜稱末遊者謂此末作遊食之民也周禮司關司貨賄之出入掌其治禁是所以禁絕末遊者令其出入有度今而廢之使末遊之人無所禁約損害農民是不仁也　注家人至爭利　正義曰家語說此事作妾織蒲知織蒲是為席以販賣之也大學云食祿之家不與民爭利故以此為不仁也　注謂居至曰虛　正義曰論語云子曰臧文仲居蔡山節藻梲何如其知也鄭玄云節栭也刻之為山梲梁上楹也畫以藻文蔡謂國君之守龜山節藻梲天子之廟飾皆非文仲所當為之有其器而無其位故曰虛君子下不僭上其居者如此是不知也　注海鳥至祀之　正義曰魯語云海鳥曰爰居止於魯東門之外三日臧文仲命國

人祭之展禽曰越哉臧孫之為政也夫祀國之大節也節政之所成也故制祭祀以為國典今无故而加典非政之宜也今海鳥至已不知而祀之以為國典難以言仁且知矣无功而祀之非仁也弗知而不問非知也今茲海其有災乎夫廣川之鳥獸皆知辟其災是歲海多大風冬煖　三年注不書武為赴　正義曰王子虎即王叔文公也謚之為文必當有爵不書爵若畿內之國不得外交諸侯其臣不敢赴魯必天子為之赴々以王子為親不復言其爵也翟泉之盟子虎在列而敗之秋人若王使來盟則不應責不假王命則不得与盟故知於時輒假王命周王遂以同盟之禮內之赴魯傳稱來赴弔如同盟禮也是其來赴往弔皆如同盟之禮　傳凡民乙曰逃　正義曰公羊傳曰潰者何下叛上也國曰潰邑曰叛叛例同眾保於城々保於德言上已以德附眾以功庇下民信其德恃其國故已交相依懷以衛社稷者死國者盈城之眾一朝而散如積水之敗故曰潰々者眾散流遁之辭也國君而逃師棄盟違其典儀棄其車服群臣不知其謀社稷不保其安此

与匹夫逃竄無異是以在衆為潰在君為逃以別上下之名无取
於別國邑也賈穎以為舉國曰潰一邑曰叛案左氏无此義也傳
曰陳侯如楚慶氏以陳叛此則舉國不必潰也叛者舉城而屬
他非民潰之謂也是解潰逃之義也傳五年首止之盟鄭伯逃歸
襄七年鄬之會陳侯逃歸皆書於經十年傳厥貉之會麇子逃歸
不書者於時楚會諸侯魯不与楚不者故不書也襄十六年溴梁
之會傳稱高厚逃歸不書於經者釋例云例之潰逃指為一國一
單一邑君民相須為用變文以別之也鄭詹見囚於齊自齊逃來
此為逸囚無下可逃春秋指事而書所謂民逃非在上之逃也而
賈氏復甲以入例亦不安也如例所言高厚之逃雖有師衆止同
逸囚之限非是逃例然鄭詹書而高厚不書者鄭詹為逃來向魯
故書高厚不別赴故不書　注王子至赴也　正義曰隱七年傳
例曰凡諸侯同盟於是稱名故薨則赴以名者指謂同盟之二君
耳不言与其父盟得以名赴其子但同盟稱名則兩君相知君既
知之則國内皆知故彼父雖卒得以名赴其子此理雖亦凡例未

明王子虎与僖同盟文公是其同盟之子今乃以名赴文是其於
礼合赴此數多矣傳因王子虎天子之臣異於諸侯王叔又未与
文公同盟故於此發示体例則其餘復可知也　注謚遺至之謀
正義曰謚遺叙諡文燕之内安常訓也翼者賛成之義故内成也
詩大雅文王有邑之篇義武王之烝言子来有此義也　注晋救
至蠡下　正義曰先僕救江經无其事但実在雨蠡之後不進救
江於前而退圍江於下欲令下与处父救江相接故也　江柏公
出是其子王叔陳生是其後也衛有公叔文子此人蓋以王叔為
至親伐　正義曰王叔文公不知何王之子字叔邊以叔为氏柏
氏也　注僕还上成拜礼　正義曰燕礼賓降階再拜稽首公命
小臣辞賓升成拜為云升成拜後再拜稽首也先時君辞之於
礼若未成然此在叔以公降拜晋侯降辞以礼未成故更登成拜
是賓主俱还上成拜礼也　四年逆婦姜于齊　正義曰桓三年
齊侯送姜氏于讙注云已去齊国故不言女未至於魯故不称夫人
然則往逆者称逆女入国者称夫人此時逆則卿不行入後不

告也其禮輕略異於常文後以有姑故稱婦以齊女則稱姜直云
逆婦姜于齊略賤之文也　注滅例在十五年　正義曰案莊十
年齊師滅譚注云滅例在文十五年滅弦滅黄滅夔皆不注独更
於此言者沈氏云滅譚為入春秋之初故須指其例弦黄夔等傳
皆載其見滅所由今滅江傳无其踪恐異於餘滅故更別滅例云
在十五年　注僖公至夫人　正義曰杜言此者以成風本是莊
公之妾婦其不成夫人故明之也釋例曰凡妾子為君其母猶為
夫人雖先君不命其母母以子貴其適夫人薨則尊得加於臣子
内外之禮皆如夫人矣故姒氏之喪責以小君不成小君成風之喪王
使會葬傳曰禮也是言適夫人既死妾母得成夫人也　傳
注降服至已之　正義曰僖三十三年傳曰秦伯素服郊次意与
此同知此降服為素服也出次出於宮而別次舍故云辟正寢也
殺牲盛饌曰舉知不舉去盛饌也隣國之禮有數不知其數況何
以言已數知其必有數耳哀十年傳稱齊人弒悼公赴於師吴子
三日哭于軍門之外隣國之數蓋三日也　君子至謂也　正義

曰偏檢諸本君子曰下皆无詩云則傳文本自略也詩意言維彼夏商二國其政不得民心致使國亦喪滅維此四方之國見其亡滅於是自謀於是自度其政更自懼已之滅亡也此詩所言其秦穆之謂也此詩大雅皇矣之篇　注非礼也小雅　正義曰諸自賦詩以表已志者斷章以取義意不限詩之尊卑若使工人作樂則有常礼穆叔所云肆夏樊遏渠天子所以享元侯也文王大明緜則兩君相見之樂也燕礼者諸侯燕其群臣及燕聘問之賓礼也歌鹿鳴四牡皇々者華如彼所云蓋尊卑之常礼也自賦者或全取一篇或止歌一章未有頓賦兩篇者也其使工人歌樂各以三篇爲斷此其所以異也此時武子來聘魯以燕之於法當賦鹿鳴之三今賦湛露彤弓非是礼之常法傳特云爲賦知公特令樂人歌此二篇以示意也此二篇天子燕諸侯之詩公非天子賓非諸侯不知歌此欲示何意蓋以武子有令名歌此疑是試之耳

注肄習也可及　正義曰說文肆訓爲陳字從長聿声肄訓爲習字從聿豸声古書經傳所作字皆同耳臣以爲工人自習詩業以

及此篇非謂歌之以為已也魯人失於所賦辭則章主之失荅則已為其奄故不辭又不荅佯若不知其所為如愚人然論語云甯武子其知可及其愚不可及此亦是愚之一事也案燕禮无荅賦之法而怪其不荅賦者非常之賦宜有對荅故也　天子當陽　正義曰湛露詩云湛湛露斯匪陽不晞陽謂日也言天子當日諸侯當露也　諸侯至其功　正義曰敵者相當之言愾是恨怒之意當王所怒謂往征伐之勝而獻其功也彤弓序云天子賜有功諸侯也　注覺明至宴樂　正義曰覺者悟知之意故為明也使諸侯明已心也莊三十一年傳曰諸侯有四夷之功則獻于王中國則否礼諸侯賜弓矢然後專征伐故有功則賜之以弓矢又歌此彤弓之詩以明天子之心知是報功宴樂也詩言一朝饗之則是為設饗礼此云宴者明其為宴樂耳非言設宴礼也　五年王使至且賵　正義曰公羊傳曰其言以含且賵何兼之々々非礼也賈服云含賵當異人今一人兼兩使故貶且以譏之案礼雜記諸侯相弔之礼含襚賵臨同日而畢与介代有事它不言遣異使也

諸侯相於則唯遣一使而責天子於諸侯必有異人禮何所出而
非責王也春秋之世風教陵遲吉凶賀弔皆如禮王之崩葬魯
多不行魯之有喪寧皆盡全無所譏不含又無貶責既含且賵
便責兼之不可是禮備不如不備行禮不如不行豈有如此之理
哉左傳舉來含且賵含葬二事乃云禮也則二事俱是得禮無譏
兼之之意也言者且有二禮而已宰咺言來歸此不言來者穀梁
傳曰其不言來者不周事之用也賵以早而含以晚其意以爲含
者所以實口當以未殯而至以其至晚故不言來以責王也案雜
記含者執璧將命坐委于殯東南有葦席既葬蒲席然則含襚者
所以助喪盡是示其有禮而已既葬猶尚致之不必以濟其用天
子之與隣國莫不道路長遠赴者猶尚不至責其未殯而來此是
理之不通也且來者自外之文非是襃貶之意九年秦人來歸僖
公成風之襚襚衣是斂之所用彼最晚矣何以復言來乎言來與
不言來史異文耳宰咺奉人歸之既晚故舉其所爲之人此夫人
新薨言歸含賵爲夫人可知故不言歸夫人含賵也何休膏肓以

为礼爲不含早又不兼二礼左氏以为礼於義为短鄭康成箴云礼天子於二王後之喪含为先襚次之賵次之賻次之於諸侯含之賵之小君亦如之於諸侯臣襚之諸侯相於如天子於二王後於卿大夫如天子於諸侯於士如天子於諸侯臣何休云爲不含早是違礼非經意其一人兼歸二礼亦是为説如康成言爲不含早礼先其叓康成以为説一人兼二叓者非左氏意也　注珠玉云曰賵　正義曰周礼玉府大喪共含玉穀梁傳曰貝玉曰含士喪礼含用米貝莊子説發冢之叓云儒人破其頰无傷口中珠是含有用珠者也故云珠玉曰含何休云天子以珠周礼大喪共玉不共珠也莊子所言發冢未必發天子冢也雜記云諸侯相含以璧未知何人用珠耳公羊傳曰含者何口實也孝子不忍虚其親之口故以米貝珠玉實之謂之飯含檀弓曰飯用米貝弗忍虚也不以食道用美焉尓士喪礼用生稻米是不以食道也車馬曰賵公羊傳文　注与僖公六同盟　正義曰業以僖五年即位其年盟于首止八年于洮九年于葵丘十五年于牡丘二十一年于薄

二十七年于宋魯許俱在是六月盟也　傳注成風至曰礼　正義曰傳举二叓以一礼结之則含賵含葬皆得礼也釈例称賵賻襚含揔謂之贈言以夫人礼賵之指爲賵含也　注寗晉至大夫　正義曰晉語説此叓云舍於逆旅寗嬴氏注国語者賈逵孔晁皆以寗嬴爲掌逆旅之大夫故杜亦同之刘炫以寗嬴直是逆旅之主非大夫今删定知不然者若是逆旅之主則身爲匹庶是卑賤之人猶如重館人告文仲重丘人罵孫蒯止應稱人而已何得名氏見傳杜以傳載名氏故爲逆旅大夫刘炫以爲客舍主人而規杜氏非也　注沈漸至周書　正義曰此傳引周書是洪範之三德也彼説人之三德乃以此言覆之孔安国以此二句爲天地之德故注云沈漸謂地雖柔亦有剛能出金石高明謂天言天爲剛德亦有柔克不干四時杜以傳證人性即以人叓解之沈漸謂人性之沈滯懦溺也高明謂人性之高亢明爽也滯溺者當以剛勝其本性亢爽者當以柔勝其本性必自屈矯已乃能成全不然則沈漸失於弱高明失於剛不能保其身也此文在洪範今謂之周

昏箕子商人所說故傳謂之商昏　注成子至夷傳　正義曰城濮之戰先軫郤溱將中軍狐毛狐偃將上軍欒枝胥臣將下軍晉語云狐毛卒先且居將上軍清原之蒐三軍如故趙衰箕鄭將新上軍胥嬰先都將新下軍箕之役先軫死先且居將中軍不知誰代且居將上軍也此言趙衰新上軍帥中軍佐并舉二官二年彭衙之役云先且居將中軍趙衰佐之注云代郤溱是趙衰新上軍帥中軍佐也　六年注再同盟　正義曰二年及晉處父盟三年公及晉侯盟是再同盟也　注卿共至葬連　正義曰昭三十年傳曰先王之制諸侯之喪士弔大夫送葬昭三十傳曰昔文襄之霸也其務不煩諸侯君薨大夫弔卿共葬叓是也　注諸侯至之辭　正義曰周礼大夫頒告朔于邦國鄭玄云天子頒朔于諸侯々々藏之祖廟至朔朝于廟告而受行之論語云子貢欲去告朔之餼羊是用特羊告於廟謂之告朔人君即以此日聽視此朔之政謂之視朔十六年公四不視朔僖五年傳曰公既視朔是也視朔者聽治此月之政亦謂之聽朔玉藻云天子聽朔於南門之外

是也其日又以礼祭於宗廟謂之朝廟周礼謂之朝享司尊彝之追享朝享是也其歲首為之則謂之朝正襄二十九年正月公在楚傳曰釋不朝正于廟是也告朔視朔聽朔朝廟朝享朝正二礼各有三名同日而為之也文公以閏非常月故闕不告朔告朔之礼大朝廟之礼小文公怠慢政事既不告朔雖朝于廟則如勿朝故曰猶朝于廟言猶以譏之必於月朔為此告朔聽朔之礼者釋例曰人君者設官分職以為民極遠細事以全委任之責縱諸下以盡知力之用總成敗以效能否執八柄以明誅賞故自非機事皆委心焉誠信足以相感事實盡而不擁故受位居職者思效忠善日夜自進而无所顧忌也天下之細事无數一月二月万端人君之明有所不照人君之力有所不堪則不得不借問近習有時而用之如此則六卿六遂之長雖躬履此事躬造此官當皆移聽於内官迴心於左右政之粃亂恒必由此聖人知其不可故简其節敬其事因月朔朝遷坐正位會群吏而聽大政考其所行而决其煩疑非徒議將然也乃所以考已然又惡其密聽之亂公也故

顯然以斷之是以上下交泰官人以理万民以察天下以治也文公謂閏非常月緣以闕禮傳因所闕而明言典制雖朝于廟則如勿朝故經稱猶朝于廟也經稱告月傳言告朔明告月必以朔也每月之朔必朝於廟因聽政事々敬而禮成故告以特羊然則朝廟朝正告朔視朔皆同日之事所從言之異耳是言聽朔朝廟之義也玉藻說天子之禮云聽朔於南門之外諸侯皮弁聽朔於大廟鄭玄以為明堂在國之陽南門之外謂明堂也諸侯告朔以特羊則天子以特牛与天子用特牛告其帝及其神配以文王武王諸侯用特羊告大祖而已杜以明堂与祖廟為一但明堂是祭天之處天子告朔雖杜之義亦應告人帝朝享即月祭是也祭法云王立七廟曰考廟王考廟皇考廟顯考廟祖考廟皆月祭之二祧享嘗乃止諸侯立五廟曰考廟王考廟皇考廟皆月祭之顯考廟祖考廟享嘗乃止然則天子告朔於明堂朝享於五廟諸侯告朔於大廟朝享自皇考以下三廟耳皆先告朔後朝廟々々小於告朔文公廢其大而行其小故云猶朝于廟公羊傳曰猶者可止之

辟也天子玄冕以視朔皮弁以日視朝諸侯皮弁以聽朔朝服以
日視朝其閏月則聽朔於明堂闔門左扉立於其中聽政於路寢
門終月故於文王在門內閏　傳注僖三〻軍師　正義曰清原
之蒐五軍十卿有先軫郤溱先且居狐偃欒枝胥臣趙衰箕鄭胥
嬰先都箕之役先軫死往歲趙衰欒枝先且居胥臣卒八年傳說
此蒐之吏云晉侯將登箕鄭父先都則郤溱狐偃胥嬰亦先卒矣
清原十卿唯有箕鄭先都在耳故蒐以謀軍帥服虔云使射姑代
先且居趙盾代趙衰也箕鄭將上軍林父佐也先蔑將下軍先都
佐也改蒐于董趙盾將中軍射姑佐先克代佐中軍耳　注處
父〻大夫　正義曰僖三十一年清原之蒐襄始內卿三十三年
處父已專帥侵蔡則處父之屬成子未有多年蓋情素相親當
於趙氏耳那專以膏為其屬也　宣子〻常法　正義曰制吏典
者正國之百吏使有常也正法罪者準所犯輕重豫為之法使在
後依用之辟獄刑者有吏在官未決斷者令於今理治之也董逋
逃者舊有逋逃負罪播越者督察追捕之也由質要者謂斷爭

戝之獄用券契正定之也治旧洿者国之旧政洿穢不絜理治改正之也本秩礼者時有僭踰貴賤相濫本其次秩使如旧也續常職者職有廢闕任賢使能令續故常也出滯淹者賢能之人沈滯田里拔出而官爵之也此謂所為制作法式者豫為將來使案而遵行臨時決斷者將為故事使後人放習故得行諸晋国以為常法也　注辟猶理也　正義曰辟訓為法依法斷決是理治之也此与上句所以為異者正法罪謂準狀制罪為將來之法若今之造律令也辟獄刑謂有獄未決斷當時之罪若昭十四年韓宣子命斷旧獄之類是也　注董督也　正義曰釋詁云董督正也俱訓為正是董得為督謂督察之也　注由用也質要契券　正義曰周礼小宰以官府之八成經邦治四曰聽称責以傳別六曰聽取予以書契七曰聽賣買以質劑鄭衆云称責謂貸予也傳別謂券書也聽訟責者以券書決之傳著約束於文書也別々為兩々家各得一也鄭玄云傳別謂為大手書於一札中字別之書契謂出予受入之凡要也質劑謂兩書一札同而別之長曰質短曰

劑傳別質劑皆今之券書也事異其名耳　如彼禮文知質要是契券也　注治理洿穢　正義曰洿者穢之別名不絜之稱也法有不便於民事有不利於国是爲政之洿穢也治理改正使絜清也　注賈佗至之數　正義曰晉語宋公孫固云晉公子長事賈佗又曰賈佗公族也而多識以共敬公子居則下之動則咨焉是以公族復文公也尚書周官大師大傅大保天子三公也宣十六年傳晉侯請于王命士會將中軍且爲大傅則大傅尊於中軍之將与大師皆爲孤卿也周禮上公之国有孤一人王制諸侯三卿晉侯爵也而有三軍六卿有孤二人者晉爲霸主多置群官共時所須不能如禮孤尊於卿法由在上故宣子法成授二孤使行之

古之至不長　正義曰知命之不長知其必將有死不得長生久視故制法度以遺後人非獨爲當已之世設善法也並建聖哲以下即位使爲之非臨死始爲此也下云衆隸賴之而後即命言其施行此事功成乃就死耳非謂設此法以擬死也　注建立也敎民　正義曰此說王者之事或封爲諸侯或置之群官聖哲是之人

之儁者故揔言之耳　注因土至之法　正義曰漢書地理志云凡民性有剛柔緩急聲者不同繫水土之風氣故謂之風好惡取舍動静无常隨君上之情欲故謂之俗王制云廣谷大川異制民生其間者異俗器械異制衣服異宜脩其教不易其俗齊其政不易其宜故聖王為教因其土地風俗為立善聲教也聲教人之所立故言樹之今杜云因土地風俗為立聲教之法如杜此言唯樹以聲而傳云樹之風聲而風亦樹者其實風俗亦是人君教化故孝經云移風易俗孔注尚書云立其善風揚其善聲是也　注旌旗至分制　正義曰采物謂采章物色旌旗衣服尊卑不同名位高下各有品制天子所有分而与之故云分之定四年傳稱分魯公以大路大旂之類皆是也　注話善至遺戒　正義曰著之話言為作善言遺戒著於竹帛故言著之也　注鐘律至明時　正義曰周語云先王之制鐘也律度量衡於是乎生小大器用於是乎出又曰古之神瞽考中聲而量之以制度律均鍾百官軌儀其意言度律之聲以為鐘之均於鐘律取法為度量衡也故漢書律

歷志云推歷生律莫不用焉度量衡皆出於黃鐘之律也度者分寸尺丈引所以度長短也本起於黃鐘之長以子穀秬黍之中者一黍之廣度之九十黃鐘之長一黍為一分十分為寸十寸為尺十尺為丈十丈為引而五度審矣量者龠合升斗斛所以量多少也本起於黃鐘之龠以子穀秬黍中者千有二百實其龠合龠為合十合為升十升為斗十斗為斛而五量嘉矣權者銖兩斤鈞石所以稱輕重也本起黃鐘之重一龠容千二百黍重十二銖兩之為兩十六兩為斤三十斤為鈞四鈞為石而五衡謹矣權衡一物衡平也權重也稱上謂之衡稱錘謂之權所從言之異耳其鐘者亦起於律故服虔云鳧氏為鐘各自計律倍而半之黃鐘之管長九寸則黃鐘之鐘長二尺二寸半餘鐘亦各自計律倍而半之度量衡其本俱出於律傳言律度注言度量其言不及衡者文雖不足理實兼之易革卦象云君子以治歷明時此律度量衡皆推歷為之為此法以教天下使之明四時也　注藝準也无極　正義曰藝是準限極是中正制貢賦多少之法立其準限中正使不多

不少陳之以示民故言陳之所引傳曰及又曰皆昭十三年子産辭也　注刑道至威儀　正義曰引禮在前故為道也表章儀飾故稱威儀也威儀禮則王者制之以道民言刑之道之不用重文故異之也　注訓典先王之書　正義曰訓典先王之書教訓之典取其言以語之故言告之法制謂王者身自制作己之所為故言予之　注防惡興利　正義曰防者防使勿然故為防惡利者務生此利故為興利傳言防利於文不足互見以曉人也此最為急故特言教之　注委任至常職　正義曰設官分職當委任責成故言委之常秩禮職掌位次故為官司之常職　注季文子疾故　正義曰劉炫以為聘使之法自須造遭喪之禮而行防其未然也非是閔晉侯有疾今知不然者依聘禮出使唯以幣物而行無別齎遭喪之禮若主國有凶則臨時辦備今文子聘晉特求遭喪之禮出聘之後晉侯遂卒考其情寔有異尋常閔晉侯之疾何為不可劉炫以不閔晉侯之疾而規杜氏恐非其義也　注抒除也　正義曰字有音相近而為訓者鬼之為言歸也春之為言蠢

也其類多矣抒邑近除故為除也服虔作紓紓緩也　偪姞　正
義曰譜以偪為國名地闕不知所在　注帑妻子也　正義曰詩
云樂爾妻帑文已有妻故毛傳以帑為子此傳帑并妻言
之帑者細弱之號妻子俱得稱之傳稱以害鳥帑鳥尾猶尚稱帑
況妻子也說文云帑金幣所藏字合帑從子經傳妻帑亦從巾
敵惠至之道　正義曰敵惠謂有惠於彼不可望彼人之子報敵
怨謂有怨於彼不可讎彼人之子父祖受人之惠子孫自可不忘
要有恩於其父祖不可求報於彼子孫々々或時不知乃是更後
長怨故惠怨皆不在後是為忠恕之道也　七年注二年至垂隴
正義曰王臣以僖二十四年即位與僖盟于踐土翟泉今唯言垂
隴拠與文同盟言之杜注或兼取前世或止取時君不為例也
傳注戴公玄孫鱗矔桓公孫　正義曰世本戴公生桓甫術々生
碩甫沢々生季甫々々生子僕伊與桑豫是也世本又云相公生公
子鱗々生東鄉矔是也　葛藟至為比　正義曰此引葛藟王風
葛藟之篇也彼毛傳以之為興此云君子以為比者但比之隱者

謂之興之顯者謂之比々之与興深淺爲異耳此傳近取庇根理
淺故以爲比毛意遠取何閒義深故以爲興由意不同故此與異
耳　注二子已所殺　正義曰經書宋人殺其大夫傳言不稱名
非其罪則此二子名氏當見於經亦卿官也僖二十二年傳秋大
司馬固於時又有司馬子魚上文樂豫爲司馬下云六卿和公室
六卿之外有此二子蓋是孤卿之官也宋是上公禮得有孤且
春秋之時不必如禮　注不稱已稱名　正義曰傳云不稱名怪
殺者死者並不名也又言無也解殺者不名言殺者無多其名不
可知也且言非其罪也解死者不名言死者無罪則於例不稱名
也此傳言書曰是仲尼新意殺大夫有例無凡故每言書曰所謂
曲而暢之也此言死者無罪故不稱名則被殺書名皆爲有罪故
諸是大夫被殺書名者杜皆言其罪狀正以此傳爲例故也釋例
曰大臣相殺死者無罪則兩稱名氏以示殺者之罪王札子殺召
伯毛伯是也若死者有罪則不稱殺者名氏晉殺其大夫陽處父
是也若爲賊者無因亂而殺則亦稱國人殺者主名不分故也主

名不分死者雖名氏可知亦隨而去之嫌於罪死者也士殺大夫
則書曰盜〻殺鄭公子騑公子發公孫輒是也若然宋之穆襄之
族既非六卿於例名氏不見亦應書盜而不言盜者彼殺鄭卿者
知是尉止司臣之類故書盜以惡其人此則不得主名書盜不知
所惡故不書其盜耳若知其人則亦書盜也一注先蔑至晉地
正義曰諸言御戎者皆是君之御右知此步招戎律始以逆雍
出軍此擬為雍之御右也改立靈公故御右猶在職也十二年河
曲之戰傳稱范无恤御戎注云代步招晉君不行有御戎者成二
年楚令尹子重為陽橋之役王卒盡行彭名御戎注云王卒盡行
故王戎車亦行然則河曲之戰亦公卒盡行公之戎車亦行故御
戎在職也此時未至令狐〻〻猶是晉地知董陰亦是晉地也
凡會至不敏　正義曰僖十四年諸侯城緣陵傳曰不書其人有
闕也十五年諸侯盟于扈傳曰書曰諸侯无能為也十七年諸侯
會于扈傳曰書曰諸侯无功也然則揔稱諸侯皆是罪諸侯也此
揔稱諸侯不稱所會為公後也傳還自釋凡例云後至不書其國

者辟不敢也不敢猶不違也諸国皆在公独後至是公不違於事
辟公之不違於事讓公罪而歸責於諸侯者若言諸侯无功然故
歸諸侯而揔之所以辟公恥也　夏書至三事　正義曰此虞書
大禹謨之文也以其夏禹之言故傳謂之夏書勿使壞以上皆彼
正文唯彼言俾勿壞俾亦使也一字別耳彼上文云水火金木土
穀惟修正德利用厚生惟和九功惟叙九叙惟歌乃次此辭下云
帝曰六府三事允治郤缺令宣子脩德行礼使人歌樂故先引勸
之以九歌然後郤言六府三事　无礼至叛也　正義曰在上為
政无礼则民不樂是叛之所由　注为明至張本　正義曰郑往
前侵衛田今晋令郑歸还衛田也言歸郑衛田者謂晋歸以郑所
取衛田故杜下注云斥本衛邑中屬郑今晋令郑还衛是也然晋
亦还衛田独言郑还衛田者以郑歸衛田为主遂略之刘炫以为
歸郑及歸衛田怪傳文歸衛不歸郑而規杜氏非也　八年注乙
酉至貴之　正義曰以壬午乙酉相去四日其間不容報君見其
專命之意故注詳其日也衡雍郑地知暴亦郑地原无專命之義

故翬溺皆去其族此公子遂不受君命因事遂行輒与戎盟宜去
其族傳言書曰公子遂珍之是善其解國患故稱公子以貴之也
釋例曰人臣受命不受辭出竟有可以利社稷者專之可也故襄
仲始盟趙盾遂盟伊洛之戎四日之間經再書公子不可以遂事
常辭顯之也　傳注公壻至諸侯　正義曰釋親云女子子之夫
為壻傳稱公壻知是晉君之女壻也池其名也杜以上言侮斥戚之
田于衛又言且復致則晉亦致于衛故言又取衛地以封之今并
还衛也劉炫云服虔以為致之于鄭以服言是規杜已釋之　注
珍貴至之可　正義曰傳多言貴之而此言珍之事同而文異故
以珍為貴也大夫出竟以下皆莊十九年公羊傳文　注節國至
廢命　正義曰周礼掌節掌守邦節而辨其用守邦国者用玉節
守都鄙者用角節鄭玄云玉節有五則典瑞云穀圭以和難以聘
女牙璋以起軍旅以治兵守珍圭以徵守以恤凶荒琬圭以治德
以結好琰圭以易行以除慝其角節鄭注云未聞此司馬司勳以
事在官蓋執此等之玉節小行人云守都鄙者用管節此司馬司

埰或食采地即都鄙之主此節或是管節也掌節文云山国用虎
節土国用人節沢国用龍節鄭注云鑄金為之禮王使之使於土
国之等掌節文云門関用符節貨賄用璽節道路用旌節鄭玄云
門関者禮司門司関也道路者禮天子之郷遂大夫也其諸侯之
国及門関郷遂亦有節小行人云山国用虎節土国用人節沢国
用竜節禮已是山沢之国出使用竜虎之節小行人又云道路用
旌節門関用符節都鄙用管節鄭注云道路禮諸侯郷遂及諸侯
司門司関都鄙之等也今之為官棧以此此節今棒節以死示已
不廢命也弑夫人殺而経書宋人殺其大夫者夫人与君共有国
敵體与君同不得為兩下相殺故同国討之文雖同国討称人実
非国討之例以其死者不称名无罪故也　注郷違至皆従　正義
曰郷違従大夫昭七年傳文也效節於府人然後出奔示已解任
而退不敢帯官而逃公賢其效節故以本官逆之為是昔宋国埰
未奔善其人故昔其官也請宋後之定在十一年一人不得言皆
知司埰官属悉与未奔还悉与皆後也　注登之至去年　正義

曰清原之蒐箕鄭佐新上軍先都佐新下軍二人先爲卿矣而後欲登之知登於上軍也然則七年令狐之戰傳歷言諸軍將佐箕鄭將上軍先都佐下軍先都不登容可怨恨箕鄭不失其登而亦共作亂者蓋先克之奪狐趙并亦請退箕鄭先都々々於時即佐下軍箕鄭雖得不退因此意望以成小憾及狐射姑出奔箕鄭位次宜佐中軍而先克代射姑箕鄭守其故職蓋以此而恨也　九年注卿共葬吏禮也　正義曰言禮者以明天子之喪卿弔卿會葬諸侯不親行也釋例曰万国之數至衆封疆之守至重故天王之喪諸侯不得越竟而奔脩服於其国卿共弔送之禮既葬卒哭而除凶魯侯无故而穆伯如周弔是此天子崩諸侯遣卿弔送之經傳也杜以往年穆伯弔喪今令會葬二事傳无説文知其禮當然也昭三十年傳鄭游吉云灵王之喪我先君簡公在楚似不在楚即當親行而言禮不親者彼言由君在楚上卿守国故使少卿印段往耳非言君當親行也　夫人至自齊　正義曰蘇氏云夫人出寧昏至唯有此耳餘不書者或禮儀不備或保縱不告廟也

注七年同盟于亳　正義曰襄以僖八年即位其其年盟于洮九年于葵丘十五年于牡丘二十一年于薄今唯言于亳據文公言之注地道之故書　正義曰穀梁傳曰震動也公羊傳曰震者何動地也何休云傳先言動者喻若物之動地以曉人也周語伯陽父曰陽伏而不能出陰迫而不能烝遂於是有地震孔晁云陽為伏於陰下見迫於陰故不能升以至於地動是地道安靜以動為異也　注称君亂略文　正義曰莊二十三年荊人來聘不称楚子使某至此称君以使大夫其礼与中国同其礼既同椒亦宜書其々氏今不書氏傳无貶文知是史辭自略无義例也釋例曰楚之殺得臣与宜申賈氏皆以田陋寧楚殺大夫公子側成熊之等六七人皆称氏族无內獨於此二人陋也斯蓋非史策旧法故无凡例當時諸国以意而赴其自來聘使者辭有詳略仲尼脩春秋因采以示義々之所起則刊而正之不書者即而示之不皆刊正也諸侯之卿當以名氏備書於經其加貶損則直称人若有褒異則或称官或但称氏若无褒无貶傳所不發者則皆就旧文或未賜族或

時有詳略也推尋經文自莊公以上諸弑君者皆不書氏閔公以下皆書氏亦足以明時史之同異非仲尼所皆改也　注衣服至者辭　正義曰隱元年公羊傳曰衣被曰襚穀梁傳曰衣衾曰襚礼稱襚者君使臣致服故云衣服曰襚也秦处西戎其國辟陋故不稱君使猶楚在莊世稱荆人來聘也成風夫人也來者不言夫人從來者之辭也先言僖公僖公先薨也不言及并致之者　傳莊叔如周葬襄也　正義曰虚举此經者嫌莊叔别以他事使周葬王更使人含故明之　注梁益至非卿　正義曰士穀書經則是卿也七年令狐之戰三軍將佐无士穀十二年河曲之戰三軍將佐杜注无代士穀者而士穀得為卿者先蔑奔秦傳无其代十二年欒盾將下軍注云代先蔑者拠傳成文言之耳未必不是士穀代先蔑欒盾代士穀也箕鄭上軍將也傳文先箕鄭後士穀士穀若將下軍則是位之次也其事似然或者晋於將佐之外猶别有散位從卿若郤缺趙穿之類也傳箕鄭先士穀經士穀先箕鄭者經以殺之先後傳以位次序列傳蒯得居下知其以位次也賈

達云箕鄭稱及非首謀案襄二十三年陳殺其大夫慶虎及慶寅
杜云言及史異辭無義例則此亦然也　注華耦至放此　正義
曰在禮卿不書公侯書則貶之稱人元年公孫敖會晉侯于戚文
無所貶此公子遂與諸國同行諸卿皆貶遂獨不貶諸如此數莫
不盡然知諸説魯變自非指為其國褒貶皆從魯史以其體例已
舉不假改正故也　諸侯至舊好　正義曰此魯廣言諸侯主為
秦人發傳隱元年王使來賵尚説其緩若是同盟之國必説其緩
可知釋例曰秦之與魯本非方岳同盟魯薨不赴秦秦不賵魯自
是其常也僖穆二公雖有同盟之義二君已卒則二子不得同
盟之禮也今秦康公遠慕諸華欲通敬於魯無以為辭因翟泉有
盟追賵僖公并及成風假弔禮而行故曰禮也送死不及尸柩不
當其喪書者書之於策垂之子孫以示己厚之好也是言此傳主
為秦也僖公成風服除久矣今始來弔賵當以變禮待之檀弓曰
衛將軍文子之喪既除喪而後越人來弔主人深衣練冠待於廟
垂涕洟子游曰將軍文氏之子其庶幾乎亡於禮者之禮也其動

也中是古有以服終來弔者也何休膏肓云礼主於敬一使兼二喪又於礼既緩而左氏以之為礼非也鄭箴之若以有緩棄礼衛將軍文子之喪既除喪而越人來弔子游何得善之是鄭不非其緩也若說一使兼二礼雜記諸侯弔礼有含襚賵臨何以一使兼行知休言非也　十年傳皆將強死　正義曰強健也无病而死謂被殺也　注沿順流泝逆流　正義曰商在漢水北漢水東流而南入江子西既至商邑則謀不敢居商懸從漢水順流而下至江乃泝流逆上渚宮當郢都之南故王在渚宮下見之也　下注云小洲曰渚杜水文　注陳楚名司寇為司敗　正義曰言既死於司敗知司敗主刑之官司寇是也論語有陳司敗知陳楚同此名也　注陳鄭至同也　正義曰杜以陳鄭舍楚子于息遂與蔡侯次于厥貉則陳鄭當在次也傳稱厥貉之舍麋子逃歸則麋子尚在也宋公逆楚子則宋公亦在也獨言楚子蔡侯不言陳鄭宋麋故述其意而為之說言宋陳鄭三君降爵麋子逃歸故不書也則經以同告文略故不書陳鄭宋今知不然者此楚舍諸侯必是楚之

人来告若楚人本告當以得諸侯为第何以略其宋郑陳許麇子
子舍侯之逃歸宋郑二国由楚之僕役楚如許蔡二君降楚之車許
蔡既不書於經故知宋郑失位不見此乃傳文分明故杜由此解
列炫直以告文略以規杜氏非也　注將獵至中央　正義曰宋
公為右盂无畏由左司馬而挾宋公之僕自謂當官而行明无畏
當右子朱与左是其張兩甄故置二左司馬使各掌一甄自然右
司馬一人當中央也　毋縱詭隨　正義曰无縱此詭人隨人
令正心者以謹勑彼无中正之人言小罪尚不赦則大罪不敢為
也

春秋正義卷第十四

春秋正義卷第十五　文公

國子祭酒上護軍曲阜縣開國子臣孔穎達等奉

勅撰

十一年傳注八年至失之　正義曰諸侯之卿出奔而復反者宋花元衛孫林父之徒皆書其反則蕩意諸之反亦當書之服虔云反不書者施而不德衛隆亦同服義而難杜云襄二十九年樂氏施而不德春秋所善不書意諸之反則是施而不德且經所不書傳即發文史失之即不書日史失之之數是也此既无傳何知史失杜必以為史失者案衛侯鄭之反于衛也傳言公納賂而請之衛侯朔之入于衛也在公興師而納之反衛子益于衛自我而反之皆魯為施並書於經何獨意諸施而不德若意諸施而不德彼何故施而德之春秋公侯大夫失位出奔借人力而反者多矣若皆施而不德不應赴告諸侯魯以不書為是則書者為非何以无貶責之文定人之禮礼存亡之謂義未有礼本在可諱之竟故杜以為史官失之故不書於策　注鄋瞞至漆姓　正義曰秋是北夷大

号鄋瞞是其国名魯語云吴伐越隨會稽獲骨節專車吴子使來聘問之仲尼々々宴之客執骨而問曰敢問骨何為大仲尼曰昔禹致群臣於會稽之山防風氏後至禹殺而戮之其骨節專車此為大矣客曰防風氏何守仲尼曰汪芒氏之君守封隅之山者也為漆姓在虞夏商為汪芒氏於周為長狄氏今曰大人客曰人長之極幾何仲尼曰僬僥氏長三尺短之至也長者不過十之數之極也此言長狄々々之長者彼言於周為長狄知鄋瞞即是防風氏之後故以国語為説服云伐我不書諱之　注僑如至狄也　正義曰經書敗狄于鹹即是敗一国也敗其国而獲此人傳不言是其將帥知是其国之君也穀梁傳曰長狄瓦石不能害叔孫得臣最善射者射其目身横九畝断其首而載之眉見於軾何休云蓋長百尺魯語仲尼所云此十倍僬僥氏之長者故云蓋長三丈魯語言不過十之是疑之言故云蓋也宣十五年晉師滅赤狄潞氏以潞子嬰兒歸彼獲嬰兒歸書之此獲僑如不書者潞国大其君貴故書之此国小僑如賤不書賤夷狄也　摏其喉以戈殺之　正義曰考工

記戈之長六尺六寸耳得及長狄之喉者兵車之法皆三人共乗
魯宋与長狄之戰車皆四乗改其乗必長其兵謂之戈蓋形如戈
也　注得臣至其功　正義曰襄三十年傳説此事云叔孫莊叔
敗狄于鹹獲長狄僑如及虺也豹也皆以名其子定八年傳稱魯
苦越生子將待事而名之陽洲之役獲憂故名之曰陽洲知得臣
亦待事以名其三子以旌章其功也此三子未必同年而生或生
訖待事或事後始生欲以章己功取彼名而名之也　注在春秋前
正義曰史記十二諸侯年表宋武公即位十八年以魯惠公二十
年卒々在春秋前二十六年不知鄭瞞以何年伐宋也　注皇父
至父名　正義曰皇父戴公子世本文古人連言名字者皆先字
後名且此人子孫以皇為氏知皇父字充石名　獲長狄緣斯　正
義曰服虔云不言所埋々其身首同処於戰地可知　注皇父之
賞　正義曰賈逵云皇父与穀生牛父三子皆死鄭衆以為穀生
牛父二人死耳皇父不死馬融以為皇父之二子従父在軍為敵
所殺名不見者方道二子死故得勝之如今皆死誰殺緣斯服虔

云殺縁斯者未必三子之手士卒獲之耳下言宋公以門賞耏班
々為皇父御而有賞三子不見賞疑皆死賈君為近之如馬之言於
傳文為順但班独受賞知三子皆死故杜用之　注門関門征
税也　正義曰礼唯関門有征知門是関門也周礼司関司貨賄
之出入掌其治禁与其征廛国凶札則无関門之征鄭玄去征廛
者貨賄之税孟子曰関譏而不征則天下行旅皆説而願出於其
塗矣如彼文知出入関者必有征税但不知汎而税一也然擬礼文
城門亦有征必知関門者以関門征税其数既多故昭二十年傳
介之関暴征其私是関禁之重異於城門此云食其征税故知関税
也注長狄之種絶　正義曰此時長狄種絶仲尼猶云今日大人者言
当時呼往前長狄為大人未必其時有之若当時猶有其種吴人
不應怪其骨也但如此傳文長狄有種々數相生当有支胤唯獲數
人々其種遂絶深可疑之命守封隅之山賜之以漆為姓則是世
為国主縣歷四代安得更无支属唯有四人且君為民心方以類
聚不應独立三丈之君使牧八尺之民又三丈之人誰為匹配豈有

三丈之妻爲之生產乎人情度之深可感也國語仲尼之談左傳
丘明所說通賢大聖立此格言不可論其是非實疑之久矣蘇氏
云國語稱今日大人但遠居夷狄不在中國故云遂亡公羊穀梁
並云長狄兄弟三人一之齊一之魯一之晉何以書記異穢如史記所云
秦時大人見於臨洮　十二年注稱爵至逆之　正義曰此實大子
公以諸侯禮逆之公既爲之內君史遂據公之意成十年晉侯有
疾立大子州蒲爲君會諸侯伐鄭經即書爲晉侯史官不可反公之
心追言女子據君所稱更是其實故也　注既嫁云其卒　正義
曰天子諸侯絕期嫁女於諸侯則爲同是成於敵体其禮不爲降
卒則服大功九月叔姬既爲杞之夫人雖見出棄猶以是錄其卒
喪服女子既嫁而反在父母之室據本服爲之齊衰期此既書其
卒當服其本服杜譜不知此叔姬是何公之女要姑與姊妹皆服
期也釋例曰出棄之女反在父母之室則與既笄成人者同故亦書
卒也杞叔姬卒穀梁以爲公母姊妹謂同母姊妹　傳始朝公也
正義曰劉炫云魯公新立隣國及時來朝則曰公即位而來朝晚

則云始朝公也諸侯自新立來及時者則云即位而來見晚則云始見霸主即位魯君往朝則曰朝嗣君魯君新立往朝之國則曰即位而往見也　注亦總至而卒　正義曰傳言請先絕昏成五年有杞叔姬來歸故知至其嫁由夫人也其娣亦字叔者周之法積叔也釋例曰杞桓公以僖二十三年即位襄六年卒凡在位七十一年文成之世經書叔姬二人一人卒一人出皆杞桓公夫人也傳例出曰來歸不昏來歸未歸而卒也既歸而卒亦當書之成五年杞叔姬來歸八年書卒是也宣十六年郯伯姬來歸後不書卒者或更嫁於大夫故不書卒耳　注群舒至龜舒　正義曰世本偃姓舒庸舒蓼舒鳩舒龍舒鮑舒龔以其非一故言屬以包之　注大器至璧玉　正義曰聘君用圭享用璧聘夫人用璋享用琮聘禮記曰凡四器者唯其所寶以聘可也故知所言大器是圭璋也考工記玉人云瑑圭璋八寸璧琮八寸以覜聘禮記云所以朝天子圭與繅皆九寸問諸侯朱綠繅八寸鄭玄云於天子曰朝於諸侯曰問記之於聘文互相備言互相備者朝諸侯与天子

同聘天子与諸侯同也所言朝圭九寸聘圭八寸謂上公礼也使臣出聘降君一等故八寸則侯伯之使當瑑圭六寸子男之使當瑑璧四寸也聘義曰以圭璋聘重礼也已聘而還圭璋此輕財而重礼之義也然則王必還其来使而下云致諸執事以爲瑞節及襄仲辞之者礼聘終無復還玉初聘之時其意欲致与主国但主国謙退礼終還之且襄仲辞之者爲不欲与秦爲好　注藉薦也　正義曰聘礼執圭所以致君命々々致藉玉而後通若坐之有薦薦然故以藉爲薦也　深壘固軍　正義曰壘壁也軍營所处築土自衛謂之爲壘深者高也高其壘以爲軍之阻固營覲礼説爲壇深四尺鄭注云深高也是其義也　注側室至庶孫　正義曰文王世子云公若有出疆之政庶子守云宮正室守大廟鄭玄云正室適子也正室是高子知側室是支子言在適子之側也〔世〕族譜穿趙夙之孫則是趙循從父昆弟之子也看爲正室故謂穿爲側室穿別爲邯鄲氏趙旃趙勝邯鄲午是其後也　裹糧坐甲　正義曰甲者所以制御非常備敵則被之於身未戰且坐之

於地　注司馬弘雨退　正義曰魏武全引司馬法云將軍死綏曰說綏卻也言軍卻將當死綏必是退軍之名綏訓為安蓋兵書務在進取恥言其退以安行即為大罪故以綏為名焉　注慭缺也　正義曰慭者缺之貞今人猶謂缺為慭也沈氏云方言云慭傷云即缺也下云死傷未收則是已有死者但不至大崩未甚喪敗故為皆未缺耳　十三年注再同盟　正義曰朔以僖二十九年即位其年盟于翟泉文二年于垂隴七年于扈云再同盟者據文公言之　注未同盟而赴以名　正義曰蘧蒢邾子瑣之子也莊二十九年即位僖元年与魯盟于犖而云未同盟蓋據文公為言故云未同盟刘炫以犖盟規之非也　注大廟之室　正義曰傳稱不共則於此室為共知大廟之室也明堂位曰祀周公於大廟此周公之廟壞也不直言大廟壞而云大室屋壞者大廟之制其簷四阿而下為其室中又拔出為重屋明堂位云大廟天子明堂复廟重檐天子之廟飾鄭云复廟重屋也是天子之廟上為重屋此是大廟當中之室其上之屋壞非大廟全壞也公羊經作世室傳曰世室者何魯

公之廟也周公稱大廟魯公稱世室群公稱宮此魯公之廟也曷
爲謂之世室世室猶世〻不毀也左傳不辨此是何公之廟而經謂
之大室則此室是室之最大者故知是周公之廟非魯公也明堂
位曰魯公之廟文世室武公之廟武世室也不毀則稱世室世室非
一君廟名若是伯禽之廟則宜舉其号謚且左氏經內大室不作世
室故左氏先儒賈服等皆以爲大廟之室也壞必更作書其壞而
不書作者隨即脩之故不書也定二年五月雉門及兩觀災十月新
作雉門及兩觀譏其緩作故別書之耳　傳陸詹嘉已
瑕關　正義曰桃林之塞在南河之南遠処晉之南竟隨秦適周
乃由此路使詹嘉守此塞者以秦與東方諸侯遠結恩好及西乞
聘魯亦應更交餘國慮其要結外援東西圖己故使守此阨塞欲
斷其來往故也　六卿相見於諸浮　正義曰六卿在朝且夕聚集
而特云相見於諸浮者將欲密謀慮其漏泄故出就外野屏人私議諸
浮者是城外之近地耳　臣外吏　正義曰賈季是狐突之孫狐
偃之子本是狄人臣知外竟之吏習知狄之情得豫爲之備

邑賤而有恥　正義曰服虔云謂邑處賤且又知恥言不可汙辱
請東至之先　正義曰請旧是東方之人并有才堪与彼魏邑
二三有司說飯秦之言者吾与先行　注魏壽餘畢万之後　正
義曰閔元年晉侯賜畢万魏々犨者万之孫為魏之世適壽餘為
魏邑之主當是犨之近親故云畢万之後　臣死乃悔也　正義
曰言身拘死　晉妻　為戮於秦必無益於君不可改悔　注策
馬棰　正義曰服虔云繞朝以策書贈士會杜不然者壽餘請說
士會即行不暇書策為辭且事既密不宜以簡贈人傳稱以書相
与皆云与書此獨不宜云贈之以策知是馬棰々杖也　其處者
為劉氏　正義曰伍員屬其子於齊使為王孫氏者知己將死豫
令改族其傳文為而發之士會之帑在秦不顯於會之身後死所
辭傳說處秦為劉氏未知何意言此討尋上下其文不類深疑此
句或非本旨蓋以為漢室初興損棄古學左氏不顯於世先儒無
以自申劉氏從秦從魏其源本出劉累插注此辭將以媚於世明
帝時賈逵上疏云五經皆無證圖讖明劉氏為堯後者而左氏獨

有明文竊禮前世籍以求道通故好别之以為證耳　注士會
至之姓　正義曰昭二十九年傳稱陶唐氏既衰其後曰劉累已
飲食龍夏王孔甲賜氏曰御襄二十四年傳范宣子云匄之祖自
虞以上為陶唐氏在夏為御龍氏在商為豕韋氏在周為唐杜氏晉
主夏盟為范氏晉語云昔隰叔子違周難於晉生子輿為司空世
及武子佐文襄輔成景是以受隨范賈逵云隰叔杜伯之子周宣
王殺杜伯其子逃奔晉子輿士蔿也武子蔿之孫即士會也又世
本士蔿生士伯缺々生士會々生士燮會是蔿之孫是為堯後會
子在秦不被賜族故自復累之姓為劉氏秦滅魏劉氏徙大梁漢
高祖之祖為豐公又徙沛故高祖為沛人　注繹邾至繹山　正義
曰邾都本在鄒縣々々北有繹山徙都於彼山旁々々當有旧
邑故曰繹邾邑也邾既遷都於此竟由别有繹邑宜十年公孫敖
父帥師伐邾取繹取彼之别邑不取邾之國都也但邾是小國彼
邑亦取繹山為名應遷邾之都耳　注左右至從之　正義曰史明
卜筮知國遷君必死不知君命自當盡也左右之意禮不遷命可

長在右勸君勿遷以一人之命爲言也文公之意人君之命於養民遷則民利志在必遷以百姓之命爲主也一人之命各有短長不短先定不遷亦死是不可如何百姓之命利在水土遷就善居則民安樂乃得安免窮也晉遷新田十世之利衞遷帝丘卜曰三百年是得世也 君子曰知命 正義曰俗人見其早卒謂其由遷而死故之短長有時不遷至期亦卒傳言君子曰知命所以證俗人之惑邾文公以莊二十九年即位至今五十一年享國久矣命非短折也書不共 正義曰穀例曰大室之屋國之所尊朽而不繕久旱遇雨乃遂傾頹不共之甚故特書之 注子家至恤之 正義曰鴻鴈義宜王勞來諸侯之詩也首章云之子于征劬勞于野爰及矜人哀此鰥寡之子侯伯卿士也存省諸侯劬勞外野爰曰也矜憐也王命之曰當及此可憐之人謂貧窮者又當哀此鰥夫寡婦當收斂之使有依附子家言鄭當寡弱欲使魯侯遠以還晉存恤之也 注四月至晉 正義曰四月大夫行役之怨詩也首章云四月維夏六月徂暑先祖匪人胡寧忍予大夫言已四月初夏而行至

六月徂暑矣寒暑易節尚不得歸我之先祖非人乎王者何爲施
忍於我不使得祭祀也文子言已思歸祭祀不欲更夜還晉 注載
馳至救助 正義曰載馳許穆夫人閔衛之滅思歸唁兄之詩也
其四章曰陟彼阿丘言采其蝱女子善懷亦各有行許人尤之衆穉
且狂其五章曰我行其野芃〻其麥控于大邦誰因誰極大夫君
子无我有尤而尔所思不如我所之此義取小国有急控告大国
之在五章而傳言四章故云四章以下言其并賦五章 注一月
三捷 正義曰捷勝也〻者謂侵也伐也戰也 十四年注七年至
從赴 正義曰齊世家孝公卒弟潘殺孝公子而立之是爲昭公〻
〻則以僖二十八年即位其年盟于踐土據文公言之唯同處之
盟耳杜以長歷校之知乙亥是四月二十九日昏五月從赴者蓋赴
以五月到唯言卒日不言其月即書其所至之月 注孛彗至昏之
正義曰公羊傳曰孛者何彗星也其言入于北斗何北斗有中也
何以書記異也穀梁傳曰孛之爲言猶茀也其曰入北斗〻有環
域也釋天云彗星爲欃槍郭璞曰妖星也亦謂之孛言其形孛日

似埽彗也經言入于北斗則從他處為入是既見而移入北斗也彗星長有尾入于北斗杓中妖星非常所有故書　納捷菑于邾　正義曰捷菑不言邾者下有于邾之文莊公伐齊納子糾不言齊者上有伐齊之文与此同也僖二十五年楚人圍陳納頓子于頓昭十二年齊高偃納北燕伯于陽彼旧是国君故稱其国哀二年晋趙鞅納衛世子蒯聵于戚世子之号以名体国上下又无衛文故亦稱国与此異也齊小白齊陽生許叔蔡季之屬經无納文又復得国与此不同也刘炫云已去邾国又非邾君故不稱邾捷菑也得国為君皆举国言之齊小白入于齊是也　注既許至書卒　正義曰傳稱請葬不許明年傳云葬視共仲則是不得從大夫礼葬而得從大夫例書卒者卒葬異礼事不相連隱公書薨不書葬不成喪不以君礼成其喪也不以君礼猶得書公薨敖虽不以卿礼葬既許其復得從例書卒　注舍未至四年　正義曰公羊之例既葬稱子踰年稱公左氏則不然僖九年九月晋侯詭諸卒冬晋里克殺其君之子奚齊傳曰書曰殺其君之子未葬也荀息立公子

卓以葬十一月里克殺公子卓于朝經書里克弑其君卓是未葬稱子既葬稱君不待踰年始稱名也此稱弑其君舍々已成君故云未踰年而稱君者先君既葬舍已即位也傳云五月昭公卒舍即位後七月為商人所弑經傳无葬昭公之文又齊侯以五月卒傳稱七月弑舍時未合葬知已葬者正以舍已稱君決知既葬春秋之世多不如禮葬之早晚時有遲速雖復違禮而葬後君葬訖即成君非討禮之葬日始成君也宣十年夏四月齊侯元卒六月葬齊惠公冬齊侯使國佐來聘是葬速成君之文也杜以成君在於既葬不以踰年為限此言未踰年者意在排舊說也　注大夫至書字　正義曰崔杼无罪書崔氏出奔此貴子哀書其字者於例字貴於名故儀父女叔之徒皆書其字則書字是貴之常例也崔氏傳曰且告以族故因稱氏唯以不名為義　注諸侯至人例　正義曰諸侯執諸侯之大夫无罪則稱行人以見无罪之義王者之使不問有罪无罪諸侯皆不得執之執之則内不臣以諸侯无執王使之義故單伯不依行人例言單伯身雖无罪不依使例故

不稱行人也諸侯不得執王使而諸侯之史得貶王使者史之所書周公定法己君有罪猶尚書之王使有惡亦得貶也　注叔姬至母辭　正義曰傳稱子叔姬妃齊昭公知舍之母也不稱夫人自魯錄之文母辭亦不知是何公之女魯是其父母家不言文公是其父稱子叔姬者服云子殺身執閔之故言子為在室辭十二年子叔姬卒已被杞絕是並在室也　傳注奔亡至福也　正義曰因崩薨而言禍福則禍亦崩薨之類福是反禍者也福莫大於享國有家禍莫甚於亡家喪國禍與崩薨之類相須之物且奔之所後其事多矣雖有出入之例未見不告之義此傳於崩薨之末言之故知奔亡是禍所後是福也　將免乎我　正義曰言爾已殺君矣我若為君亦將皆放免我乎言將後殺我劉炫云亦將免我為君之事乎注後三至詳言　正義曰昭十七年傳申須云彗所以除舊布新也天事恆象又二十六年傳晏子曰天之有彗也以除穢也宋齊晉三國之君並皆無道皆有穢德今彗星出而彼死是除穢之事但未測何以知此三君當之史服但言事徵不言其占非末學所得詳言

故言其驗而不推其義　注国語云內伝　正義曰楚語蔡聲子
云楚莊王方弱申公子儀父爲師王子燮爲傅使潘崇子孔師師
以伐舒燮及儀父施二帥而分其室師还至則以王如廬盧戢黎
殺二子而復王　注蕭宋至爲卿　正義曰蕭本宋邑莊十二年宋
万弑閔公蕭叔大心者宋蕭邑之大夫也平宋乱立桓公宋人賞其
勞以蕭邑封叔爲附庸莊二十三年蕭叔朝公是爲附庸故称朝
附属宋国故云宋附庸也宣十二年楚子滅蕭此时蕭国仍在
高哀仕於蕭国遂被拔擢升爲宋卿　注齊人至经赴　正義曰
商人实以七月弑舍取其位而齊人未服三月而後定々訖始来
告不告舍死之月唯言商人弑舍魯史以其九月来告即書之於
九月如此伝文告以九月即書九月明経之日月皆従赴而書非
襃貶詳略也杜言此者排先儒言日月有襃貶之義　注猶言某甲
正義曰心悪其政不以爲君凡与人言欲称君者終不謂之爲公曰
夫巳氏斥懿公之名也刘云甲巳俱是名故云猶言某甲　十五年
注華孫至司馬　正義曰成三年晉侯使荀庚来聘衛侯使孫良

夫来聘丙午及荀庚盟于来及孫良夫盟彼先以君命行聘礼既
而别与之盟故吾聘又吾盟此魯使来聘魯不令結盟故吾盟不
稱使也僖四年楚屈完来盟于師即其比也諸侯之卿例吾名氏
以華耦已卒其屬官備礼尽從故貴其人書其官也八年宋人殺
其大夫司馬宋司城来奔唯言其官不言氏族此既書司馬後曰
華孫者刘炫云或以為華耦貴之既深故特吾族案傳華耦魯人
以為敏則君子不許是魯耆之不深蓋史有文質故辭有詳略
注大夫至若義　正義曰桓十八年公之喪至自齊僖元年夫人
氏之喪至自齊二注皆云告於廟也是公与夫人薨于外竟皆告廟
皆至例書於策宣八年仲遂卒于垂成十七年公孫嬰齊卒于貍
脤皆不書喪至是大夫喪还例不吾此独吾齊人歸公孫敖之喪
者叙例曰公孫敖縱情棄命既已絶位非大夫也而備吾於經者
恵叔毀請於朝感子以赦父敦公族之恩崇仁孝之教故曰為孟氏
且國故是也不言来者魯人取之齊人送之非有専使特来故不
言来哀八年齊人歸讙及闡注云不言来命歸之先指使此亦彼之

類也　注齊人至異文　正義曰傳例出曰來皈是直出之文也齊人以王之故來送叔姬故与直出異文也使者卑微不可言齊侯使人故云齊人來皈九年秦人來皈僖公成風之禭定十年齊人來皈鄆讙龜陰之田成九年晉人來媵之類皆是來者微賤不得稱君命故舉國稱人　傳注古之至不名　正義曰杜檢傳文諸言古曰者皆是仲尼類意此云其官皆從即乃書曰司馬嘉之明是貴其官從故書其官也聘礼之文有上介衆介至所聘之國誓于其竟則史讀書司馬執策賈人拭王有司展幣其從群官多矣詩緜蠻之篇言大臣出行微臣隨從傳稱卿行旅從昭六年楚公子棄疾聘晉至於鄭竟而誓知其從人多矣盟舍必備威儀崇贄幣賓之与主以成礼為敬故傳云其官皆從者之也春秋之時率多不能備威儀故傳每言一介行李是也華孫今獨能率其官屬以從古典所以敬其君事而自鎮重也使人既重而兼事恭敬則魯被尊而賓礼篤也年使鄰國能為主厚礼是可貴之事故仲尼嘉而不名　注宴免故揚其先祖之罪為己謙辭

是不敬之極魯人以為敬明君子所不與言仲尼貴其官踐君子嗤其失辭有善有惡傳兩舉之也釋例曰古之盟會必備禮儀示等威明貴賤各以成禮內節々制兼備則名位不愆華孫居攝壞之世而已率由古典所以敬事而自重使重而事敬則魯尊而禮篤故貴之也至於宴會追稱先人之罪為己謙辭以失辭故傳云魯人以為敏明君子所不與也是言善惡兩舉之事也襄五年傳曰楚殺其大夫公子壬夫貪也君子謂楚共王於是不刑言貪也罪壬夫不刑責共王亦是兩舉之文其事鄰於此也服虔云華耦以卿修而不廢以君命脩好結盟舉其官屬從之空官廢職魯人不知其非反為貴之其意以為貴之者魯人貴之非君子貴之案經儀父與魯結好子哀不義宋云司城數節來奔單伯自齊致命傳皆言書曰貴之實善而貴之也此亦云書曰司馬華孫貴之何故惡而貴之也劉炫又難云此內不知其非儀父豈亦魯不知其非而貴之乎孔子脩春秋裁其得失定其襃貶善惡章於其職否示於來世若魯人所善亦善之所惡亦惡之已死忘於抑揚

遂逐魯人之善惡削筆之勞何所施用約之以理豈其然哉其宮寄
統理共聘之官无闕首有苗治政者豈舉朝盡行而責其空官也
若以官從師責空官聘礼官屬不少豈周公妄制礼乎　注亞旅
上大夫也　正義曰尚書牧誓武王呼群官而誓曰司徒司馬司
空亞旅孔安国云亞次也旅衆也衆大夫其位次卿成二年傳魯
賜晉三帥三命之服候正亞旅皆受一命之服皆卿後即次亞旅知
是上大夫也華耦不敢當君請受上大夫之宴魯人　正義曰
魯人魯鈍之人　諸侯之制也　正義曰周禮大行人云凡諸侯之
邦交歲相問也殷相聘也世相朝也鄭玄云父死子立曰世凡諸
侯相朝皆小国朝於大国或敵国相為賓或彼君新立此往朝焉
或此君新即位自往朝彼皆是世相朝也襄元年邾子来朝傳曰
凡諸侯即位小国朝之是此新立而彼朝之也文九年曹伯襄卒
十一年曹伯来朝傳曰即位而来見也是彼新立而朝此也則知春
秋之時諸侯有世相朝法与周礼合也周礼諸侯邦交唯有此法元
五年再朝之制此云古之制也必是古有此法但礼文殘缺未知

古是何時鄭玄云古者據今而述前代之言夏殷之時天子蓋六年一巡狩諸侯間而朝天子其不朝者朝罷朝五年再相朝者似如此然則古者據今時而道前世耳不必皆道前代得稱古者越周而謂非禮前代之人有此謂也古人有言非禮前代之人有此言也詩云我思古人非思夏殷之人也此云古者亦非必夏殷鄭言夏殷禮非也傳十五年公如齊杜云諸侯五年再相朝禮也引此證彼則是當時正法非禮前代禮也或人見僖公朝齊杜引此內證遂言五年再相朝是夏霸主之法然則曹非霸主曹伯何以朝之曹豈推魯內霸主而屈己以朝之也且云古之制也則是古之聖王制內此法天子不衰諸侯无霸明德天子豈慮世衰霸主威權不行而為之制此法歐諸侯以朝之此不達理之言耳然則諸侯之邦交者將以恤近隣結恩好安社稷息民人土宇相望竟界連接一世一朝號闊大甚其於閒暇之年必有相朝之法周禮言世相朝者以其一舊一新彼此未狎於此之際必須往朝舉其禮之大者不言唯有此事五年再相朝正是周禮之制周禮文不具耳文

襄之霸其務不煩諸侯以五年再朝往来大数更制三年一聘五年一朝所以説諸侯也五年一朝者亦謂朝大国耳且彼因説弔葬非独霸主之喪明使諸侯相共行此礼也霸主遭時制宜非邑創制改物諸侯或從時令或遵旧章此在文襄之後仍安旧制故五年再相朝也傳言古之制以文襄已改故也昭十三年歳聘間朝是周之諸侯朝天子之法故釋例別之云明王之制歳聘以志業以觧年朝聘之数尚書周官六年五服一朝孔傳云一朝会京師是再朝而会周之正礼也若然大行人云侯服一歳一見甸服二歳一見男服三歳一見采服四歳一見衛服五歳一見要服六歳一見何於服数朝者大行人所云禋貢物而見或君自至或遣臣来除此貢物之外別有朝会之礼沈氏以為諸侯五年再相朝及昭十三年皆内朝牧伯之注以間朝以講礼与再朝而会是三歳之朝与六年之朝大率言之是五年之内再相朝也但魯非晋之伯国而沈云朝牧伯之礼又昭十三年朝盟主之法亦无明證沈氏之言未可從也注孟氏至孟氏　正義曰公孫敖慶父之子杜以慶父与莊公異母

處長稱孟強曰於適自稱為仲以其實是長處故時人或稱孟氏　注堂阜至所蚑　正義曰喪大記云飾棺君竜帷黼荒火三列黻三列素錦褚加帷荒纁紐六大夫畫帷畫荒火三列黻三列素錦褚纁紐二玄紐二鄭玄云飾官者以華道路及壙中不欲使衆惡其親也荒蒙也在旁曰帷在上曰荒皆所以衣柳也士布帷布荒君大夫加文章焉黼荒緣邊為黼文畫荒緣邊為雲氣火黻為列於其中耳褚以襯覆棺乃加帷荒於其上紐所以連結帷荒者也禮之飾棺唯有此耳齊人所斂之飾棺蓋依此大夫之制而為之飾置諸堂阜故為不殯示死蚑異魯人哀之也沈氏云飾棺即雜記云諸侯死於道其輤有裧緇布裳帷素錦以為屋而行大夫死於道以布為輤而行義或當然　注卞人魯下邑大夫　正義曰治邑大夫例呼為人孔子父為鄹邑大夫謂之鄹人知此卞人是卞邑大夫其邑近堂阜故見之而告魯君　注敖卒至喪禮　正義曰敖卒已向周年猶尚毀以為請知敖卒即請至今未已也傳言猶毀是不復應毀故知毀過喪禮也劉炫云敖去年九

月卒至今年交拠月末而不得称期年今知非者杜以傳云惠叔
猶毀拠日月之久歎盛言其遠故云期年但首尾二年亦得為期
年之義刘以未周十二月而規杜氏非也　帷堂　正義曰檀弓云
尸未設飾故帷堂小斂而徹帷至大斂之節又帷堂以至於殯恒
帷堂雜記云朝夕哭則不帷今邑已恨穆伯故朝夕哭仍帷堂檀
弓又云帷殯非古自敬姜之哭穆伯始也与此相勢也敬姜者穆伯妻
文伯歜之母也穆伯季悼子之子公甫靖与敖非一人　祭敬至道也
正義曰祭敬者禋助祭於兄弟之家尽其敬也喪哀者禋兄弟死
喪之哀竭其哀也情雖不同謂内相怨恨情雖不已和同哀死絶
其愛是相親之道也　注白鼆乱而死　正義曰句鼆废丘有寇攻
门不昏者服虔云魯国中小寇非異国侵伐故不昏也　注得常
乱非礼　正義曰此与荘二十五年経文正同彼傳云非常此傳云
非礼者彼失常鼓之月言鼓之為非常得常鼓之月而用牲為
非礼彼云六月実是七月傳因日月之変以起時歴之誤故釋例
曰文十五年与荘二十五年経文皆同而更後發傳曰非礼者明前

傳欲以審正陽之月後傳發例欲以明諸侯之礼而用牲為非礼也此乃聖賢之微旨而先儒所未喻也是解二傳不同之意 注去盛饌 正義曰周礼膳夫掌王之食飲膳羞以養王及后世子王日一舉鼎十有二物皆有俎天地有災則不舉鄭玄云殺牲盛饌曰舉今云天子不舉是去盛饌也膳食也 注責群陰伐鼓也 正義曰郊特牲云社祭土而主陰氣也君南鄉於北墉下答陰之義論語云鳴鼓而攻之伐鼓者是攻責之意故云責群陰也日食者陰侵陽故責陰以救日孔安国尚書傳云凡日食天子伐鼓于社責上公然則社以上公配食天子伐鼓責群陰亦以責上公也諸侯用幣于社請上公亦以請群陰也互相備也 注社尊至責之 正義曰昭二十九年傳曰封為上公祀為貴神社稷五祀是尊是奉是社為上公之神尊於諸侯礼用幣者皆是告請神明之尊以社尊故用幣請救而不敢攻責也陰侵陽而請陰者請止而勿侵陽也 注天子至訓民 正義曰天子不舉自貶食耳而以為尊神者畏敬神明乃自貶損徹膳不舉亦是尊神之義故通以不舉為

事神也　凡勝至入之　正義曰此傳已發凡例襄十三年後發傳
之用大師曰滅弗地曰入　再發例者兵之所加不可細舉故舉旧
策之典以例而言　用大師起大衆重力以陷敵因而有之皆勝國
通以滅爲文也以成師重力雖獲大城得而弗有故直以出入爲辭
曰入之而已城不包地國不通邑滅邑必主大師是故再發例也　凡
諸侯至後也　正義曰七年公會諸侯晉大夫盟于扈傳曰公後
至故不書所會因發例云凡會諸侯不書所會後也後至不書其
國辟不敏也彼乃義事而公後期諱君之惡故揔秋諸侯此亦揔
秋諸侯不會非公之罪而經文相似傳辯其嫌故更後發例而以
善形惡凡諸侯爲義事聚會而公不與則不歷序諸國諱君惡
也若公實與會而亦不書諸國者公後期也即七年扈之盟是也
今於此會受賂舍罪致使魯有齊患公雖不與非公之罪經與後
期文同似爲公諱故傳發例以明之此會公雖不與非公惡也　曰
女至道也　正義曰言曰者原齊侯之意而爲之辭也責曹曰女
何故行礼禮責於朝魯也天道以早義爲人道以小事大禮者自

早而為人朝者謙順以行礼〻〻以順天是天之道也　詩曰宛
于天　正義曰此詩小雅雨无正之篇胡何也詩人責朝廷之臣
女群臣上下何以不相畏乎女上下不相畏乃是不畏于天也十
六年注諸侯至詐疾　正義曰天子頒朔於諸侯〻〻受而藏之
於祖廟每月之朔以特羊告廟受而施行之遂聽治此月之政謂
之視朔因以其日又以朝享之礼祭皇考以下謂之朝廟此年公
疾自二月至於五月已經四月不得視朔故書公四不視朔傳稱
正月及齊平公有疾使季文子會齊侯則正月公初疾不得視二
月朔至五月而四故知不得視二月三月四月五月朔也春秋十
二公二百四十二年計有三千餘月公以疾不視朔當非一也餘皆不
書而此獨書者公身有疾不得視朔國事不廢義无所取因此齊
侯疑公故特舉此以表行事餘皆略可知也釋例曰魯之群公以
疾不視朔多矣因有事而見之此猶秋不朝正之義是其事也又
於時齊侯不信公實有疾書此者且明公實有疾非詐齊也史
之所書或書其始不於二月書之而以五月書者二月公始有疾

未知來月瘳否不得豫書其數至六月公瘳乃積前數之爾故
以五月書四也昭二十三年公如晉至河有疾乃復彼但有疾此
不言有疾者在道而還容有他故昭十二年十三年公如晉至河乃
復皆為晉人辭公而還非內疾也故須言有疾以辯之公不視朔
唯有僖耳无所分辯故不書疾也告朔禮告於祖廟視朔禮聽治
月政視朔由公疾而廢其告朔或有司告之不必廢也論語云子
貢欲去告朔之餼羊必是廢其禮而羊在蓋從是以後更有不告
朔者故欲去其羊耳六年閏月不告月書經以說之在後若不告
朔不復書之者蓋以閏月不告其說已明故於後不復說之閔二
年吉禘于莊公已說其速文二年大事于大廟不復說之者亦如彼
之類不重說也　傳注伯禽至七君　正義曰魯世家魯公伯禽子
考公酋弟煬公熙子幽公圉弟微公濞子厲公擢弟獻公具子慎
公濞弟武公敖子懿公戲弟孝公稱子惠公弗皇子隱公息姑弟
桓公允子莊公同子閔公開兄僖公申周公不之魯從魯公數之
為十七君也　毀泉臺　正義曰蛇自泉宮出而毀其臺則臺在宮

内人見從宮而出毀臺并毀其宮也　注魯人至壞之　正義曰
人見蛇出而姜薨以為臺是妖之穴仍裡此處有妖更將為害毀
之所以絕其源安民意也故釋例曰有蛇自泉臺出如先君之數
入於國聲姜之薨適與妖會而國以存災遂毀泉臺皆毀而不變
文以示義者君人之心一國之俗須此為安故不說也以不變文
知不說也不書蛇入國者鸜鵒非魯國之有故書其所无蛇是魯
地所有姜薨不由此蛇凡物不為災則不書也　注戎山夷也　正
義曰四夷之名隨方定稱則曰東夷西戎南蠻北狄其當處立名
則各從方號故北戎病燕齊侯伐山戎北方得有戎故楚西亦有
戎々是山間之民夷為四方總号故云戎山夷也　注選楚地百
濮夷也　正義曰將欲伐楚聚於此地故知是楚地也牧誓武王
伐紂有庸濮從之孔安國云庸濮在江漢之南是濮為西南夷也
釋例曰建寧郡南有濮夷濮夷无君長總統各以邑落自聚故称
百濮也下云各走其邑是无君長統之　申息之北門不啓　正
義曰申息北接中國有寇必從北來故二邑北門不敢開也　注

蚡冒也地名　正義曰劉炫云案楚世家蚡冒卒弟熊達殺蚡冒
子而代立是為楚武王則蚡冒是兄不得為父今知不然者以世
家之文多有紕繆与經傳異者非是一條杜氏非不見其文但見
而不用耳劉以世家而規杜非也言服陘隰則陘隰本是他国蚡
冒始服之也釋例陘隰与僖四年次于陘為一地潁川君陵縣南
有陘亭楚自武王始居江漢之間則蚡冒之時未至中土不應已
越中息遠服潁川之邑疑非也　注馹傳車也　正義曰釋言云馹
傳也舍人曰馹尊者之傳也郭璞曰傳車驛馬之名也　宋公乞
恤也　正義曰禮於国人揔言接待之也竭其粟而貸与国之飢
民也禮与人物曰饋詒遺也饋詒皆是与人物之名也民年自七
十以上死有不饋遺以飲食也珍異謂非常美食羞進也時加進
珍異者謂四時初出珍異之物也死有一日不數々於六卿之門言
參請不絕也国之賢材之人死不事公子皆事之也其族親自桓公
以下子孫死不恤公子皆賑恤之也　注元華督曾孫　正義曰世
本云華督生世子家々生華孫御事々生華元右師是也　注君

祖至夫人　正義曰哀十六年傳蒯聵告周公蒯聵得罪于君父君母謂母爲君母則祖母爲君祖母矣故云君祖母者諸侯祖母之稱也昭公成公之子襄公之孫故襄夫人是其祖母也　注襄夫至之師　正義曰周礼載師云以宅田士田賈田任近郊之地以官田牛田賞田牧田任遠郊之地以公邑之田任甸地以家邑之田任稍地以小都之田任縣地以大都之田任疆地凡任地近郊十一遠郊二十而三甸稍縣都皆无過十二彼從國都而出計遠近節級而別爲之名鄭玄引司馬法王国百里爲郊二百里爲州甸三百里爲野稍四百里爲縣五百里爲都諸侯之与天子竟雖不同亦當近國爲郊々外爲甸天子之甸爲公邑之田則諸侯之甸亦公邑也師甸者甸地之師當是公邑之大夫也独言師甸无以相明故舉郊言之云郊甸之師其實正是甸地之師非郊地之師也　注始例至君罪　正義曰宣四年傳例曰凡弑君稱君々无道也稱臣々之罪也彼是弑君大例經下注者例在宣四年指彼例也彼雖在此之後乃是例之初始故謂彼爲始例彼因歸生弑君而發傳

例是始例發於臣之罪也此稱宋人弒其君文異於彼故重明君罪謂与彼例為重也釋例曰鄭灵宋昭文異而例同重發以同之

十七年注自閔至故也　正義曰釋例班序譜自隱至莊十四年四十三歲衛与陳凡四會衛在陳上莊十五年盡僖十七年三十五歲凡八會陳在衛上莊十六年幽盟之下注云齊桓始霸楚亦始強陳侯介於二大国之間而為三恪之客故齊桓因而進之遂班在衛上終於春秋但齊桓升陳於衛上乃在莊之中年不得以莊為始故云自閔僖以下終於春秋陳侯常在衛上也今此大夫會伐宋貶之稱人而陳在衛下襄二十六年澶淵之會傳稱宋向戌後至退在鄭良霄之下此傳具歷序大夫之名不言公孫寧以後至被退成三年傳曰次国之上卿當大国之中卿中當其下下當其上大夫彼言大夫位有尊卑次序以之升降則公孫寧位非上卿故降在衛下也檢春秋上下亦有後至死傳而杜云後至者則秦小子憖是也案彼則公孫寧未必非後至但杜弘通兩解故云非上卿耳

注西當為北蓋經誤　正義曰經言西鄙傳言北鄙服虔以為再

来伐魯西鄙書北鄙不書諱仍見伐案經十五年秋齊人侵我西鄙冬齊侯侵我西鄙傳二十六年春齊人侵我西鄙又齊人伐我北鄙皆仍見侵伐書而不諱此何獨諱而不書凡言諱者諱國悪也齊侯无道而伐我〻非有悪而可諱何以諱其仍伐故知正是一叓經文誤耳知非傳誤者魯求与平即盟于穀〻是濟北穀城縣也穀在魯北知北鄙是也　注昭公至大赦　正義曰弑君称君〻又罪者欲以懲創人君使為鑒戒不書弑者之名以見君亦合死其君雖則合死要非臣所得弑故文公宜以弑君受討林父称人諸侯不厚責死者罪弑者所以督大教〻〻理尊君卑臣之教也　傳使執訊而与之書　正義曰使執訊使之行適晋也与之書与此執訊書令持以告宣子　注藏勑也　正義曰藏之為勑充正訓也先儒相傳為然賈服皆云藏勑也　一朝至于君　正義曰鄭穆公以僖三十三年即位晋襄公以文公元年卒十一朝于襄三年十一月也再見於君十四年七月往年八月也或者十四年七月寡君又朝勑成陳叓再見于君謂往年正月燭之武往朝夷八月寡君又朝

是也　孤之二三臣　正義曰礼諸侯与民[臣]言自謂寡人小国之
君自称曰孤臣与他国之人言称巳君為寡君此叚生對晋称巳
君而云寡君之二三臣昭十九年子產對晋人云寡君之二三臣
札瘥夭昏是其事也此言孤者蓋鄭伯身自對晋或自称孤叚生
因即以孤言其君也　注音所至假借　正義曰釋言云庇庥蔭
也舍人曰庇蔽也庥依止也郭璞曰今俗呼樹蔭為庥杜意言本
當作蔭古字音同皆相假借故傳作音言鹿死不択庇蔭之処喻
己不択所從之国歸强楚也服虔云鹿得美草呦〻相呼至於困
迫将死不暇復択善音急之至也刘炫従服説以為音声裡不択
音声而出之而難杜今知不然者以傳云鋌而走険急何能択言
走険論其依止之処以其怖急得険則停不能選択寬静庥蔭
之所傳文所論止言其出処所在不論音声好悪故杜不依服義
刘以為音声而規杜非也　注鋌疾走貌　正義曰鋌文連走故為
疾走貌　十八年注不称盗罪商人　正義曰弑君称臣臣之罪
賤臣弑君則称盗哀四年盗殺蔡侯申是也盗字当臣名之処以

賤不得書名變文謂之盜耳此弒商人者邴歜閻職亦應書盜不稱盜弒者罪商人令從弒君稱君之例也　注書二至爲介　正義曰鄉爲卿介則書使不書介僖二十六年公子遂如楚乞師書遂不書臧辰是其正也襄十四年季孫宿叔老並書之者晉人敬之自今以後晉人輕魯幣而益敬其使故特兩書之於法不應書也此傳稱惠公立故且拜葬是以兩事行非相爲介故並書之耳定六年季孫斯仲孫何忌如晉傳稱桓子獻鄭俘孟孫報夫人之幣亦以兩事行故並書之但彼非是同時受命經應各自爲文但以晉人輕之故不各自別書與此意少異也　注先君至之稱　正義曰齊公子商人弒其君舍以先君既葬故稱君也此亦先君既葬不稱君者魯人諱弒成君以未成君書之也子者葬前在喪之稱也若言猶在喪而自卒然諱之也釋例曰公子惡魯之正適嗣位免喪則魯君也襄仲倚齊而弒之國以爲諱故不稱君若言君之子也　注稱君之无道也　正義曰楚世子商臣弒君言世子此傳稱大子僕因國人以弒紀公不稱世子而稱君者以見君无道

傳言多紆无礼於国是其无道之狀十六年宋人弒其君杵臼稱
国又稱人此直云莒弒其君庶其不稱人者釋例曰劉賈許潁
以為君悪及国朝則稱国以弒君悪及国人則稱人以弒案傳鄭
灵宋昭經文異而例同故重發以同之子弒其父又嫌異於他臣
亦重明不異既不辟辯国之与人而傳云莒紀公多行无礼於国
大子僕因国人以弒之經但稱国不稱人知国之与人無言別而
事同也　傳注以卜事告龜　正義曰周礼大卜大祭祀則視高命龜
鄭玄云命龜告龜以所卜之事士喪礼卜葬命龜云哀子某来日某
卜葬其父某甫考降无有近悔如此之類是令龜之辭也令者告
令使知其意与命同也　襄仲至許之　正義曰悪是齊甥齊侯
許廢悪者悪以世適嗣立不愛齊恩宜以鄰分結国荷恩必厚齊
侯新立欲親魯為援故許之　注詐以子悪命　正義曰傳因殺
悪之下即云而立宣公其实宣公之立當在惠伯死後悪雖已死
未告外人故詐以子悪之命召惠伯使入公冉務人疑其宮内有
變譎非子悪之命故云入必死耳亦未是審知悪已死也如鷹鸇之逐

鳥雀　正義曰釋鳥云鷽来鳩郭璞曰来當為鶆字之誤耳左傳
作鶆鳩是也又云晨風鸇舍人曰晨風名鸇々摯鳥名郭璞曰鷂
屬也　先君至不忌　正義曰言制周礼曰作誓命曰謂制礼之
時有此語為此誓耳此非周礼之文亦无誓命之書在後作九刑
者記其誓命之言著於九刑之書耳德者得也自得於心々之所得
有悪有善欲知善悪以法觀之合法則為吉德不合法則為凶德
故曰則以觀德也既有善德乃已制断事宜故曰德以處事也既
為其事務求成功度量功勲必功成乃善故曰事以度功也民不
自治立君牧養作事成功所以養食下民故曰功以食民也其意
言在上位者必有法則乃為養民之主將言莒僕无可法則故言
此以張本也又作要信誓命以戒後人曰有人毀法則者是為賊
言其賊敗法也掩匿賊人是為藏言其藏罪人也竊人財賄謂之
為盜々人器用謂之為姦主為藏匿罪人之名恃賴姦人所盜之
為極大之凶德有常刑无赦其事在九刑之書不遺忘也以宣公
容納莒僕為主藏受其寶玉為賴姦故舉此以極諫也　注誓言

命至今亡　正義曰昭六年傳曰夏有亂政而作禹刑商有亂政而作湯刑周有亂政而作九刑三辟之興皆叔世也叔世謂衰世世衰民慢作嚴刑以督之稱其創制聖王以為所作之法夏作禹刑商作湯刑則周作九刑作周公之刑也此云周公作誓命其夏在九刑知自誓命以下皆九刑之書所載也謂之九刑必其諸法有九而九刑之名今亡不知九者何謂服虔云正刑一議刑八即引小司寇八議議親故賢能功貴勤賓之辟此八議者載於司寇之章周公已制之矣後世更作何所復加且所議八等之人就其所犯正刑議其可赦以否八者所議其刑一也安得謂之八刑杜知其不可故不解之　注高陽至苗裔　正義曰先儒旧說及譙周考史皆以顓頊帝嚳為帝之身號高陽高辛皆国氏土地之号高陽次少昊高辛次高陽堯兼高辛之後孔子之錄尚書自堯為始史籍之說皇帝其言不經大戴禮五帝德司馬遷五帝紀皆言顓頊帝嚳代別一人春秋緯命歷序顓頊傳九世帝嚳傳八世典籍散亡無以取信要二帝子孫至舜時始用必非帝之親子其八人者不

无知其出生本系伎派遠近故略言其苗裔耳　注此即咎陶字
正義曰司馬遷采帝系世本以為史記其夏本紀稱禹是顓頊之
後秦本紀稱皋陶是顓頊之後伯益則皋陶之子垂之所出史无
其文旧說相傳亦出顓頊故云此即垂益禹皋陶之倫服虔云
八人禹垂之屬也六年傳臧文仲聞六与蓼滅云皋陶庭堅不祀忽
諸知庭堅皋陶為一人其餘則不知誰為禹誰為益故云之倫之屬
不敢斥言也班固漢書有古今人表銓量古人為九等之差虽
知禹益必在八愷稷契必在八元不能識知其人不得自相分配故
八元八愷与皋陶禹稷並不出其名亦為不知故也鄭玄注論語
云皋陶為士師号曰庭堅杜云庭堅皋陶字者古人名之与字雖
得審知言字者明其是一人也　齊聖至八愷　正義曰此并序八
人總言其德或原其心或擬其行一字為一事其義亦更相通
齊者中也率心由道舉措皆中也聖者通也博達衆務庶事盡
通也廣者寬也器宇宏大度量寬弘也淵者深也知无周備思慮
深遠也明者達也曉解事務照見幽微也允者信也終始不愆

言行相副也篤者厚也忠性良謹交遊款密也誠者實也秉心純
直布行貞實也以其德行如是天下之民爲其美目謂之八愷々
和也言其和於物也孟子曰伊尹聖人之和者也　注齊中至和
也　正義曰齊中釋言文允信篤厚釋詁文愷訓爲樂々亦和也
深水淵之狀故淵爲深也　注此即至之倫　正義曰契後爲殷稷
後爲周史記殷周皆爲帝嚳之後也此言伯虎仲熊尚書有朱虎
熊羆二者其字相類知此即稷契朱虎熊羆之倫也尚書更有夔
龍之徒亦應有在元愷之內者但更無明證名字又殊不知與誰
爲一故不復言之史記稷契皆爲帝嚳之子而上句注云其苗裔
者史記堯亦帝嚳之子則稷契堯之親弟以堯之聖有大賢之弟
久而不知舜始舉用以情而測理必不然且云世濟其美其間必
應累世不容高辛之下即至其身馬遷傳聞於人未必盡得其實
世族譜取史記之說又從而說之云案鯀則舜之五世從祖父也
而及舜共爲堯臣堯則舜之三從高祖而妻其女此史記之疑者
然則以其不可悉信故言苗裔以該之　忠肅至八元　正義曰此

亦揔言其德於義亦得相通忠者與人无隱盡心奉上也肅者敬
也應機敏達臨事恪勤也共者治身克謹當官理治也懿者美也
保也精粹立行純厚也宣者徧也應受多方知思周徧也慈者愛
出於心恩被於物也惠者性多哀矜好拯窮匱也和者体度寬
簡物无乖爭也以其德行如是天下之民謂之八元元
善也言其善於事也論語曰善人爲邦百年亦可以勝殘去殺矣
注肅敬至善也　正義曰肅敬釋訓文懿美釋詁文宣徧釋言文
易文言曰元者善之長也　此十六族至其名　正義曰此十六人來
而謂之族者以其各有親屬故稱族也世濟其美後世承前世之
美不隕其名不隊前世之美名言其世有賢人積善而至其身也
劉炫云各有大功皆賜氏族故稱族　注后土至之官　正義曰
后訓君也天稱皇天故地稱后土舜典云伯禹作司空呂刑云禹
平水土則禹是主地之官故云主后土也　以揆至天成　正義
曰用禹爲主后土之官令以揆度百事々々无不揆度於是皆有
次序謂地平其化天成其施言有成功也　注揆度也成亦平也

正義曰揆度釋言文度百事者今之豫自籌度爲之數量法制事成則平其可否使之揔衆務也地平天成大禹謨之文孔安國云水土治曰平五行敘曰成釋詁云成平也是成亦爲平其義一也

注契作至之中　正義曰舜典云帝曰契百姓不親五品不遜汝作司徒敬敷五教在寬尚書契敷五教此云舉八元使布五教以此故知契在八元中也然則尚書禹作司空此云舉八愷使主后土以此亦知禹在八愷中也但不知八愷之中何者是禹八元之中何者是契耳主后土布五教是事之大者故舉以爲言非是各令八人共主一事故主土唯禹主教唯契餘者別有所主或助而爲之尚書稱益佐禹治水是其助之事也

父義至外成　正義曰一家之內父母兄弟子爲卑有五品父不義母不慈兄不友弟不共子不孝是五品不遜順也故使契爲司徒布五教於四方教父以義教母以慈教兄以友教弟以共教子以孝是之謂五教此五教可常行又謂之五典也諸夏夷狄皆從其教是爲內平外成所云五典克從即此內平外成之謂也

掩義至渾敦　正義曰掩蓋義

叓而不行隱蔽其外而張為賊害也其有凶醜之類職惡之物心頑而不則德義之經口嚚而不道忠信之言如此惡人不可与之親友者此不才子於是与之相附近相親密言惡人所褒与同己者也以其為惡如是故天下之民為之惡目謂之渾敦〃〃不開通之皃言其无所知也服虔用山海經以為驩兜人面馬喙渾敦亦為獸名 注醜亦至密也 正義曰醜亦惡也物亦類也指謂惡人等輩重復而言之耳比是相近也周是親密也雖是親愛之義施為善惡之名論語云君子周而不比小人比而不周以君子小人相對故鄭玄云忠信為周阿黨為比觀文為說也 注謂驩至之皃 正義曰此傳所言說虞書之叓彼云四罪謂共工驩兜三苗鯀也此傳四凶乃謂之渾敦窮奇檮杌饕餮檢其事以識其人堯典帝言共工之行云靖言庸違傳說窮奇之惡云靖譖庸回二文正同知窮奇是共工也堯典帝求賢人驩兜舉共工薦帝是与共工相比傳說渾敦之惡云醜類惡物是与比周知渾敦是驩兜也堯典帝言鯀行云咈哉方命圮族傳說檮杌之罪云告頑舍嚚

傲很明德是㖷戾圮族之狀且鯀是顓頊之後知檮杌是鯀也尚書无三苗罪狀既甄去三凶自然饕餮是三苗矣先儒盡然更无異說皆以行狀驗而知之也莊子稱南方之神為儵北方之神其名為忽中央之神其名為混沌々々无七竅儵忽為鑿之一日為一竅七日而混沌死混沌与渾敦字之異耳莊子雖則寓言要以无竅為混沌是渾敦為不開通之貌此四凶者渾敦檮杌以狀貌為之名窮奇饕餮以義理為之名古人之意自異耳服虔案神異經云檮杌狀似虎毫長二尺人面虎足豬牙尾長丈八尺能鬪不退饕餮獸名身如牛人面目在腋下食人　注少皞己黃帝　正義曰金天國號少皞身號譙周云金天氏能脩大皞之法故曰少皞也其次黃帝則昭十七年傳有其事　毀信至盛德　正義曰毀信者謂信不足行毀壞之也廢忠者謂忠為无益廢棄之也以惡言為善善崇脩飾之安於讒譖信用回邪常行讒慝々々為惡以誣罔盛德之賢人也天下之民謂之窮奇言其行窮困所好奇異也　注崇聚至人也　正義曰釋詁云崇充也舍人曰

威大充盛々大亦集聚之義故崇為聚也庸用靖安回邪慝惡常訓也服從是奉行之義也蒐索隱伏是蒐得為隱也服虔亦以蒐為隱々慝謂隱々為惡也成德謂成就之德故為賢人也定本成德為盛德　注謂共至好奇　正義曰孔安国云共工官稱也其人為此官故尚書舉其官也行惡終必窮故云其行窮也好惡言好讒慝是所好奇異於人也　注方以至除之　正義曰宣公不已去莒僕而行父能去之恐宣公以不去之為恥行父以去之為專史克方以宣公比堯行父比舜故言堯朝有四凶堯亦不能去須賢臣而除之所以雪宣公不去之恥解行父專擅之失也然則聖主莫過於堯任賢王政所急大聖之朝不才總萃雖曰帝其難之且後何其甚也此四凶之人才實中品雖行有不善未有大惡故已仕於聖世致位大官自非聖舜登庸大禹致力則陷天之害未或可平以舜禹之成功見此徒之多罪勳業既謝愆釁自生為聖所誅其咎益大且書史歎盛章舜德故罪惡於前人史克以宣公比堯同四凶於莒僕此等並非非下愚未有大惡其為不善唯帝所知尚

書時言求舜以見帝之知人此傳安慰宜公故言堯不能去辞各
有為情頗增甚学者或以意達文不可即以為実　注縉雲黄帝
帝時官名　正義曰昭十七年傳稱黄帝以雲名官故知縉雲黄
帝時官名字書縉赤繒也服虔云夏官為縉雲氏　貪賄　正義
曰鄭注周礼云金玉曰貨布帛曰賄　注貪財至為饕　正義曰
此无正文先儒賈服等相傳為然　注為堯臣　正義曰昭七年
傳稱王臣公々臣大夫謂王以公為臣公以大夫為臣皆是上臣
下也而此云舜臣堯禮為臣以事堯乃是下臣上也文同義異意是
相顧故辯之云為堯臣　注闢四門至衆賢　正義曰賓于四門是
礼賢之事而舜典下文云闢四門明四目達四聰言開闢四方之
门未開者廣視聴於四方使天下无壅塞亦是賓礼衆賢之事意
同於上故引以解之　注投棄至害者　正義曰投者擲去故為
棄也舜典云流共工于幽洲放驩兜于崇山竄三苗于三危殛鯀
于羽山四罪而天下咸服孔安国云幽洲北裔崇山南裔三危西
裔羽山東裔在海中是放之四方之遠處螭魅若欲害人則使此四

者當彼螭魅之災令代善人受害也宣三年傳王孫滿說九鼎云
鑄鼎象物百物而爲之備民入川澤山林不逢不若螭魅罔兩莫
能逢之知螭魅是山林異氣所生爲人害者也　故虞人也正
義曰此虞書舜典之篇也三事六句舜典本文其云無違教也無
廢事也無凶人也是史克解虞書之意也每引一事以一句解之
故每事言曰　注史克至宜也　正義曰宣公貪寶玉而受莒僕
爲惑已大行父違君命而逐出之其事已甚故史克激揚而言舜
之事堯以譏宣公之惑以解行父之志方欲盛談善惡說事必當
增甚故其言美惡有大過之辭言美則大美言惡則大惡禹則鯀
之子也說禹則云世濟其美言鯀則云世濟其凶明其餘亦有大
過非其實也蓋事勢宜然耳何休以爲孔子云蕩蕩乎堯之爲
君唯天爲大唯堯則之今如左氏堯在位數十年久抑元愷而不
能舉養育凶人以爲民害而不能去則孔子稱堯虛言也桀紂爲
惡一世則誅四凶歷數千歲而無誅放易云積不善之家必有餘
殃虛言也左氏爲短但堯之爲君能舉十六相去四凶々々之人

未必世濟其惡但史克欲明行父之志欲辯宣公之惑故美惡過辭具於此注何休之難不足疑也　注樂呂戴公魚〻繇　正義曰世本云戴公生樂甫術〻生碩甫澤〻生夷父須〻生大司寇呂令云魚〻繇瑕也

春秋正義卷第十五

計一万七千九百三十一字

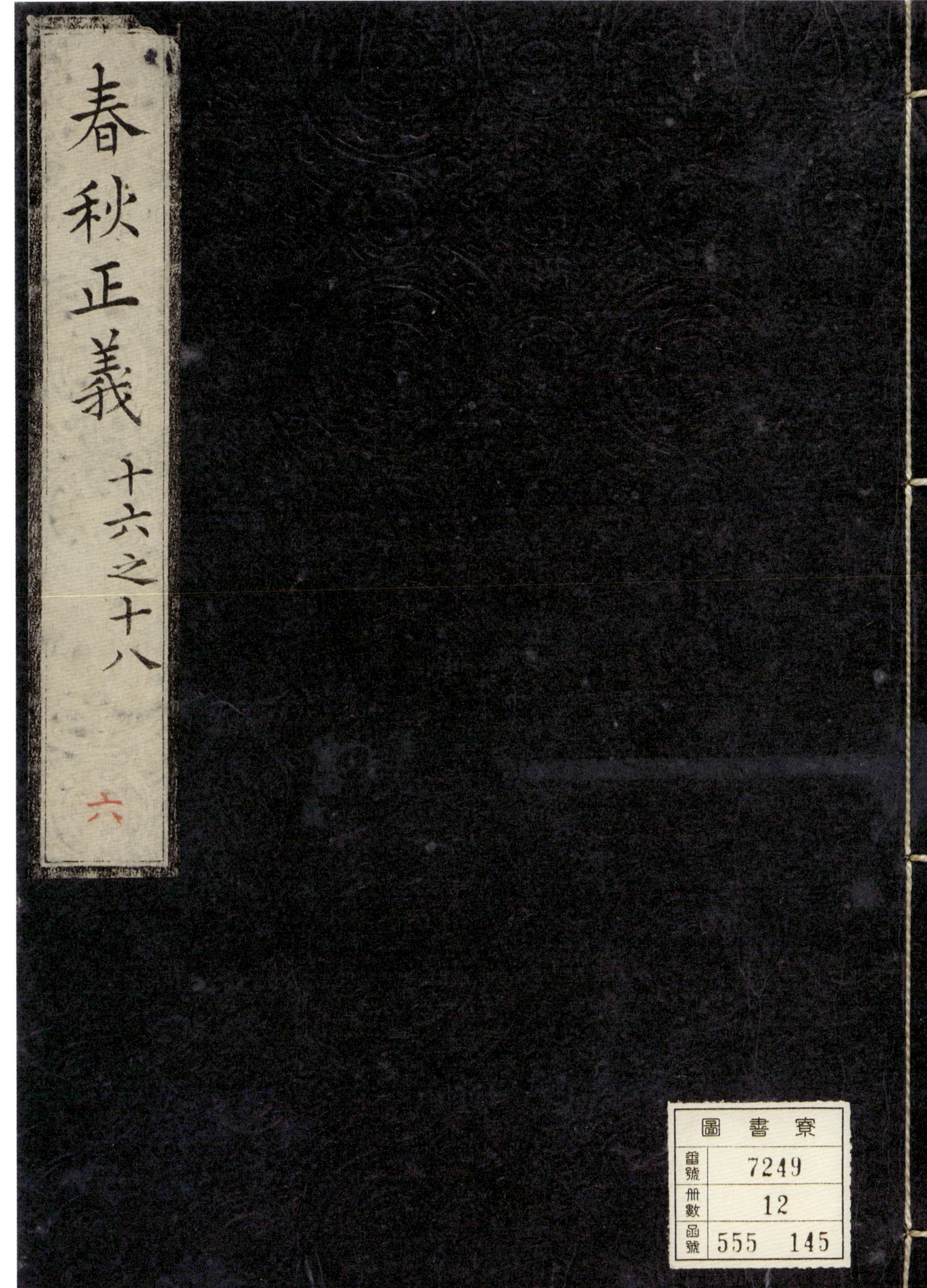

春秋正義 十六之十八
六
圖書寮
番號 7249
冊數 12
函號 555 145

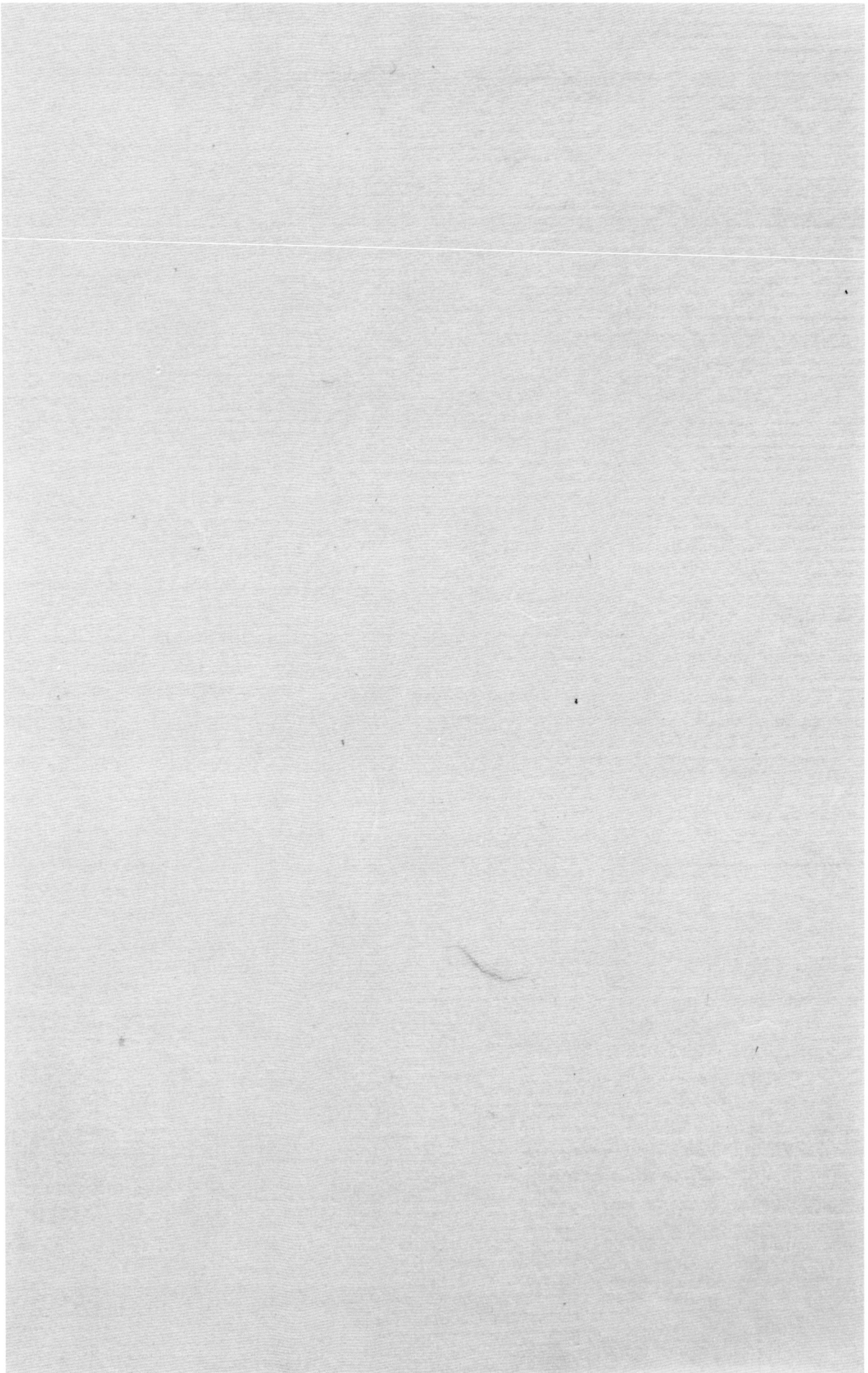

春秋正義卷第十六　宣公

國子祭酒上護軍曲阜縣開國子臣孔穎達等奉

勅撰

正義曰魯世家云宣公名倭或作接文公之子敬嬴所生以匡王五年即位是歲〻在壽星謚法善問周達曰宣　元年注不諱礼四年　正義曰文公喪未期此時已娶違礼不諱者此定甚惡言不待貶責而其惡自明也昭元年公羊傳曰春秋不待貶絶而罪惡見者不貶絶以見罪惡貶絶然後罪惡見者貶絶以見罪惡是其義也文四年逆婦姜于齊傳云卿不行非礼也是卿爲君逆之例也　注稱婦礼闕文　正義曰宣公母敬嬴在是有姑也夫人以姜爲姓舉姓而稱姜氏去氏稱姜則不成文義知不稱氏者史闕文也傳言新作延廄而經无作字是作傳之時經猶未闕於後經始闕耳此文傳亦无氏知是本史先闕故云史闕文而不云經闕文也史文既闕仲尼不正之者以无所襃貶故因其詳略也諸經所闕者或史文先闕仲尼不改或仲尼具文在後始闕

公羊穀梁漢初始為其傳見其闕文妄為之說非其實也公羊傳
曰夫人何以不稱姜氏貶曷為貶譏喪娶者公也則曷為貶
夫人內无貶于公之道內无貶于公之道則曷為貶夫人々々与公
一体也穀梁之意亦然先儒取以為說服虔云古者一礼不備貞
女不從故詩云雖速我訟亦不女從宣公既以喪娶夫人從亦非
礼故不稱氏見略賤之也杜不然者女之出嫁由父母夫來取
之父母許之豈得問礼是否拒逆昏姻之命從夫喪娶父母之咎
自可罪其父母何以貶責夫人若其貶責夫人苟去夫人之号滅
一氏字復何所明夫人之称姜氏猶遂之称公子也舍遂之族而
去子称公可乎亦知遂不可去子称公夫人復安可以去氏称姜
也逆婦姜于齊以卿不行變文略賤此經貶遂不稱公子以成夫
人之喬非略賤之變也詩責強暴之男行不由礼陳其爭訟之
辞述其守貞之意此豈是宣公淫掠而致令齊女守貞哉
注放者至以遠　正義曰舜典云流宥五刑孔安国云流放之法
寬五刑是放者有罪當刑而不忍刑之寬其罪而放棄之也三

諫不從待放而去者彼雖无罪君不用其言任令自去亦是放棄之義放之与奔俱是去国而去情小異釈例曰奔者迫窘而去逃死四隣不以礼出也放者受罪黜免宥之以遠也臣之事君三諫不從有待放之礼故傳曰義則進否則奉身而退迫窘而出奔及以礼見放俱去其国故傳通以違為文仲尼修春秋又以所称為優劣也言優劣者放者君舍其罪緩歩而出是其優也奢者止則懼死奔馳而去是其劣也昭八年楚人執陳公子招放之于越哀三年蔡人放其大夫公孫獵于呉与此胥甲父等皆甘心受罪黜其宮位宥之以適遠方是実放而書放也襄二十九年傳称齊公孫蠆公孫竈放其大夫高止於北燕書曰出奔罪高止也高止好以事自為功且專故難及之彼罪高止故実放而書奔也然則文十四年傳称宋高哀不義宋公而出遂来奔高哀亦罪亦改放而書奔者放者緣遣者之意為義奔者指去国之人立文擬其所往之処皆是從外来耳高哀身来至魯自魯而称来奔不書宋人之意故不得言放此乃外内之文異耳叛者以地適他称叛入魯則称来奔

亦此之類也　注傳言至蓋闕　正義曰陳宋俱被楚侵明其並救二國傳稱救陳宋而經云宋字故設疑云蓋闕也服虔云趙盾既救陳而楚師侵宋趙盾欲救宋而楚師解去案經傳皆言侵陳遂侵宋陳在宋南是先侵陳去陳乃侵宋也若趙盾越宋而南救陳猶及楚師北迴救宋安得不及楚也若言欲救宋而楚師解去則救陳之時楚師已向宋矣何以復救陳也蓋以陳既被侵方始告晉々人起師救陳楚又移師侵宋晉師比至於鄭楚師既已去矣故諸国會于棐林同共伐鄭棐林鄭地明晉始至鄭不得與楚相遇故竟無戰夏言救陳宋者皆是致其耳　注晉師至林鄉　正義曰晉本與師為救陳宋但楚師已去故四国之君往會晉師与共伐鄭言于棐林者行會礼然後伐柏十五年公會宋公衛侯陳侯于襄伐鄭亦行會礼乃伐与此同也晉師趙盾為將不言會趙盾而言晉師者取於兵會非好會言所會々其兵非會其人故称師案定八年公會晉師于瓦注云卿不會礼不敵公知比非為趙盾不敵公侯称師者沈氏云此會有宋公陳侯等猶成二年會

于罵有蔡許之君故知此非為趙盾不得敵諸侯但取於兵舍彼
会于瓦唯有公故知与此異耳　傳注諸侯致釈之　正義曰氏
者位尊乃賜是臣之寵号具名氏所以為君命言君命重故貴臣
行々人貴則君命尊也諸侯之卿出入称名氏者若宋花元衛元
咺之類是也如魯卿公孫敖喪服尚称氏明生帰亦然其服文意
如叔孫婼不称氏者各有所為与常例不同也会盟征伐具名氏
者皆是為君命也傳獨於此發者為其与逆文不同故於此釈之
釈例曰昬礼雖奉時君之命其言必称先君以為礼辞故公子翬
逆女傳曰脩先君之好公子遂逆女傳称曰為君命互發其義也
注遂不至備矣　正義曰公子亦是寵号其意与族相似魯臣有
罪則貶去其族々去則非卿今遂与夫人俱至物无两大人不並
為若從夫人者為則夫人卑矣故替其尊称舍從夫人者卑則夫
人尊矣釈例曰往必称族以示其重逆雖在塗必舍族以替之所
以成小君之尊是其義也成十四年叔孫僑如逆女及以夫人至
其文与此正同彼傳云称族為君命舍族尊夫人此傳不言称族

舍族者釋例曰傳云公子遂如齊逆女尊君命也遂以夫人婦姜至自齊尊夫人也叔孫僑如逆女則往曰稱族還曰舍族然則公子公孫繫公之常言非族也是言公子非族故與彼異文公子亦則非族稱舍亦與族同故其言爲君命爲夫人與彼亦不異也所以異者族必君賜乃稱之公子公孫繫公之常言不須待賜乃稱之耳　注胥甲至於險　正義曰案彼傳胥甲與趙穿同罪放胥甲而舍趙穿者於時趙盾爲政穿是晉君之壻或本罪輕於胥甲故得无咎　注篡立至位定　正義曰春秋之世王政不行諸侯自相推戴廢立不由天子篡弒而立則隣國討之若與之會則序之於列成其爲君諸侯既已爲會則臣子不得復討若其殺之則與弒君罪同宣公殺子惡而取國常畏魯人討已心不自安納賂請會故既與齊會而公位乃定成十五年戚之會討曹成公成公得列于會後曹人請于晉曰先君无乃有罪乎若有罪則君列諸會矣是列會則位定也　注文十至受賂　正義曰杜以傳言皆取賂而還必有二更乃得稱皆故指二扈之盟以充皆義

刘炫云案傳數晉罪近發宋弑昭公前扈之盟文所不及何爲虚指其叓言皆取賂炫謂宋及晉平取宋賂爲魯討齊取齊賂也案此言會諸侯于扈文蒙宋人之弑昭公下知非十七年會于扈既取宋賂又取齊賂而稱皆必爲十七年十五年二扈之盟者案十七年會于扈尋檢經傳全無爲魯討齊之叓豈得違背經傳妄指十七年乎但宋弑昭公其罪既大故先言之爲魯討齊其失小故後言之刘炫以傳文先後顛倒又以會于扈爲十七年之叓違背經傳而規杜非也取賂而還昏本或云取齊賂而還檢勘古本及杜注意並无齊字文十七年宋及晉平唯受宋賂十五年會扈受齊賂耳傳言皆者皆齊宋也故知皆取齊賂者非也　秦急崇正義曰崇是秦之与国故秦人急於援崇　二年宋華至生師師正義曰此花元敗生及哀二年趙鞅罡違客主各言師師者皆是將爲師衆故並具其文或於敗生之下无師師之字脫耳注得大邑縣南　正義曰此獲花元生也哀十一年獲齊国書死也以此知生死皆曰獲昭二十三年傳云昏曰胡子髡沈子逞滅獲陳夏

盡君臣之辭也傳言書曰是仲尼變例也　注鄭為至稱人　正義曰諸經貶諸侯之卿稱人者傳皆言其名氏此傳唯稱趙盾及諸侯之師侵鄭諸侯之將不言名氏則實是微者非貶之也趙盾畏楚而還故貶之稱人釋例曰鄭受楚命伐宋大敗宋師獲其二卿此晉之不競也晉於是申命衆國大起其兵將以雪宋之恥取威定霸趙盾為政而畏越椒之盛不敢遂其所志託辭班師失宋之心孤諸侯之望所以致貶也　注靈公至四年　正義曰釋例曰經書趙盾弒君而傳云靈公不君又以明於例此弒宜稱君也弒非趙盾而經不變文者以示良史之意深責執政之臣傳故特見仲尼曰越竟乃免明盾亦應受罪也雖原其本心而春秋不赦其罪蓋為教之遠防　傳君子至戮也　正義曰軍法以殺敵為上將軍臨戰必三令五申之狂狡失即戎之禮違元帥之命曲法以拯鄭人宜其為禽也昭明也兵戎之事明此果毅以聽之之謂禮也殺敵人是名為果言也果敢以除賊致此果敢乃名為毅言也彊毅以立功易之戮也反易此道則合刑戮也昭謂明曉此禮

致謂達之於敵毅強也已致用此意乃為強人言在軍對敵必須
殺也尚書成湯數桀之罪以誓言衆云尒尚輔予一人致天之罰予
其大賚汝尒不從誓言予則孥戮汝武王數紂之罪以誓衆云勗
哉夫子尚桓々如虎如貔如熊如羆于商郊尒所不勗其于尒躬
有戮二王以至聖伐至惡尚誓衆使多殺是軍法務在多殺々敵
乃為礼也公羊善宋襄公不鼓不成列以為文王之戰亦不過此
武王之戰既知不然文王之戰豈當若是審如公羊之言文王未
曉戰法其不忘身定天下豈為此乎　注疇昔猶前日也　正義曰
礼記檀弓云孔子謂子貢曰吾疇昔之夜夢坐奠於兩楹之間鄭
玄云疇昔猶前日也是相傳為然　注畫馬為文　正義曰謂文
飾雕畫之若朱其尾鬣之類也　見叔至來奔　正義曰叔牂卑
賤故得先歸華元見而安慰之曰往奔入鄭軍者子之馬自然非
子之罪叔牂自知前言已彰不敢隱諱乃對元曰非馬也其人也
言是已為之叔牂既答華元而即來奔魯耳服虔載三説皆以子
之馬然為叔牂之語對曰以下為花元之辭賈逵云叔牂宋守門

大夫范元既見叔牂々謂范元曰子見獲於郑者是由子之馬使然也范元對曰非馬自奔也其人為之也謂羊斟驅入郑也奔走也言宋人贖我之夏既和合而我即来奔耳郑衆云叔牂即羊也也在先得歸范元見叔牂々即誣之曰奔入郑軍者子之馬然也非我也范元對曰非馬也其人也言是女驅之耳叔牂既与范元合語而即来奔魯文一說叔牂宋人見宋以馬贖范元謂元以贖得歸謂元曰子之得来當以馬贖故然范元曰非馬也其人也言已不由馬贖自以人夏来耳贖夏既合而我即来奔杜以傳文見叔牂而即言曰則曰下皆當為范元之語不得為叔牂之辝旦以范元与賤人交語而称對曰謂歸國而言来奔皆於文不順又羊斟与叔牂當是名字相配故不從三家而别為之說衆郑氏来奔為奔魯耳合是聚合言語故云合猶荅也　注植將主也　正義曰周礼大司馬大役屬其植郑司農云植謂部曲將吏故宋城華元為植巡功是植謂將領主帥監作者也巡功謂巡城撿作功也注睅出目皤大腹　正義曰說文云睅大目也目大則出見故云

出目也皤是腹之狀腹以大為異故為大腹也　注于思多鬚之
皃　正義曰賈逵以為白頭皃成十五年花元為右師距此三十
二年計未得頭白故杜以為多鬚皃亦是以意言之耳　犀兕尚
多　正義曰釋獸云犀似豕郭璞曰形似水牛豬頭大腹庳脚脚
有三蹄黑色三角一在頂上一在額上一在鼻上鼻上者食角也
小而不橢好食棘亦有一角者劉歆期交州記曰犀出九德毛如
豕蹄有甲頭似馬吳錄地理志云武陵阮南縣以南皆有犀釋獸
云兕似牛郭璞云一角青色重千斤說文云兕如野牛青毛其皮
堅厚可制鎧交州記曰兕出九德有一角角長三尺餘形如馬鞭
柄徧檢昏傳犀兕二獸並出南方非宋所有假令波及宋国必不
已多言尚多者尚以為謳者耳　宰夫胹熊蹯　正義曰字昏云
孰曰胹今此宰夫胹熊蹯其蹯不孰以其違命故殺之
注畚以乙筥屬　正義曰周礼挈壺氏挈畚以令軍糧鄭衆云縣
畚于廩假之處畚所以盛糧之器故以畚表廩說文云畚蒲器可
以盛糧韓詩外傳云鮑焦挈畚采蔬遇子貢於道是畚可以盛糧

盛葉以草索為之今人猶有此器形制似笞故為笞屬也朝以示人令衆懼也　將諫乃繼之　正義曰言二人將欲相隨入諫士季謂盾曰子是晉卿令與子俱諫而不入則莫之亡繼續為諫會是卑卿請先往諫不入則子繼之　三進及溜　正義曰溜謂簷下水溜之處入門伏而不省起而更進三進而及於君之屋溜言迫於公之前也　趨登曰非禮　正義曰此言飲趙盾酒是小飲酒耳非正燕禮燕禮獻酬之後方脫屨升堂行無筭爵非止三爵而已其侍君小飲則三爵而退玉藻云君子之飲酒也受一爵而色洒如也二爵而言言斯禮已三爵而油油以退鄭玄云禮飲過三爵則敬殺可以去矣是三爵禮訖自當退也提彌明言此之時未必已過三爵假此辭以悟趙盾耳　遂扶至獒焉　正義曰服虔本扶作跣注云趙盾徒跣而下走禮脫屨而升堂降階乃納屨堂上無屨跣則是常何須云遂跣而下且遂者因上生下之言提彌明言訖而遂不得為趙盾遂也杜本作扶言扶盾下階也服虔云嗾㖩也夫語辭獒犬名公乃㖩夫獒使之噬盾也釋畜云狗四尺

爲獒是大犬之名以其使之嗾盾故云獒猛犬也　注宦学也
正義曰曲礼云宦学事師則二者俱是学也但宦者学仕宦学者
尋經藝以此爲異耳　注箪笥也　正義曰鄭玄曲礼注云圓曰
箪方曰笥然則俱是竹器方圓異名耳故以箪爲笥鄭玄論語注
亦云箪笥也　注穿趙至弟子　正義曰晋語云趙衰趙夙之弟
世族譜盾是衰子穿是夙孫是穿爲盾之従父昆弟之子也　注越
夙爲衰祖穿爲夙之曽孫世本轉寫多誤其本未必然也
竟至討賊　正義曰哀八年傳公山不狃云君子違不適讎國未
臣而有伐之奔命死之可也注云未臣所適之国則可以奔命
死其難如彼傳文亡則出奔臣義未絕此注云越竟則君臣之義
絕者以仲尼云越竟乃免出竟則免責明其義已絕也襄三十年
鄭人殺良霄傳曰不称大夫言自外入也去国不称大夫是爲義
絕之驗且受君之命乃得爲臣令君欲殺已逃奔他国君之於臣
既已絕矣臣之於君豈无絕乎董狐云子爲正卿反不討賊明其
威足討賊卿位猶在故責之耳我以君寵得爲国卿杖君之威故

群下用命亦既失位出奔国人不復畏我国内自有賊乱非我所
忌禁之故越竟得免由義絶故也不狃之言謂已以他故出奔非
是君欲殺已閔其宗国宜还救之昭二十一年宋公子城以晋師
救宋是其夏也襄二十七年傳曰崔氏之乱申鮮虞来奔僕賃於
野以喪莊公彼是公之寵臣去国而行君服豈複責无罪而將見
殺逃竄而得免死者皆令反服君乎礼檀弓曰穆公問於子思曰
為舊君反服古与子思曰古之君子進人以礼退人以礼故有舊君反
服之礼也今之君子進人若將加諸膝退人若將隊諸淵毋為戎
首不亦善乎又何反服之礼之有是言去国無月本情有異不可
以一槩論也　注黒臀晋文公子　正義曰周語單襄公云吾聞成
公之生也其母夢神規其臀以黒曰使有晋国故命之曰黒臀晋
世家成公者文公少子其母周女也　初麗至公子　正義曰服
虔云麗姬与獻公及諸大夫詛无畜群公子欲令其二子專国社
無不注義似不然若麗姬身在此詛姬死即應復常何得比至於
今国无公族豈復文襄之覇遂踵麗姬法乎蓋為奚齊卓子以廢

篡適晉國創其為亂不用後畜公子案檢傳文及國語文公之子
雍在秦樂在陳黑臀在周襄公之孫談在周則是晉之公子悉皆
出在他國是其因行而不改成公令始革之故傳本其初也則是
國内因麗姬之亂乃設此詛非麗姬自為詛也若麗姬為詛不須
言麗姬之亂以言之亂知其創麗姬也自此之後無立公族而顯
者亦少唯有悼公之世揚干悼公之子慭二人名見於傳昭十八
年鄭人救火子産辟晉公子公孫於東門以外更无其人良由偏
於六卿不被任用故耳　注无公至之官　正義曰不畜群公子
故无公族是公族之官掌教公之子弟也下注云餘子適子之母
弟亦治餘子之政餘子屬餘子之官則適子屬公族之官也孔晁
注國語云公族大夫掌公族及卿大夫子弟之官是卿之適子屬
公族也晉語云欒伯請公族悼公曰荀家惇惠荀會文敏黶也果
敢无忌恃靖使茲四人者為之膏粱之性難正也故使惇惠者教
之文敏者道之果敢者諗之恃靖者脩之使茲四人者為公族大
夫是公族主教誨也　注餘子至之政　正義曰下庶子為妾子

知餘子則是適子之母弟也言亦為餘子則知餘子之官亦治餘子之政令主教卿大夫適妻之次子也下云庶子為公行掌率公之戎車則公行不教庶子然則卿大夫之妾子亦是餘子之官教之矣　注庶子至戎行　正義曰下句趙盾自以為庶為旄車之族則旄車之族即公行也掌車而謂之公行知其掌率公戎車之行列也　晉於至公行　正義曰此晉有公族餘子公行詩魏風有公族公路公行其公族公行既同公路似此餘子但餘子不主路車公路非餘子也蓋与公行為一以其主君路車謂之公路主車行列謂之公行其實正是一官詩人變文以韻句耳周礼无此三官之名夏官有諸子下大夫二人掌國子之倅是与公族同也春官有巾車下大夫二人掌王之五路是与公行同也无餘子同者天子諸侯礼異耳　注旄車至旄車　正義曰王公車行列謂之公行車皆建旄謂之旄車之族詩云孑孑干旄又曰建旐設旄是公車必建旄也周礼主車之官謂之巾車巾者衣也主衣飾之車謂之巾車此掌建旄之車謂之旄車之族省本卿之適子其子

世兼正適當為公族使辟屏季故更為旄車之族自以身為妾子故使其子為妾子之官知非盾身自為旄車之族而云使其子去旄車之族賤官耳盾身既為正卿无容退掌賤職六年經稱晉趙盾衛孫免侵陳仍看於經非身退位故知使其子耳原同長而使趙括者疏氏云以其君姬氏之愛子故使之非正適也　注盾以正之適　正義曰旄即屬也故官屬者父時旧官屬也將父時官屬盡与屏季使季為襄之正適也盾之此意欲令身死之後使屏季兼其父後為趙氏宗主但晉人以盾之忠更使其子朔兼盾後耳三年注再与文同盟　正義曰蘭以僖三十三年即位文二年盟于垂隴七年于扈十四年于新城魯鄭俱在當言三同盟而云再者以扈之盟經文不序諸侯故不數列炫規之非也　傳注言牛至而祭正義曰案經牛死在正月郊當用三月其間足得養牛々雖一傷一死當更改卜取其吉者郊天之礼不可廢也牛死而遂不郊故為非礼也不郊非礼則於礼得郊礼諸侯為天子斬衰天王崩未葬而得郊者不以王事廢天事也引曾子問者舉輕以明重也初

死以至於殯啓殯以至反哭於此之間五祀之不行耳既殯之後啓殯以前五祀之祭猶尚不廢郊天必不廢矣故鄭注云郊社亦然王制云喪三年不祭唯祭天地社稷為越紼而行事鄭玄云不敢以卑廢尊紼輴車索礼天子殯於西序欑輴車而塗之繫紼以備火災言越紼而行事是在殯得祭也案曾子問既殯而祭其祭也尸入三飯不侑酳不酢而已矣謂尸唯三飯祝不侑勸其食〻罷主人酌酒酳尸〻不酢主人曾子問又云已葬而祭祝畢獻而已謂尸飯而侑勸訖酳尸〻酢主人〻酢訖又布祝席祝坐主人酌酒以獻祝獻畢而止故鄭注云既葬弥吉畢獻祝而後止是也鄭又注彼云天子七祀言五者関中言之案礼記祭法云王為群姓立七祀曰司命曰中霤曰国門曰国行曰泰厉曰戶曰竈王自為立七祀諸侯為国立五祀曰司命曰中霤曰国門曰国行曰公厉諸侯自為立五祀大夫立三祀曰族厉曰門曰行適士立二祀曰門曰行庶士庶人立一祀或立戶或立竈是其義也　注螭山至水神　正義曰螭山神獸形魅怪物先儒相傳為魑魅魯語仲尼云木石之怪夔罔兩水之

恠竜罔象則罔兩是木石之神社以為水神者曾語賈逵注云
罔兩罔象言有夔竜之形而无實体然則罔兩罔象皆是虛无当
揔彼之意非神名也上句言山林川沢則螭魅罔兩四神文十八
年注螭魅山林異氣所生螭魅既為山林之神則罔兩宜為川沢
之神故以為水神也　注載祀皆年　正義曰釈天云唐虞曰載
商曰祀周曰年孫炎云載取物終更始祀取四時祭祀一訖年取
年穀一熟是載祀皆年之別名穀言之耳律歷志云商三十一王
六百二十九年　卜世卅七百　正義曰律歷志云周三十六王
八百六十七年已卜数也　夢天使与已蘭　正義曰夢言天者
皆非天也此既言天使与已蘭即云余為伯鯈々即非天也伯鯈不
得自称為天々不得变為伯鯈明是夢者恍惚之言耳成五年
晋趙嬰夢天使謂已祭余々福女上天之神聰明正直寧当就謡
乱之人降福以求食乎昭四年叔孫穆子夢天壓已弗勝号呉牛
助而勝之若是上天之神寧当与呉牛争力而不勝也明皆恍惚
之言或別有邪神夢者不識而妄称天耳　朝于楚　正義曰諸

侯大子攝行父事稱朝此公子士非大子亦稱朝者以大子稱朝故傳亦通言之其實合稱聘耳　四年傳注身二指　正義曰大射禮云右巨指鉤弦鄭玄云右巨指右手大擘也又曰設決朱極三鄭玄云極猶放也所以韜指利放弦也以朱韋為之三者食指將指无名指小指短不用然則手之五指之名曰巨指食指將指无名指小指也定十四年傳闔閭傷將指取其一屨注云其足大指見斬遂失屨謂大指為將指者言其將領諸指也足之用力大指為多手之取物中指最長故足以大指為將指手以中指為將指其食指者食所偏用服虔云俗所謂啑鹽指也　黿　正義曰說文云黿大鼈也玄中要記曰千歲之黿能與人語　凡弑君之罪　正義曰晉語云趙宣子曰大者天地其次君臣則君臣之交猶父子也君无可弑之理而云弑君稱君君无道者弑君之人固為大罪欲見君之无道罪亦合弑所以懲創將來之君兩見其義非赦弑君之人以弑之為无罪也釋例曰天生民而樹之君使司牧之群物所以繫命故戴之如天親之如父母仰之如日月

畏之如神明其或愛雪霜之嚴雷電之威則奉身歸命有死无貳
故傳曰君天也天可逃乎此人臣所執之常也然本无父子自然
之恩未无家人習翫之愛高下之隔縣殊壅塞之否万端是以居
上者降心以察下表誠以感之然後上下相親也若亢高自肆群下
絕望情義圮隔是謂路人非君臣也人心苟離則位號雖存无以
自固故傳例曰凡弑君稱君君无道稱臣臣之罪稱君者唯書君
名而稱國稱人以弑言衆之所共絕也稱臣者謂書弑者主名以
垂來世終為不義而不可赦也然君雖不君臣不可以不臣故宋
昭之惡罪及國人晉荀林父討宋曰何故弑君猶立文公而還深
見貶削懷諸賊亂以為心者國不容於誅也若鄭之歸生齊之陳
乞楚之公子比雖本无其心春秋之義亦同大罪是以君子慎哉
以立也諸侯不受先君之命而篡弑立得與諸侯會者則以成君書
之齊商人蔡侯班之屬是也若未得接於諸侯則不稱爵楚公子
棄疾殺公子比蔡人殺陳佗齊人殺无知衛人殺州吁公子瑕之
屬是也諸侯篡弑立雖以會諸侯為正此列國之制也至於國內策

名委質即君臣之分已定故殺不成君者亦与成君同義傳曰會
于平州以定公位又云若有罪則君列諸會矣此以會為斷也經
晉趙盾弑君而傳云靈公不君又以明於例此弑宜称君也弑非
趙盾而經不變文者以示良史之意深責執政之臣傳特見仲尼
曰越竟乃免明盾亦應受罪也醫不三世不服其藥古之慎戒也
人子之孝當盡心嘗禱而已藥物之齊非所習也許止身為國嗣
國非無醫而輕果進藥故罪同於弑二者雖原其本心而春秋不
赦蓋為教之遠防也楚靈無道於民於例當称国以弑公子比首
兵自立楚衆散叛而靈王縊死故以比為弑主也比既得国々人
驚亂棄疾從而扇之比懼自殺皆棄疾之由故書公子棄疾殺公
子比也左氏義例止此而已其餘小異皆從赴也劉賈許穎以為
君惡及国朝則称国以弑君惡及国人則称人以弑案傳鄭靈宋
昭經文異而例同故重發以同之子弑其父又嫌異於他臣亦重
明其不異既不辨別国之与人而傳云莒紀公多行无礼於国大
子僕因国人以弑之經但称国不称人知国之与人雖言別而更

一也杜言小異從赴者宋之蒙澤楚之乾谿俱是國內而弒捷不
昏蒙澤齊商人衛州吁俱是公子而州吁不稱公子諸如此類亦皆
有不同皆從赴也此弒君之例有君罪臣罪之異而諸侯出奔皆
不書逐君之人以罪臣者以君之見弒未必皆為無道故立臣罪
之文以見君有無罪死者國君而被臣逐悉是不能固位其罪皆
在於君故杜諸侯出奔例云諸侯奔者皆迫逐而苟免非自出也
仲尼之經更沒逐者主名以自奔為文者責其不能自安自固所
犯非徒所逐之臣也蔡侯朱雖無罪擬其失位出奔亦其咎也是
說逐君無罪臣之文意也　注漳澨漳水邊　正義曰釋例云漳
水出新城沶鄉縣南至荊山東南經襄陽南郡當陽縣入沮爾雅
水邊之名唯有崖岸滸其以澨為水邊者但此云漳澨成十五年
云決睢澨睢漳皆水名舉水名而言澨知澨是水邊也
著於丁寧　正義曰車上不得置簨虡以縣鼓故為作跗若殷之
楹鼓也言著於丁寧則丁寧是器晉語云伐備鍾鼓聲其罪也
戰以淳于丁寧儆其民也是丁寧戰之用也周禮鼓人以金錞和

鼓鄭玄云鐲錞于也其形圜如碓頭以金鐲節鼓鄭玄云鐲鉦也形如小鐘軍行鳴之以為鼓節是鐲即錞于鐲即丁寧故先儒皆以鐲為鉦之别名丁寧即鉦也　注兵車至之蓋　正義曰服虔云笠轂々之蓋如笠所以蔽轂上以禦矢也一曰車轂上鐵也或曰兵車旁幔輪謂之笠轂杜以彼為不安故改之而為此說亦是以意而言差於人情為允耳　王使至是矣　正義曰此是強軍人之心耳息有此矣々苟有法不得其人學作唯三而已是射中王車由射之工不由矢善若其由矢王國猶有一矢何不一發以取越椒　注易其名　正義曰言越椒之亂合誅絕其族今更存立故命曰生言應死而重生　五年注高固至諸侯　正義曰依五年公孫茲如牟注云娶於牟也卿非君命不越竟故奉公命聘於牟因自為逆然則此高固亦是因來聘而自逆也經書公孫茲如牟是以聘為文此高固以逆為文不言聘者此二者皆以非君之命不得越竟請君行聘而因自逆妻本意為逆不為聘也從魯而出私娶輕而君命重故書聘不書逆自外而來則娶女重而受

聘輕故書逆不書聘内外之異文耳諸侯嫁女於大夫則使大夫為之主而書於經者以礼為尊卑不敵故使大夫為主耳其女適他族以先公遺体許人必告於廟故書之耳嫁於諸侯者皆書其帰此不書帰者差降於諸侯也非齊夫人不得言帰于齊若言帰于齊高氏則下嫁於大夫非公之敵故不得書其帰也注叔姫寧固反馬　正義曰傳言來反馬也擬高固為文耳嫌叔姫亦為反馬故辯之二者各有所為而相随行耳女既適人當稱夫族宗蕩伯姫是其事也叔姫已適高氏而猶言子叔姫者以其新帰於夫反馬乃成為婦今始來反馬故以父母之辞言之　傳注公既至示過　正義曰凡公行還告至者雖反无咎喜之而告廟也公如齊見止求与高固為昏方始得帰當以恥而不告亦復告廟飲至故依常書之以示過釈例曰凡反行飲至必以嘉會昭告祖祢有功則舍爵策勳無勳无勞告事而已若夫執止之辱厭尊毀列所以累其先君忝其社稷故當克躬罪己不以嘉礼自終宣公如齊既已見止連昏於隣國之臣而行飲至之礼故傳曰書過也言君

已者書之以示公已也　注適諸至明之　正義曰俱是外來逆女適諸侯諸侯遣臣來逆則称逆女紀裂繻來逆女是也適大夫〻〻自來逆則称所逆之字此高固來逆也二文不同所以別尊卑也傳言卿自逆者別其与君逆也莊二十七年莒慶來逆叔姬文与此同不於彼發例者嫌此高固見逼而成昏与常例或異故因此以明其不異也　注礼送至示譏　正義曰礼送女適於夫氏留其所送之馬謙不敢自安於夫若被出棄則將乘之以歸故留之也至三月廟見夫婦之情既固則夫家遣使反其所留之馬以示与之偕老不復歸也法當遣使不合親行高固因叔姬歸寧遂親自反馬与之俱來故經傳具見其事以示譏也儀礼昏礼者士之礼也其礼無反馬故何休據之作膏肓以難左氏言礼無反馬之法鄭玄答之曰冠義云無大夫冠礼而有其昏礼則昏礼者天子諸侯大夫皆異也士昏礼云主人爵弁纁裳緇衣乘墨車從車二乘婦車亦如之此婦車出於夫家則士妻始嫁乘夫家之車也詩鵲巢云之子于歸百兩御之又曰之子于歸百兩將

之將送也國君之禮夫人始嫁自乘其家之車也則天子諸侯嫁
女留其乘車可知也高固大夫也來反馬則大夫亦留其車也禮
雖散亡以詩之義論之大夫以上其嫁皆有留車反馬之禮留車
妻之道也反馬壻之義也高固以秋九月來逆叔姬冬來反馬則
婦入三月祭行乃反馬禮也是説禮有反馬之法唯高固不宜親
行耳杜言三月廟見謂无舅姑者士昏禮婦至其夕成昏質明贊
見婦於舅姑若舅姑既没則婦入三月乃奠菜鄭玄云奠菜者祭
菜也又記曰婦入三月然後祭行鄭玄云謂助祭也曾子問篇稱
孔子曰三月而廟見稱來婦也擇日而祭於禰成婦之義也鄭
玄云謂舅姑没者也是舅姑没者以三月而祭因以三月爲反馬
之節舅姑存者亦當以三月反馬也士昏禮又稱若不親迎則婦
入三月然後壻見於妻之父母此高固親迎則不須更見故説云
親反馬也案杜注經云叔姬寧固反馬傳唯舉反馬不言寧者以
寧是常事唯反馬非禮故傳舉其非禮者　六年傳注殪盡也習
也　正義曰釋詁云貫習也殪死也言其死盡故以殪爲盡盈其

君者杜以為盈滿其心使君習來伐到紂 云案尚書泰誓武王數紂之惡云商罪貫盈言紂之為惡如物在繩索之貫不得為習也今知不然者以詩稱射則貫兮先儒亦以為習故杜用其義得兩通則直以尚書之文而規杜過恐非也周書曰殪戎殷 正義曰如杜所注我訓為兵謂以兵伐殷而殪盡也殪字宜在下以周書本文故其字在上 注豐上至滅亡 正義曰豐卦震上離下震為動離為明動而益明豐大之義豐卦上六變而為純離之卦故為豐之離也杜以筮得此卦爻變而為彼卦可言遇觀之否遇坤之比耳此直口語不是揲蓍而亦言豐之離者周易論變為義故雖不筮論易者必以變言其義故言豐之離也杜又解豐上六爻不覿凶皆周易之文也王弼以為上六以陰處極而最在外不履於位深自幽隱絕跡深藏者也蔀者覆鄣之物也豐大其屋又鄣蔽其家闚之甚也以甚闇而處大屋不已久享其利其屋雖大甚室將空故闚其戶而闃然无人也經三歲而不能顯見則凶伯廖引此者義取無德而居乃屋不過三歲必滅亡 七年衛侯

而來盟　正義曰文二年晉人以公不朝使陽處父盟公以恥之書曰及晉處父盟去其族以厭恥也然則公与大夫對盟則為恥辱此良夫來盟其貶責者彼公親朝晉々侯不与公盟故遣大夫敵公是為恥辱此不貶責者其君不得親來遣臣來与公盟不對彼君非為恥也　傳凡師出曰會　正義曰釋例曰与謀者同志之国彼我之計未定相与共謀講議利害計成而後行之故以相連及為文不与謀而出師者謂不得已而應命故以外合為文皆據魯而言之也公親會齊侯伐萊而傳以師出示例所以通卿大夫帥師者也魯既春會于曹以謀伐鄭夏遂起師而更從不与謀之文者厲公篡立子忽之位謀而納之非正故諱從不与謀之例若夫盟主之令則上行乎下非匹敵和成之類故雖或先謀皆從不与謀之例成八年晉士燮來聘且言將伐郯下云會伐郯是也凡乞師者深求過理之辭執謙以福成其計故雖小国乞之於大国々々乞之於小国而皆從不与謀之例臧宣叔郤錡是也傳以師於為例是唯繫於戰伐而列貫許穎遷以經諸及字為義本不在

例今欲強合之所以多相錯伐也杜言小乞大々乞小者依二十六年公子遂如楚乞師成二年臧宣叔如晉乞師是小國乞於大國也成十三年郤錡來乞師十六年欒黶來乞師十七年荀罃來乞師十八年士魴來乞師是大國乞於小國也与謀者心俱欲伐彼此同謀乞師者非彼所欲乞來為己也我乞彼者彼不与我謀彼乞我者我不与彼謀是故凡言乞者皆從不与謀之例宣叔是小乞大郤錡是大乞小除晉乞魯以外更無大乞小者故舉郤錡以辯乞小之處耳晉是盟主自是上行乎下例无与謀之文不由郤錡乞師乃從不与謀之例 注此无秋字蓋闕文 正義曰苗秀乃名為禾夏則无禾可取知此取必在秋此无秋字蓋闕文 注慢盟至諱之 正義曰昭十三年公會劉子晉侯云々于平丘八月甲戌同盟于平丘公不与盟於時晉以讒慝弘多不与公盟公不得与非國之恥故書其同盟而彰言不与此時公實有罪為晉所執不得与盟是公之恥故諱而不書其盟若言諸侯實不盟公無所可与然 八年注義与五年書包同 正義曰被執不以

為恥而亦告廟飲至故書之以示過也故杜云義与五年書過同
注蓋有至禮也　正義曰下言其卒故疑有疾而還也聘禮曰賓
入竟而死遂也若賓死未將命則既斂于棺造于朝介將命哀十
五年傳曰有朝聘而終以尸將事之禮是入所聘之竟則當遂行
黄是齊竟遂以疾還非禮也　注有事至書地　正義曰有事祭
也者謂禘祭也釋例以昭十五年有事于武宮傳稱禘于武公則
知此言有事亦是禘也祭之日仲遂卒不言禘而略言有事者禘
事得常不主書禘為下繹祭張本耳上言公子遂如齊此言仲遂
卒不言公子者此書有事為仲遂卒而書之与上相連猶是一事
因上行還間無異事省公子之文從可知也衛氏難杜云其間有
辛巳有事于大廟何得為間無異事秦氏釋云有事于大廟是
為仲遂卒起文止是一事故云間無異事也既不書公子而稱仲
遂者時君所嘉寵故稱其字非義例也定五年傳云季平子行
東野卒于房房是魯地卒於竟內故不書其地垂是齊地非魯竟
故書地也　注繹又至邑闕　正義曰繹又祭釋天文孫炎云祭之

明曰尋繹後祭也公羊傳曰繹者何祭之明日也穀梁傳云繹者祭之旦日之享賓也天子諸侯謂之爲繹少牢饋食大夫之禮也謂之賓尸釋詁云繹陳也是陳昨日之禮以賓敬此尸也公羊傳曰万者何干舞也籥者何籥舞也其言万入去籥何去其有聲者廢其無聲者知其不可而爲之也猶者何通可以已也是万爲舞名禮明堂位曰朱干玉戚冕而舞大武干楯也戚斧也此舞者左手執楯右手執斧故謂之武舞言王者以万人服天下故以万爲名詩言碩人之舞云左手執籥右手秉翟鄭玄云籥如笛六孔何休云吹之以節舞也故吹籥而舞謂之文舞魯人知卿佐之喪不宜作樂故去其有聲而不知廢繹納舞去籥惡其聲聞也尋杜注意直云万舞名又注隱五年亦直云万舞也下云羽數則万是舞之大名不取公羊万是干舞之義則執羽吹籥是爲万舞故杜云納舞去籥惡其聲聞是无干舞籥舞之別名也沈氏云案曾子問嘗禘郊社簠簋既陳天子崩后之喪廢則卿喪不廢正祭繹是又祭爲輕故當廢之　注敬謚　正義曰謚法夙夜勤

妾曰敬　雨不克葬　正義曰定十五年九月丁巳葬我君定公雨不克葬戊午日下昃乃克葬彼云乃此云而者公羊傳曰而者何難也乃者何難也曷為或言而或言乃乃難乎而也何休云難者在乎重難不得以正日葬其君言乃者內而深言而者外而淺下昃日昳久故言乃左氏無傳杜又不說或如公羊之言是史家異辭

傳注舒蓼二國名　正義曰舒蓼二國名者蓋轉寫誤爲云一國名案釋例土地名有舒群舒舒蓼舒庸舒鳩以為五名則與文五年滅蓼同蓋蓼滅後更復故楚今更滅之劉炫以杜為二國而規之非也　盟吳越而還　正義曰譜云吳姬姓周大王之子大伯仲雍之後大伯仲雍讓其弟季歷而去之荊蠻自號句吳句或為工夷言發聲也大伯无子而卒仲雍嗣之當武王克殷而因封其曾孫周章於吳為吳子又别封章弟虞仲於虞自大伯五世而得封十二世而晉滅虞虞滅而吳始大至壽夢而稱王壽夢以上世數可知而不紀其年壽夢元年魯成公之六年也夫差十五年獲麟之歲也二十三年魯哀公之二十二年而越滅吳越姒姓其先夏后

少康之庶子也封於會稽自号於越於者夷言發聲也濱在南海不与中國通後二十餘世至於允常魯定公五年始伐吳允常卒子句踐立是為越王〻〻元年魯定公之十四年也魯哀公二十二年句踐滅吳霸中國卒春秋後七世大為楚所破遂微弱矣外傳曰芊姓歸越是越本楚之别封也或非夏后之後也　注記礼至下柩　正義曰礼記諸言自某始者皆与後人為始此云始用葛茀則自此以後常用葛故云記礼變之所由茀字礼或作紼或作綍繩之别名也周礼遂人大喪屬六紼天子用六也喪大記君葬用四紼大夫士葬用二紼是紼者所以引柩也於殯則已有之繫於輴車以備火災則引柩以辟火及葬則用之以下柩也

雨不克懷也　正義曰曲礼云凡卜筮日旬之外曰遠某日旬之內曰近某日喪事先遠日吉事先近日鄭玄云喪事葬与練祥也吉事祭祀冠取之屬也然則先近日先卜上旬不吉卜中旬又不吉卜下旬喪事則先卜下旬卜葬先卜遠日辟不思念其親似欲汲〻而早葬之也今若冒雨而葬亦是不思其親欲得早葬故舉

卜葬先遠日以證為雨而止礼王制云庶人葬不為雨止者鄭玄
云雖雨猶葬礼儀少也　九年注卒於扈日誤　正義曰釋例扈
是鄭地故云卒於竟外黑臀以二年始立而云四与文同盟者杜
注春秋又為釋例前後經傳勘當備盡豈晉侯二年始立不干文
公之世而云四与文同盟必是後寫之誤蘇氏亦以為然劉炫以此
規杜非也其君卒或書地或不書地皆從赴今云卒於竟外故書
地者晉侯實在竟外卒非以為例也劉炫云襄七年鄭伯髡頑卒
于鄵昭二十五年宋公佐卒于曲棘竟內而書地非竟外九月无
辛酉者下有十月癸酉杜以長曆推之癸酉是十月十六日辛酉
在前十二日耳故云九月无辛酉上有八月下有十月非月誤也
注三与文同盟　正義曰鄭文公以僖二十五年卒鄭伯代立其年
盟于洮二十六年于向二十八年于踐土文七年于扈十四年于
新城唯二与文同盟云三者以二三字体相近轉寫之誤耳若其
不然杜无容不委劉炫以此規杜非也　注洩冶直書名　正義
曰文八年宋人殺其大夫司馬貴之而不名此書洩冶之名是不

為春秋所貴故書名傳稱臣者所以治煩去惑是以伏死而爭則直諫者臣之盡忠之爭洩冶忠諫而死不為春秋所貴者釋例曰魯哀之可諫者甚衆未聞仲尼之苦言也於陳恒弒其君孔子沐浴而朝告於哀公求討不義顯更施舍足以致益者固人臣之所當造膝也若乃情色之惑君不已得之於臣又不已得之於子臣子而欲彰直於其君文過所以益謗而致罪也陳靈公宣淫悖德亂倫志同禽獸非盡言所救洩冶進無匡濟遠策退不危行言孫安昏亂之朝慕匹夫之直忘蘧氏可卷之德死而無益故經同罪賤之文傳特稱仲尼以明之忠為令德非其人猶不可況不令乎此其義也是說不貴洩冶之意也然則比干諫紂而死孔子稱殷有三仁寫善比干者家語云子貢曰陳靈公君臣宣淫於朝洩冶諫而殺之是與比干諫死同可謂仁乎孔子曰比干於紂親則諸父官則少師忠款之心在於存宗廟而已固將以必死爭之冀身死之後紂將悔悟本志存於仁者也洩冶之於靈公位在大夫無骨肉之親懷寵不去仕於亂朝以區區之身欲止一國之淫昏死

而无益可謂猶矣詩云民之多辟无自立辟其淺冶之謂乎是言
淺冶之行不得同於比干之意也　傳注不書至將帥　正義曰依二
十八年晉侯齊師宋師秦師及楚人戰于城濮彼注云宋公齊國歸父
秦小子慭既次城濮以師屬晉不与戰也彼以師屬晉而經書其
師此全不書者彼雖公卿不行仍有大夫帥之將卑師衆故稱師耳
此則全託將帥以兵付晉并入晉軍林父獨自帥之故唯書林父伐陳
十年注齊略至其罪　正義曰崔杼有寵於惠公々々既薨高國
二家恐其藉前世之寵又有寵於新君故畏其偪已因君薨而逐
之崔杼未有罪也齊人疑其變故不言其名略言崔氏見其舉
族出奔耳及仲尼脩之大夫出奔無罪不名々々即是无罪故因
告稱氏而書氏以見无罪若貴之或稱官或稱字如司城子哀之
類是也　注王季至稱字　正義曰公羊傳曰王季子者何天子
之大夫也其稱王季子何貴也其貴奈何母弟也是公羊以為
天王之母弟也母弟而稱季子然則字季子也天子大夫例稱字
襄三十年天王殺其弟佞夫母弟稱弟此不言王弟者釋例云朝

聘盟會嘉好之事此兄弟之篤睦非義例之所與故仍舊史之策或稱弟或稱公子是由義無所見故因其舊文其相殺害乃稱弟以示義耳　注繹邾至繹山　正義曰文十三年傳稱邾遷于繹則繹爲邾之都矣更別有繹邑今魯伐取之非取邾之都也亦因繹山爲名蓋近在邾都之旁耳　傳注典策至改舊　正義曰傳言且告以族不以名知注當以名告而齊人誤以族告也釋例云若乃稱司城以貴效節於府人尸歸父之還以善復命於介因齊人告辭以著其無罪蓋隨事以示褒貶也傳既云書曰崔氏以明非罪復云且告以族不以名知典策之書舊當以名通也齊國雖繆以族告適合仲尼所褒之實因而不革以示其罪且明春秋之作或因仍舊史成文不必皆有改也何休膏肓以爲公羊譏世卿而難左氏蘇氏釋云崔杼祖又名不見經則知非世卿且春秋之時諸侯擅相征伐猶尚不譏世卿雖曰非禮夫子何由獨責又鄭駮異義引尚書世選爾勞又引詩刺幽王絕功臣之世然則興滅繼絕王者之常譏世卿之

文其義何在　注達奔放也　正義曰杜例曰迫窘而奔及以禮
見放俱去其國故傳通以達爲文是言達兼奔放也　注上某氏
某名　正義曰若言崔氏之守臣杼也大夫受氏爲世守宗廟故
謂之守臣言守宗廟之臣也依十一年管仲云天子之二守高國
在彼謂天子命之爲守國之臣與此異也知此異於彼者豈天子
命者出奔乃得告於諸侯餘臣亦奔不得告也且下句云失守宗
廟知守臣謂守宗廟之臣非守國也天子賜姓諸侯賜族對文則
姓與族別散文則可以通禮謂族人爲庶姓故云上某出者姓其
實正是族也　注玉帛之使謂聘　正義曰聘禮執圭致命執帛
致享故云玉帛之使謂聘也下注云恩好不接故亦不告文昭二
十年曹公孫會自鄸出奔宋注云嘗有玉帛之使來告故書則杜
意以爲奔者之身嘗有玉帛之使於彼國已經相接則告之若奔
者未嘗往聘恩好不接則不告唯告奔者嘗聘之國餘不告也劉炫
以爲玉帛之使謂國家有交好之國皆告非指奔者之一身
注潁水入淮　正義曰杜例曰潁水出河南陽城縣陽乾山東

南經潁川汝陰至淮南下蔡縣入淮也　注以四至卿禮　正義
曰喪大記云君大棺八寸屬六寸椑四寸上大夫大棺八寸屬六
寸下大夫大棺六寸屬四寸士棺六寸然則子家上大夫棺當八
寸今斷薄其棺不使從卿禮耳不知斷薄之使從何禮也　注謚法
正義曰謚法動靜乱常曰幽　十一年注晉侯至狄地　正義曰
凡諸侯聚會不与者皆歷序諸國云會于某地上盟于辰陵即
其宜也狄從諸夏序列亦然僖二十年齊人狄人盟于刑是也此
異於彼而云晉侯會狄是狄在彼地晉往會之故傳說晉大夫欲
召狄郤成子勸其勤是晉侯自往故以狄爲會主成十五年會吳
于鍾離襄十年會吳于柤其意与此同　注不言至辭也　正義
曰討賊辭者言弑君之賊人々皆欲殺之作舉國共殺之文故不言
楚子也襄二十七年衛殺其大夫甯喜亦是討賊但衛人自殺
其臣故稱大夫徵舒非楚之臣不得言殺其大夫諸放殺及執他
國之臣皆不言其國大夫者以人臣卑賤故沒其爵號而空書名
氏　注楚子至之後　正義曰案傳楚子爲陳討夏氏乱遂入陳

殺夏徴舒轘諸栗門此經先書殺夏徴舒後書入陳者據先後夏
実為文故杜注云楚子先殺徴舒而欲縣陳後得申叔時諫乃後
封陳不有其地故書入在殺徴舒之後是其実也劉炫云楚子入
陳乃殺徴舒經先言殺後言入陳者以楚子本意正欲討賊
先心滅陳及殺徴舒滅陳為縣後得申叔時諫乃後封陳於例不
有其地故云入陳言楚人既殺徴舒楚子乃後入陳納二子於陳
入陳之文為下納張本傳云書曰入陳納公孫寧儀行父于陳書
有礼也入納連文是入為納也昭八年楚師滅陳執公子招放于
越殺陳孔奐彼心欲滅陳此則主為討賊非心滅陳而後封之君
子善其自悔故退入陳於下隱其縣陳之迹若其不然當云楚子
入陳殺夏徴舒如此則楚子本為入陳因入乃討陳賊則是悪楚
子故書入在殺徴舒之後　注二子至復之　正義曰二子与君淫
昏致使君死国乱実罪人也今楚子入陳而納之乃是納罪人也
討応罪楚子而傳言書曰入陳納公孫寧儀行父于陳書有礼也
既善楚子有礼則是恕彼之罪故杜迹其合恕之由言賊討国復

是二子之力其功足以補過故君子善楚復之賈逵云二子不繫
之陳絶於陳也惡其与君淫故絶之善楚之有礼也案子糾捷菑皆
不繫國自是例之常賈說非也釈例云賈氏依放穀梁云称納者
内難之辭納公孫寧儀行父于陳言書有礼不可言内難也陳縣
而見復上下文雖二人無有淫縱之闕今道楚臣陳賊討君葬威
權方盛傳称其礼理无所難此先儒說之不安也杜言於時陳成
公播蕩於晉者此傳云陳侯在晉襄二十五年傳云夏氏之亂成
公播蕩是也　傳注艾獵孫叔敖　正義曰服虔亦云艾獵蔿賈
之子孫叔敖也此年云令尹蔿艾獵明年云令尹孫叔敖明一人
也世本艾獵為叔敖之兄世本多誤本不必然　注封人至討功
正義曰周礼封人凡封國封其四疆造都邑之封域者亦如之大
司馬大役与慮事受其要以待考而賞誅鄭玄云慮事者封人
也於有役司馬与之屬賦丈尺与其用人数也是封人主造城邑
討度人数此云使封人故云其時主築城者慮事者謀慮城築
之事无則慮之訖則討功也史書多有无慮之語皆謂揆度前

度也　注幹楨也　正義曰釋詁云翰幹也舍人曰楨正也築牆
所立兩木也翰所以當牆兩邊鄣土者也彼楨為幹故謂幹為楨謂
牆之兩頭立木也板在兩旁鄣土者即彼文翰也平板幹
者等其高下使城齊也　稱畚築程土物　正義曰畚者盛土之
器築者築土之杵司馬法輦車所載二築是也稱畚築者量其
輕重均負土與築者之力也程土物謂鍬钁畚輦之屬為作程
限備豫也　注少西至之名　正義曰禮以王父字為氏徵舒以
夏為氏知子夏是字少西是名言少西氏者氏猶家也言將討
少西之家　以諸侯討而戮之　正義曰經先諸侯而云以諸侯
討之諸侯皆慶者時有楚之屬國從行也十二年邲之戰經不書
唐而傳云唐侯為左拒昭十七年長岸之戰經不書隨而傳言
使隨人守舟明此時亦有諸侯但為楚之私屬不以告耳　謂之夏
州　正義曰謂之夏州者討夏氏鄉取一人以歸楚而成一州故
謂之夏州　注設其至復禮　正義曰言入陳納人為有禮也直
言入陳納人是設其縣陳本意言陳國見存入而納此人耳是全

以討亂存國爲文所以善其得禮　注爲明至義也　正義曰十年鄭及楚平既无其事謂經无之也鄭徼事晉又无端跡亦謂經所无也傳若不發此語不知楚以何故明年忽然圍鄭爲此特發此傳以明後年圍鄭之經也自厲役以來鄭南北兩屬不專心於楚故楚未得志而明年圍之七年晉爲黑壤之會鄭伯在焉厲役在黑壤之前九年傳言楚子爲厲之役故伐鄭事在黑壤之後而彼傳不以黑壤興伐而遠稱厲之役者楚子之志所恨在於厲役逃歸不爲黑壤會晉故也上指厲役下指辰陵中包黑壤此皆傳上下相包通之義也

春秋正義卷第十六

計一万六千一百一十一字

春秋正義卷第十七 宣下

國子祭酒上護軍曲阜縣開國子臣孔穎達等奉
勅撰

十二年注晉上至鄭地　正義曰此一軍成陳軍不成陳成陳者雖少以戰爲文案昭二十三年雞父之戰六國成陳而楚不成陳成陳者多而以敗爲文者六國雖衆楚爲兵主楚既未陳故以獨敗爲文與此異也　注蕭宋至九日　正義曰莊十二年宋萬弒閔公蕭叔大心者宋蕭邑之大夫也平宋亂立桓公宋人嘉之以蕭邑封叔爲附庸莊二十三年蕭叔朝公是其事也此年楚子滅蕭定十一年宋公之弟辰入于蕭以叛則此後爲宋邑也杜以長曆校之十二月无戊寅戊寅乃是十一月九日此不言月誤長曆云日月必有誤者案傳稱師人多寒若是十一月則今之九月未是寒時當月是而日誤也　注晉衛至東南　正義曰傳云盟曰恤病討貳陳貳於楚而宋伐之衛救陳不討貳也楚伐宋而晉衛不救不恤病也是晉衛背盟故貶其大夫而稱人曹是小

国貶与不貶俱当称人故不言曹也明年传称君子曰清丘之盟唯宋可以免則宋不違盟而亦貶宋卿者彼晉衛曹並皆偽妄花椒兼群偽之言以誤其国致使宋為盟故伐陈衛人救之楚人討之伐陈怨楚被伐无救宋虽有守信之善而椒猶不免託者為諸国失信而累及椒也晋衛不信乃在盟後非是心欲不信而妄作此盟当盟之時未有不信之状在後違約不可豫知而亦并責椒者君子結交当択善而従之所与不善必将敗德椒与不信约盟則是不信之黨虽独守信并亦貶之戒後之人使擇交也

传注臨哭式祖廟　正义曰案雜記客致含賵訖請臨襄十二年传呉子寿夢卒臨于周廟故云臨哭也宮即廟也象其尊貌則謂之為廟言其牆屋則称之為宮大宮々之大者郑祖廟者謂郑大祖之廟也　注陴城上俾倪　正义曰陴城上小牆俾倪者看視之名襄六年晏弱圍莱堙之環城傅於堞注云堞女牆也又二十五年呉子門于巢々牛臣隱於短牆以射之二十七年盧蒲嫳攻崔氏々々堞其宮而守之注云堞短垣也陴堞俾倪短牆短垣

女牆皆一物也説文云堞城上女垣也廣雅云陴俾倪女牆也釈
名云城上垣曰陴於其孔中俾倪非常亦言陴益也助城之高也
或曰女牆言其卑小比之於城如女子之於丈夫也注哀其至
十日　正義曰杜以三月克之謂圍經三月方始克之故云九十
日也知非季春克之者下云六月晉師救鄭及河聞鄭既及楚平
桓子欲還是將欲至河鄭猶未敗至河聞敗猶欲還師在國聞敗
師必不發若是季春克之不應此至六月而晉人不聞以此知三
月非季春也經傳皆言春圍鄭不知圍以何月為始圍經旬有七
日為之退師聞其脩城乃復更進々圍三月方始克之則從初以
至於克凡經一百二十許日蓋以三月始圍至六月乃克也
注周厲至滅也　正義曰鄭桓公是周厲王之子宣王母弟又宣
王封之故傳二十四年及此皆厲宣並言之桓公始封西鄭武公
始居東鄭二公是始封之賢君若其存鄭則四君祐楚故願楚之要
福於此四君使社稷不滅泯滅也釈詁文　注楚滅至比之　正義
曰楚滅諸國見於傳者哀十七年稱文王縣申息莊六年稱楚滅

鄧十八年稱武王克權徙五年滅弦十二年滅黃二十六年滅夔
文四年滅江五年滅六又滅蓼十六年滅庸凡十一國見於傳徙
二十八年傳曰漢陽諸姬楚實盡之則楚之滅國多矣言九縣者
申息定是其二餘不知所謂蘇氏沈氏以權是小國庸先屬楚自
外爲九也　庸可幾乎　正義曰庸用也幾謂如冀言用可冀
幸而得之乎何必滅其國　注彘季代林父　正義曰服虔云食
采於彘或爲然也文十二年河曲之戰荀林父佐中軍臾駢佐上
軍欒盾將下軍自爾以來傳無其代知先縠代林父郤克代臾駢
趙朔代欒盾也八年傳趙朔佐下軍知欒書代趙朔也案傳文皆
稱彘子今注云彘季者勘譜亦以彘子彘季爲一人則杜君別有
所據書傳殘缺不可得而知也劉炫云傳文皆稱彘子何以知是
彘季以縠非彘季以規杜今知非者杜以子爲男子之稱季是幼
少之辭季之與子是得通稱子路或爲季路舉其常稱謂之子論
其字謂之季故公子友或稱季友而劉以傳雖稱彘子无彘季
而規杜非也　注韓万玄孫　正義曰韓世家云韓之先與晉得

封韓原曰韓武子後三世有韓厥世本云桓叔生子万々生求伯
々々生子輿々々生獻子厥史記所云武子蓋韓万也如彼二文
厥是万之曾孫而服虔杜預皆言厥韓万玄孫不知何所拠也
注釁罪也　正義曰釁訓為罪者釁是間隙之名今人謂瓦裂亀
裂皆為釁既有間隙故得為罪也　德刑至是征　正義曰既言
觀釁而動更說無釁之事德刑政事典礼此六事則之不変易者
不可与之敵也聖王之制征伐者為有罪者耳不為是六事不易
行征伐也此挙六事之目下文歷說楚之不易六事以充之　君無
怨讟　正義曰讟謗也政有常則民不恨故国君無人怨無人謗
撃鼓怨州吁鄭人謗子産是有怨謗也　商農至其業　正義曰
斉語云公曰成民之事若何管子對曰四民者勿使雜処　公曰処
士工商農若何管子對曰昔聖王之制也処士就間燕処工就官
府処商就市井処農就田野彼四民謂士農工商此数亦四無士
而有賈者此武子意言挙兵動衆四者不敗其業発兵則以士従
征不容夜就間燕故不云士而分商賈為二行曰商坐曰賈其同

是販賣而坐行異業發兵征伐四者悉皆不與故摠云不敗其業也　注宰令至叔敖　正義曰周礼六卿大宰為長遂以宰為上卿之号楚臣令尹為長故從他國論之謂令尹為宰楚国仍別有大宰之官但位任卑耳猶稱大宰伯州黎是也楚之国名上卿為令尹者釋詁云令善也釋言云尹正也言用善人正此官也楚官多以尹為名皆取其正直也　注在車至為主　正義曰司馬法兵車一乘有甲士三人步卒七十二人甲士在車不共碎役所言左右者分步卒為左右也兵車一轅服馬夾之而言挾轅者步卒被分在右者當軍行之時又分之使在兩廂挾轅以為戰備楚陳以轅為主故以轅表車正是挾車嚴兵以備不虞也其應在左者使之追求草蓐今當道求草不近兵車也蓐謂臥止之草故云為宿備也此是在道時然故云軍行右轅左追蓐至於對陳之時則各在車之左右故豫定左右之分在道分使之耳　注慮无至旌識　正義曰茅明也在前者明為思慮其所无之事恐其卒有非常當預告軍中兵衆使知而為之備也如今軍行謂當杜之時行軍有

此法也前有斥候蹹伏者令人遠在軍前斥度候望慮有伏兵使蹹行之持以絳及白為幡与軍人為私号也曲礼曰前有水則載青旌前有塵埃則載鳴鳶前有車騎則載飛鴻前有士師則載虎皮前有摯獸則載貔貅其文与此見職举幡相似也茅明釈言文舍人曰茅昧之明也　注物猶至勑令　正義曰數謂旌旗畫物數也百官為軍不同所建各有其物象其所建之物而行動軍之政教不待約勑号令而自備辦也周礼大司馬中秋教治兵辨旗物之用王載大常諸侯載旂軍吏載旗師都載旜鄉遂載物郊野載旐百官載旟鄭玄云軍吏諸軍師也師都遂大夫也鄉遂鄉大夫也或載旜或載物衆屬軍吏無所將也郊謂鄉遂之州長縣正以下野謂公邑大夫載旐者以其將羨卒也百官卿大夫也載旟者以其屬衛王也凡旌旗有軍衆者畫異物无者帛而已是其尊卑所建各有物數也案春官司常職云及国之大閲賛司馬頒旗物王建大常諸侯建旂孤卿建旜大夫士建物師都建旗州里建旟縣鄙建旐道車載旞斿車建旌但是周礼而所建不同者大司馬

所云中秋教治兵之法司常所云中冬教大閱之法郑玄云凡頒
旗物以出軍之旗則如秋以尊卑之常建則如冬大閱備軍礼旌
旗不如出軍時空辟實也是爲時不同故所建異也云象物而動
謂軍行之時當指治兵之法也　其君至施舍　正義曰內姓謂
同姓也其君之舉用人也於同姓則選之於親於外姓則選之於
旧於親內選賢於旧內選賢言唯賢是任不以親以旧便即用之
所舉不失有德所賞不失有勞必有德乃舉有勞乃賞言不賞无
勞不舉无德臣民年老有加增恩惠外来旅客有施舍常法謂羈
旅之臣以其新来施以恩惠舍不勞役也　注賜老則不計勞
正義曰老有恩惠當謂年老有加增恩惠不論有勞与无勞也刘
炫云老者當有恩惠之賜非勞役之限但恩惠則賞賜之以文連
賞不失勞之下故杜云賜老則不計勞刘炫以不計勞之文而規
杜氏一何煩碎　注威儀有等差　正義曰言貴有常尊則當云
賤有常卑而云賤有等威者威儀等差文兼貴賤既屬常尊於貴
遂屬等威於賤使互相發明耳　德立至敵之　正義曰功德

若其不立刑威若其不行政以成就為上事以得時為善典貴乎
從礼惡其逆故云德立刑行政成事時典從礼順各以義理相配
為文皆不易之事既歷序此事乃云若之何敵之副上德刑政事
典礼不易不可敵也　注仲虺之後　正義曰取乱侮亡尚書
仲虺之誥文也定元年傳薛宰曰薛之皇祖奚仲居薛以為夏車
正仲虺居薛以為湯左相二人皆是薛祖是仲虺為奚仲之後
注汋詩頌取之　正義曰汋詩經无汋字序云言能汋先祖之道
以養天下故以汋為名焉鑠美釈詁文於鑠辞也時是也晦昧也言於
乎美哉武王之用師也能遵天之道養是闇昧之君待闇昧者惡
積而後取之言遵天之道者上天誅紂之期未至武王靖以待之
是其遵天之道也　注耆致至於昧　正義曰耆者指々致意相
近故為致也致討於昧者言養之使昧然後可討之上句云兼弱
攻昧引仲虺之言以證兼弱引武王之事以證攻昧此不云攻昧而
言耆昧者以汋詩之意言養紂而不言伐紂不得謂之攻昧故緣
詩之意言致之於昧然後攻之　注武詩頌之業　正義曰烈業

也釋詁文競強也詩意言无強乎唯武王之功業言克商功業實為強也此引武詩於兼弱攻昧之下故杜以傳意解之言武王兼弱取昧故成此无強之業此酌詩武二篇並无兼弱之文因傳上文連言之　撫弱至可也　正義曰上言兼弱此云撫弱言其撫養而取之未必皆攻伐以求之也此撫弱即覆上仲虺有言兼弱也耆昧即覆上詩曰於鑠王師耆昧也以務烈所覆上武曰无競惟烈士含言不須敵楚兼撫餘諸侯弱者致討諸侯昧者以務武王烈業之所可也　晉所至佐濟　正義曰言晉之所以得為霸主者由軍師之武群臣有力以有武力成此霸功今失諸侯不可謂之為力見敵不已從不可謂之為武命為軍師者三軍將佐皆受君命為軍之主帥以中軍佐濟謂一軍之內將佐分之各有所帥故注云佐彘子所帥也僖二十八年胥臣以下軍之佐與此同也知莊子至大咎　正義曰莊子見彘子逆命必當有禍乃論其變云此師之行甚危殆哉周易之書而有此變師之初六變而為臨初六爻辭云軍師之出當須以法若不善則致其凶既引易文以

人從律今者師衆乃以律從人則有不臧之凶又覆解不臧之義去執事上下相順和成則為臧若相違逆則為不臧既釋不臧之事又釋以律之意坎為衆今變為兌々為柔弱是衆散為弱坎為川今變為兌々為澤是川壅為澤坎為法象今為衆則弱為川則壅是法律破壞從人之象故曰律否臧以釋易文律否臧之義否臧易注云為師之始齊師者也齊衆以律失律則散故師出以律々不可失々律而臧何異於否失令有功法所不赦故師出不以律否臧皆凶釋否臧既了又釋凶之一字故云且律竭言法律竭盡也川水當盈而以竭盡且又被夭塞不得整流似法當嚴整而以破壞被人違逆不得施行所以致此凶禍解釋凶義既了以盡易意然後論彘子之惡當此初六之禍故云水之不行是謂臨矣彘子有師不從欲論不行之臨事誰甚於彘子周易所言是彘子之謂若已違辟前敵於事猶可若果敢遇敵必致禍敗也此禍敗之事彘子主受之雖在敵免死而歸必有大咎也師坎為水坤為衆々則如水師衆之象故名其卦為師服虔云坎為水坤為衆

又互体震々為雷々鼓類又為長子々々帥衆鳴鼓巡水而行々
師之象也臨兌為澤坤為地居地而俯視於沢臨下之義故名為
臨 注坎為衆柔弱 正義曰晉語文公筮尚有晉国司空季子
占之曰震雷也車也坎水也衆也主雷与車而尚水与衆是坎為
衆也易説卦兌為少女故為柔弱衆聚則強散則弱坎変為兌是
衆散為弱也 注坎為川見壅 正義曰説卦坎為溝瀆々々即
是川也説卦兌為沢川是流水今変為沢是川見壅也 注如從
衆之象 正義曰釈詁云如往也往是相從之義故訓為從也法
行則人從之率人以從法也法敗則法從人々各有心棄法不用
法從人也釈言云坎律銓也樊光曰坎卦水也水性平律亦平銓
亦平也郭璞曰易坎卦主法々律皆所以銓量軽重是坎為法象
也今坎変為兌為衆則散而為弱為川則壅而為澤是失法之所
用法敗從人之象也 注竭敗至法敗 正義曰竭是水涸之名
坎為水為法水之竭似法之敗故云竭敗也坎変為兌則為水不
流水不流則為法不行失為坎之用是法敗之象 注水遇至涸

也　正義曰哀九年傳曰如川之滿不可游也水當盈川而以壅
故竭是水遏夭塞不得整流則竭涸也夭遏是壅塞之義故云遏
夭塞也　注主此禍　正義曰釋言訓尸為主故云主此禍也服
虔亦云主此禍也又引易師卦六五長子帥師弟子輿尸凶長子帥
師以中行也弟子輿尸使不當也佐之於元帥弟子也而當以師
濟使不當也軍必破敗而輿尸棄下句云雖免而歸則謂彘子當
在陳而死師卦有輿尸之語其言尸之或容有此意但尸字不可
兩解故杜略去之　注沈或　正義曰楚之官多名為尹沈
者或是邑名而其字或作寢哀十八年有寢尹吳由于因解寢為
縣名不言寢是何沈邪也　注于管　正義曰土地名熒陽京縣
東北有管城古管国也　注若敖至啓土　正義曰楚世家云熊
咢卒子熊儀立是為若敖々々卒子霄敖立霄敖卒子熊眴立是
為蚡冒々々卒弟熊達立是為楚武王棄杜注文十六年傳蚡冒
楚武王父不從史記也以荊竹織門謂之篳門則篳路亦以荊竹
編車故謂篳路為柴車方言云楚謂凡人貧衣破醜敝為藍縷々

々謂敝衣也服虔云言其縷破藍々然　廣有至之兩　正義曰
兩廣之別各有一卒之兵百人也一卒之外復有十五乘之偏并
二十五人之兩既言一卒又云卒偏之兩言卒之者成辭婉句耳
或解云兩屬於偏云偏之兩者謂偏家之兩知不然者案成七年
以兩之一卒亦云之字豈又是兩家之卒且杜注云十五乘為大
偏今楚亦用旧偏法此一廣之中實有此偏非是偏名為兩而亦
一卒別復有偏之一兩二十五人從之劉炫云兩廣之別各有一
卒百人一卒外復有偏一兩二十五人兵法十五乘為偏々有一
兩從之兩是偏家之物故知此為偏之兩言實一廣十五乘有一
百二十五人從之　注十五至兼副　正義曰下云楚子為乘廣
三十乘分為左右知十五乘為一廣也史記稱齊景公時有司馬
田穰苴善用兵至六國時齊威王使大夫追論古者司馬兵法附
穰苴於其中凡一百五十篇號曰司馬法百人為卒二十五人為
兩十五乘為偏皆司馬法之文百人為卒二十五人為兩周礼亦
有此文但周礼无偏故杜并引司馬法耳此云大偏對成七年九

乘为小偏故此爲大偏也桓五年二十五乘为偏戰時臨陳所用
不同不可与此相對为大小杜注多少皆望文也言亦用旧偏防
者謂楚乘荊尸而举仍用旧偏旧偏於穰苴前已有則應周礼有文
但以己設者多故礼文不具　右廣至夜　正義曰右廣雞鳴
初駕數及日中則左廣受而代之以至於昏此晝日更也其內官
親近王者為次序以當其夜若令宿直遞持更也　以我卜也
正義曰將我晉戰之勝負卜其象來象往猶人揲蓍看卦善惡而
卜其去之与住也　注二先至穆王　正義曰莊十六年楚將伐
鄭文王之世也二十八年子元伐鄭成王之初也僖五年首止之
會鄭伯逃歸自是以後鄭將時復從楚成王以前鄭未屬楚故也
入此列唯成穆耳令之莊王成王孫穆王子也入此行猶往來於
鄭　注單車挑群帥　正義曰周礼環人掌致師鄭玄云致師致
其必戰之志則致師者致己欲戰之意於敵人故單車揚威武以
挑之下云趙旃請挑戰是也挑彼晉師故言以致晉師也楚子既
求成而又令挑戰示其不欲崇和以疑誤晉之群帥　注左車挑

善者　正義曰兵車自非元帥皆射者在左御在中央故云左車
左樂伯居左故稱左也下云莊子抽矢菆納諸廚子之房是好矢
而留之知菆是矢之善者　注兩飾至閒暇　正義曰兩飾掉正
皆無明訓服虔亦云是相傳爲然也飾馬者謂隨宜刷刷馬又正
其鞅以示閒暇　注麗著至心者　正義曰易離卦彖云離麗也
日月麗乎天百穀草木麗乎土是麗爲著之義龜之形背高而前
後下此射麋麗龜謂著其高處故杜以龜爲背之隆高當心者服
虔亦然是相傳爲此說也　以歲至從者　正義曰周禮獸人冬
獻狼夏獻麋春秋獻獸物者謂獻之以共王之膳耳非能徧及
於百官也禮冬獵曰狩言圍守而取之獲禽多也於時虞人所獻
或頒及群臣故言歲之非時獻禽之未至以爲語之辭耳　注錡
魏犨子　正義曰服虔亦以爲犨子世本以爲犨孫世本多誤未
必然也　使其徒入之　正義曰使已從人入壘以取俘馘也
注軘車兵車名　正義曰襄十一年鄭人賂晉侯以廣車軘車淳
十五乘甲兵備甲兵從之是兵車明矣鄭玄云廣車橫陳之車服

虔云軘車屯守之車古名難得而知其義或當然矣　注元戎亦
為備　正義曰元大也戎車也詩小雅六月之篇言王者軍行必
有大車十乘常在軍前以開道諸軍從行所以先人為備也詩毛
傳云夏后氏曰鉤車先正也殷曰寅車先疾也周曰元戎先良也
三代行軍皆前有此車其名司馬法之文也其先正先疾先良毛
解其名鄭玄又釋其意鉤車備設鉤鞶其行曲直有正故曰先正
寅進也此車能進取遠道故曰先疾元戎大車之善者故曰先良
也　晉師亦未動　正義曰晉之三軍上軍在左中軍在中下軍
在右言晉之中軍下軍敗走在上軍之右者皆移唯上軍未動故
杜云餘軍皆移去唯上軍在　告唐惠侯　正義曰此未戰之前
告經不書唐侯者為楚私屬故不見也　注游車補闕者　正義曰
周礼車僕有闕車之倅鄭玄云闕車所用補闕之車也此言游闕
知游車以擬補闕令使從唐侯是補闕也　注以楚左得勝故
正義曰桓八年傳云楚人尚左君必左者謂置車尚左故君在左
此言先左謂乘廣先甬左上文旦則右廣初駕日中乃授左廣則旧

法先乘右廣今楚王偶然乘左廣以逐趙旃因是而得戰勝以為宜乘左廣自是以後乘廣先左以乘左得勝故也　注廣兵車　正義曰襄十一年鄭人賂晉侯以廣車定四年史皇以乘廣死是兵車稱廣也此言晉人廣隊下云拔旆投衡軍行則旆在軍前不是車皆有旆也此蓋是晉人在軍之前載旆之車　注惎教至兵蘭　正義曰脫扃拔旆皆是教人之語知惎為教也服虔云扃橫木有木橫投於輪間一曰扃車前橫木張衡西京賦云旗不脫扃薛綜注云扃所以止旗今杜以扃為車上兵蘭各以意言皆無明證而禮杠鼎之木其名曰扃則扃是橫木之名教之脫扃則扃是可脫之物杜云兵蘭蓋橫木車前以約車上之兵器慮其落也隊坑則橫木有礙故不能進　注還使至輕　正義曰旆扃風重故馬便旋而不已進釋天云緇廣充幅長尋曰旐繼旐曰旆郭璞曰帛續旐末為燕尾者此旆已扇風使重令馬不已進則其制必大矣故云旆大旗也城濮之役七大旆之左旃此之類也旆縣於竿插之車上衡是馬頸上橫木故拔取旗竿投於衡上卧之使不

帆風則於車差輕故得於坑也帆是扇風之名今人船上張布以
鄣風名之曰帆　注兄弟累尸而死　正義曰獲者被殺之名並
皆被殺唯肖言皆獲耳故見尸相重累之皆獲故杜辯之云兄弟
累尸而死累即傳之重也　可勝既乎　正義曰重物不可舉者
謂之勝不勝用〻不可盡者亦言不勝史傳多有其事今人猶役此語
故歩雖解耳既盡也可勝盡乎言用之不可盡也　不以我故也
正義曰言我不以好箭射楚貴人之子而質之吾之子其可
得乎吾為此計者不可用惡箭苟且為射故也　注重輜重也
正義曰輜重載物之車也說文云輜一名軿前後蔽也蔽前後以
載物謂之輜車載物必重謂之重車人挽以行謂之輦輜重輦
一物也襄十年傳稱秦堇父輦重如役挽此車也輜重載器物
糧食常在軍後故乙卯日戰丙辰始至於邲也周禮鄉師大軍旅
會同正治其徒役与其輂輦鄭玄云輂駕馬輦人輓行所以載
任器也止以為蓄營司馬法曰夏后氏謂輦曰余車殷曰胡奴車
周曰輜輦〻一斧一斤一鑿一梩一鋤周輦加二版二築又曰夏

后氏二十八人而肇殷十八人而肇周十五人而肇說者以爲夏也
師不踰時殷踰時周歷時故前世肇少而後世肇多　武王之
保之　正義曰昔武王克商周公爲之作頌曰武王誅紂之後則
戢藏其干戈則櫜韜其弓矢言既誅暴亂則兵役所用故韜藏之
懿美也肆遂也時是也夏大也允信也武王以天下既定又能求
美德之士而任用之故於是功業遂大信哉唯我武王保之美武
王能保天下也　注戢藏至息兵　正義曰戢訓爲斂聚斂藏之
義故爲藏也櫜一名韜盛弓矢之衣也干戈弓矢藏而不復用是
美武王能誅滅暴亂而息兵也此所引者周頌時邁之篇也詩序
云頌者以其成功告於神明則頌詩功成乃作此傳言武王
克商作頌者武王克商後世追爲作頌頌其克商之功非克商即
作也國語引此云周文公之頌曰則此周公所作也傳言克商作
頌者包下三篇皆述武王之事　注肆遂至天下　正義曰肆之
爲遂相傳爲此訓也夏大釋詁文求美德謂求而任用之遂大者
功業遂大也　又作至爾功　正義曰既作時邁又作武篇也頌

皆一章言其卒章者謂終章之句也言武王誅紂致定爾武之大
功也　其三至求定　正義曰其三周頌賚之篇也鋪布也繹
陳也徂往也言武王已布陳政教故其時之民皈武王者皆言我
往惟自求安定美武王已安民故民皈之也　注其三至安定
正義曰鋪是布散之義故為布也繹陳釋詁文思是語之辭不為
義也　其六至豐年　正義曰其六周頌桓之篇也綏安也屢
數也言武王伐紂安天下万國數有豐熟之年美武王已和衆
國豐民財也　注其六至之事　正義曰綏安釋詁文屢數常
訓也杜以其三其六与今詩頌篇次不同故為疑辭蓋楚樂歌之
第言楚之樂人歌周頌者別為次第故賚第三桓第六也劉炫以
為其三其六者是楚子身三引鋪時繹思第六引綏万邦今刪定
知非者此傳若是舊文及傳家敘事容可言楚子第三引鋪時
繹思第六引綏万邦此既引此既引楚子之言明知先有三六之
語故楚子引之得云其三其六若楚子始第三引詩第六引詩
豈得自言其三曰其六曰劉以其三其六為楚子引詩次第以規

杜已何辟之甚說氏難云襄二十九年季札觀樂篇次不同杜云仲尼未刪定此亦不同而云楚之樂歌之次者襄二十九年雖少有篇次不同大略不甚乖越故云仲尼未刪定以前此之三六全与詩次不同故云楚之樂歌之第今周頌篇次桓第八賚第九也大武至財者也　正義曰楚子既引四篇乃陳七德則四篇之內有此七者之義戢干戈櫜弓矢禁暴戢兵也時夏保之保大也耆定尔功定功也我但求定安民也綏万邦和衆也屢豐年豐財也我但求定是已安民故往求定也綏万国由德已和衆故万国安也　注著之至不忘　正義曰杜以不忘其章謂子孫不忘上四篇之詩故云著之篇章使子孫不忘必知然者以文義武王克商作頌之後文連四篇詩義故以為著之篇章刘炫云已有七德故子孫不忘章明功業横取下文京觀為无忘其章明武功以規杜失非也　注祀先君告戰勝　正義曰礼記曾子問称古者師行必以迁廟主行載于齊車言必有尊也尚書甘誓云用命賞于祖謂迁廟之祖主也為先君宮為此迁主作宮於此祀之

告成事告戰勝也礼大傳記云牧之野武王之大事也既事而奠
於牧室亦是新作室而奠祭也曾子問又曰无迁主則何主孔子
曰天子諸侯將出必以幣帛皮圭告于祖祢遂奉以出載于齊車
以行每舍奠焉而後就舍　注鯨鯢大魚名　正義曰裴渕廣州
記云鯨鯢長百尺雄曰鯨雌曰鯢目即明月珠也故死即不見眼
睛也周處風土記云鯢海中大魚也俗説出入穴即為潮水
是役至魚臣　正義曰入楚師言入此楚師於鄭國服虔云入楚
師使楚師來入鄭是也此石制引楚師入鄭將以分鄭國以半與
楚取半立公子魚臣為鄭君已欲擅其寵也　注詩小至欲之
正義曰詩小雅四月之篇也离憂瘼病爰於皆釋詁文言時世禍
亂必有憂病者於何其所適歸乎歸此禍亂不知將何所歸也
栢子請死　正義曰檀弓云謀人之軍敗則死之謀人之邦邑危
則亡之今栢子將軍師敗故請死　進思至補過　正義曰孝經
有此二句孔安國云進見於君則必竭其忠貞之節以圖國事直
道正辭有犯无隱退还所職思其事宜獻可替否以補主過此孔

意進謂見君退謂還私識也或當以此二句擬臣心為文文既擬
臣君在其上施之於君則稱進內省其身則稱退盡忠者盡己之
心以進獻於君補己者內脩己心以補君愆失故以盡忠為進補
己為退耳非謂進見與退還也　蕭讀　正義曰實未讀史以實
王之意故言讀知者下云明曰蕭讀是也　注續繇也　正義曰
玉藻云纊為繭縕為袍鄭玄云纊新綿也　注麥麴至謬語
正義曰麥麴鞠窮所以禦濕賈逵有此言則相傳為此說也尚書
說命云若作酒醴爾惟麴糵則麥麴作酒之物本草有芎藭者
是藥草之名觀傳文勢欲使無社逃於泥水中而問有此物以否
知是禦濕所用但不知若為用之耳　河魚至極之　正義曰上句是
叔展之言曰下是無社對語無社頻荅言無叔展乃言必須入水
故以水病告之云如似河中之魚久在水內則生腹疾無此二物
其禦濕何無社乃解其意告叔展云當目視於眢井而拯出之出
溺為拯方言文　若為至則已　正義曰此亦叔展之言也無社
既解其意令展視井拯已但廢井必多不可知處故教無社令結

茅為經置於井上又恐先社錯應他人更教之云若号哭向井則是我之已身已展叔自謂也　注原穀先穀　正義曰杜譜以為雜人則不知誰之子也案傳先軫或称原軫此蓋先軫之孫也傳有名号之異杜譜皆並言之先穀之下不言原穀是杜脱也上文称為彘子服虔以為食菜於彘今復称原々其上世所食也於時趙氏有原同蓋々原邑而共食之也

十三年傳注宋討弍以免　正義曰往年清丘之盟宋卿亦與傳称不実其言此年宋被楚伐而晉衛不救即是不実之狀於此發傳言唯宋可以免者意在責諸国耳嫌華椒之罪累及其国恐言宋亦有罪宜其不救但盟之不信唯椒身合與宋国无罪言唯宋可以免見諸国皆合責也

注尽滅至来也　正義曰先穀之罪不合滅族尽滅其族為誅已甚亦是晉刑大过是為大悪君子既嫌晉刑大过又尤先穀自招故曰悪之来也已自取之悪之来也言大悪之意来先穀之家

十四年傳注以有弍妻之　正義曰秋祐以平为成則成亦平也男子謂妻為室故杜以為衛人以其父有平定国家之勞復以女

妻之言衛侯以女妻之也刘炫以為傳文无衛侯之女為孔達之
妻復室其子謂復以室家还其子謂達既被誅家喪沒入官復以
孔達財物家室还其子令知非者案檢傳文上孔達云苟利社稷
請以我說是孔達忠於衛国本实无罪所以告於諸侯蓋欲虛以
說晋衛人荷其功力何得没其家資男子謂妻為室則室者對夫
之言故傳云女有家男有室今若以孔達之妻而还其子便則以
母还子不得云復室其子又諸国大夫之妻傳皆不載其氏姓何
得独責孔達之妻須言衛侯之女既言復室其子明孔達之妻則
衛侯之女可知刘以孔達之妻為衛侯之女於傳无文以規杜過
於義非也　注昭明也聾闇也　正義曰人之聽視聰明唯在耳目而
已郑昭言其目明則宋不明也宋聾言其耳闇則郑不闇也耳目
各舉一事而對以相反言宋不解事必殺我也　注室皇寢門闕
正義曰下云劍及於寢門之外則屨之所及未至於外故以室皇
為寢門之闕謂至門遂及也莊十九年鬻拳葬於絰皇注云絰皇
冢前闕者亦以此而知也經傳通謂兩觀為闕唯指雉門以雉門

高大為縣旧章而使民觀之故雉門之觀特得闕名々為闕者以其在門兩旁而中央闕然為道虽則小門亦如此耳故杜於寢門冢門皆以闕言之此作窒彼作經字異音同未知孰是其名为窒皇及市名蒲胥其義皆未聞　与之言魯樂　正義曰樂謂樂居高位也　懷於至不已　正義曰懷思也謂思高位於魯也既思高位必貪々必計謀去他人既謀去他人々々亦謀去己一国之人謀去之何以不至亡也　孟獻子公説　正義曰臣聞小国之免罪於大国也使卿往聘大国而献其玉帛皮幣之物於是主人亦礼待之庭前所實莚豆醯醢有百品也君自親朝於牧伯之国而献其語国之功若征伐之功於是主人敬以待之主人之身有威儀容貌車服之飾有物采文章嘉淑皆善也有善言辞善称讚燕而送賓有加貺賄貨言賓往既若則主執亦厚礼使小国如此朝聘大国者謀其不免於罪也若不往朝聘待其被誅責而始薦賄貨則无及於好享矣今楚子在宋君其圖之勸君使往聘也刘炫以為皆是賓享聘而献物謂献其国内之物於是所献之物庭中実之有百品

謂聘享之礼亀金竹箭之属有百品也朝而献功言治国有功
故土饒物産於是有玄纁玩組羽毛歯革乃得為客負之物采文
章嘉淑謂美善之物加貨謂賄賂之多々献賄賂以謀其不免於
罪也　注物玉帛皮幣也　正義曰聘礼賓執圭以致命享用
束帛加璧夫人聘用璋享用玄纁束帛加琮其享幣又有皮
馬是聘所献物有玉帛皮幣也　注主人礼答賓　正義
曰聘礼君使卿韋弁服皈饔餼五牢有司入陳鼎豆簠簋鉶醯醢百
甕缶米百筥黍稷稲粱皆設於中庭是主人設籩豆百品実於庭
以答賓也　列炫謂治国有功土饒云々炫以杜注荘二十二年
庭実旅百奉之以玉帛諸侯朝王陳贄幣之象則朝聘陳幣亦
実百品於庭非独主人也　注容貌至亦備　正義曰杜謂於是
有者皆主人之辺故以容貌為威儀容顔正謂善為威儀容顔
以接賓也采章車服文章謂主人陳設物采文章以接賓周礼車
逆之彰也嘉淑皆訓為善容貌文章以外別言善々故以為令辞
称讃謂接賓之時善言辞善称讃也加貨謂好貨加増於常若儀二

十九年介葛盧来朝礼之加燕好成十三年孟献子為介王重賄
之々彰故以加貨為命宥幣帛也刘炫云案此勸君行聘唯商論
聘之義深不宜言王之礼備豈遷楚不礼而言此也君之威儀无
時可舍豈待朝聘賔至乃始審威儀正顔色无賔客則驕容儀容
儀非報賔之物何言報礼備又献其詒国刘炫云傳称朝以正班
爵之儀率長幼之序則不名献功成二年王礼鞏伯如侯伯克敵
使大夫告慶之礼則侯伯克敵鋭合使大夫告王征伐之功何故
親朝献牧伯礼小朝大小国不合為征後有何功可献炫謂采章
加貨則聘享献国所有玄纁玩組羽毛齒革皆充衣服旌旗之飾
可以為容皃物采文章嘉淑謂美善之物加貨言賄賂之多皆賔
所献亦庭実也於聘揔言庭実於朝指其所有詳於君略於臣也
案莊二十二年傳庭実旅百則朝者庭実又成二年傳云侯伯克
敵使大夫告慶之礼擬此文則聘賔有庭實又庭実旅百与容皃
采章相對杜何知庭実容皃之等非是賔之所有必為主人之物
又君无献征伐之功何以知献功於牧伯今知刘説非者僖二十二年楚子

入享于郑庭実旅百加籩豆六品又昭五年燕有好貨飧有陪鼎僖二十九年介葛盧来朝礼之加燕好此傳云嘉賜而有加貨故知加貨庭實之等皆是主人待賓之物礼傳賓之於主无加貨之文故杜為此解襄八年郑伯親献蔡捷于邢丘是献征伐之功於牧伯也劉苟違杜義以為庭実旅百及容自来章嘉賜加貨之等並為賓物又以諸侯親朝无献征伐之功以規杜氏違経背傳於義非也　十五年注平者成其人　正義曰平者和也言其先不平而今始平小服大弱下強之意昭七年曁齊平燕与齊平也定十年及齊平十一年及郑平魯与平也諸言平者皆举国言平摠言二国和同之意故不書其人謂不書公卿也燕曁齊平不言人此言宋人楚人史異辞耳穀梁傳曰人者衆辞也平称衆上下欲之也賈逵云称人衆辞善其与衆同欲則彼不称人者豈唯国君欲平而在下不欲乎傳載盟辞則此平有盟不書盟者釈例曰宋人及楚人平實盟書平從赴辞也　注潞赤狄從告　正義曰狄有赤狄白狄就其赤白之間各自別有種類此潞是国

名赤狄之内别種一国夷狄祖其雄豪者子孫則称豪名為種若
中国之始封君也謂之赤白其義未聞蓋其俗尚赤衣白衣也傳
称天子建德因生以賜姓胙之土而命之氏者即以国名為氏但
華夏不須言夏国名不以氏配赤狄既須言狄單国不復成文故
以氏配之潞氏甲氏皋落氏皆是也杜言氏国故称氏虽指解此
狄而中国亦然刘炫云狄称種者周礼内宰上春生種稑之種賤
之目之草木故称種林父為卿當称帥師今從将卑師衆之例直
称師者從告也　注称殺至札字　正義曰穀梁傳曰不言其兩
下相殺也言兩臣下自相殺非君殺臣不得言其大夫也釈例曰
大臣相殺死者无罪則兩称名氏以示殺者之罪王札子殺召伯
毛伯是也若死者有罪不称殺者名氏晋殺其大夫陽処父是也
傳称此人為王子捷札〻一人而札在子上故疑經文倒札字也
公羊傳曰王札子者何長庶之号也何休云天子之庶兄也允傳
言札為王孫蘇所使非是為貴不得為王之庶兄故譜以為雜人
不知何王之子　注公田至曰初　正義曰公羊傳曰古者什一

而藉古者曷為什一而藉什一者天下之中正也多乎什一大桀小桀寡乎什一大貉小貉什一者天下之中正也什一行而頌聲作矣何休云多取於民比於桀蛮貉无百官制度之費稅薄穀梁傳亦云古什一而藉孟子云夏后氏五十而貢殷人七十而助周人百畝而徹其實皆什一也趙岐注云民耕五十畝者貢上五畝耕七十畝者以七畝助公家耕百畝者徹取十畝以為賦雖異名而多少同故云皆什一也書傳言十一者多矣故杜言古者公田之法十取其一謂十畝內取一旧法既已十畝取一矣今又履其餘畝更復十收其一乃是十取其二故論語云哀公曰二吾猶不足謂十內稅二猶尚不足則從此之後遂以十二為常故曰初言初稅十二自此始也諸書皆言十一而周礼載師云凡任地近郊十一遠郊二十而三甸稍縣都皆无過十二漆林之征二十而五者彼謂王畿之內所共多故賦稅重諸書所言十一皆謂畿外之國故鄭玄云十一而稅謂之徹々通也為天下之通法言天下皆十一耳不言畿內亦十一也孟子又曰方里為井々九百畝其中

為公田八家皆私百畝同養公田公事畢然後敢治私事漢書食貨志取彼意而為之文云井田方一里是為九夫八家共之各受私田百畝公田十畝是為八百八十畝餘二十畝為廬舍諸儒多用彼為義如彼所言則家別一百一十畝是為十外稅一也鄭玄詩箋云井稅一夫其田百畝則九而稅一其意異於漢書不以志為説也又孟子對滕文公云請野九一而助國中什一使自賦鄭玄周禮匠人注引孟子此言乃云是邦國亦異外内之法則鄭玄以為諸侯郊外郊内其法不同郊内十一使自賦其一郊外九而助一是為二十而稅二故鄭玄又云諸侯謂之徹者通其率以十一為正言郊内郊外相通其率為十稅一也杜今直云十取其一則又異於鄭唯謂一夫百畝以十畝歸公今又履其餘畝稅之更十取一耳履畝穀畢偕文也趙岐不解夏五十貢七十助之意蓋古者人多田少一夫唯得五十畝耳五十而貢々五畝七十而助々七畝好惡於此鄭注考工記云周人畿内用夏之貢法邦國用殷之助法　注螽子至成螽　正義曰釋蟲云草螽負

蠜蚻螽蚣蝑李巡云皆分别蝗子異方之語也釈虫又云蝝蝮蜪
李巡云蝮蜪一名蝝蝝蝗子也郭璞云蝗子未有翅者列歆以為
蚍蜉有翅者非也如李郭之説是蝝為螽子也上云秋螽秋而生
子於地至今其子復生遇寒而死故不成災傳稱凡物不為災不
書此不為災而書之者傳云幸之也此年既饑若使蝝早生更為
民害則其困甚矣喜其冬生以為國家之幸故喜而書之公羊傳
亦云蝝生不書此何以書幸之也注風雨不豊 正義曰此
年秋螽知不為螽而饑者春秋書螽多矣有螽之年皆不書饑
而此獨書饑知年饑不專為螽故云風雨不和五稼不豊也
傳川澤至藏疾 正義曰周礼澤虞之官有大澤大藪小澤小
藪尓雅十藪皆是大澤則藪是澤藪鄭玄周礼注云澤水所鍾
也水希曰藪是藪者澤之少水之名也川沢山藪相配為文者川
是流水澤是委水俱是水故揔云納汙言其納汙濁也山有木
藪有草毒螫之虫在草在木故俱云藏疾言其藏毒害也
藪是澤藪而杜云山之有林藪者藪雖澤藪傳文与山相連藪

是草木積聚之処近山近澤皆得稱藪上既有川澤之文下別云
山藪之事此藪近山故杜云山之有林藪也劉炫以為澤旁之藪
以規杜氏非也　注匿亦訓瑕穢　正義曰瑾瑜玉之美名聘義
曰瑕不掩瑜瑜不掩瑕鄭玄云瑕玉之病也瑜其中間美者玉之
性善悪不相掩此云匿瑕似以美匿悪故云匿亦藏也言玉質雖
美亦瑕藏其中不言瑜已掩蓋瑕也　子反懼与之盟　正義
曰服虔云与華元私盟許為退師若孟任割臂与魯莊公盟下云
盟曰是兩国平後共盟而楚人為此辟耳非此華元子反私盟之
辞也　注儁絶至者三　正義曰辨名記云倍人曰茂十人曰選
倍選曰儁千人曰英倍英曰賢万人曰桀倍桀曰聖是儁為絶異
之称也有三儁才知其有才藝勝人者三事耳不知三者何事也
不祀至五也　正義曰此五者從輕至重　祀為大罪廢祀未
是害物故先言之耆酒則廢乱政事有害於民故次之棄賢人而
侵隣国其害已大又次之殺夫人傷君目罪之大者故後言之棄
仲章而奪黎氏地是為二事而并数為一者俱是為政之悪故并

数之奪黎氏地已尽奪之使黎侯失位故下云立黎侯而還更復
其国也　商紂由之故滅　正義曰史記殷本紀云紂賢辯捷疾
聞見甚敏材力過人手格猛獸知足以拒諫飾是非之端矜人臣
以能高天下以聲以為皆出已之下武王伐滅之是由恃才儁故
滅也　天反至災生　正義曰據其害物謂之災言其怪異謂之
妖時由天物在地故屬災於天屬妖於地其実民有乱德感動天
地天地為之見変妖災因民而生天地共為之耳非獨天為災而
地為妖民謂人也感動天地皆是人君感之非庶民也昭七年傳
曰国無政不用善則自取謫於日月之災言以政取謫是其由君
不由民以民表人故釋例引此即改民為人是其民謂人也傳言
天災地妖民乱歷序以為甲為治更言乱則妖災生明妖災由民
起妖災亦通言耳天無四時氣唯寒暑故杜以反時為寒暑易節
物則其数無窮故揔云群物失性反其常性即是妖也釈例曰物
者雜而言之則昆蟲草木之對也大而言之則歳時日月星辰之
謂也歳者水旱饑饉也時者寒暑風雨震電雪霜也日月者薄食

夜明也星辰者彗孛霣錯失其次也山崩地震者陽伏而不能出
陰迫而不能升也凡天反其時地反其物以害其物性皆為妖災
是言妖災皆通天地共為之此傳地反物者唯言妖耳洪範五行傳則有
妖孽禍痾眚祥六者之名以積漸為義漢書五行志說此六名云凡
草物之類謂之妖妖猶夭胎言尚微也蟲豸之類謂之孽孽則牙
孽矣及六畜謂之禍言其著也及人謂之痾痾病類言浸深也甚
則異物生謂之眚自外來謂之祥是六名以漸為稱唯眚祥有外
内之異耳大旨皆是妖也　故文反正為乏　正義曰許慎說文
序云蒼頡之初作書蓋依類象形謂之文其後形聲相益謂之字
文者物象之本字者孳乳而生是文謂之字也制字之體文反正
為乏服虔云言人反正者皆乏絶之道也人反德則妖災生々々々
則國滅亡是乏絶之道也　尽在狄矣　正義曰言尽在狄矣則狄皆有
之其反德為亂則五罪是也天地災妖傳不指斥不知於時潞國
有何災何妖也　卒立召襄　正義曰卒終也謂狄終立之非此
時即立毛氏殆亦不識但傳不言之耳　注心之至同傳　正義

曰心之精爽是謂魂魄〻〻去之何以能久　昭二十五年傳文
初稅民財也　正義曰藉者借也民之田穀出共公者不過取所
借之田穀以豐民之財故不多稅也既譏其稅畝言非禮乃舉正
禮言穀出不過藉則知所稅畝者是藉外更稅故杜以爲十一外
更十取一且以哀公之言驗之知十二而稅自此始也　冬螽
生饑幸之也　正義曰幸之者爲幸螽冬生不幸饑也而傳以饑
連螽生乃云幸之者以歲饑而後有災則民彌益甚困由饑之故
乃以爲幸故傳連饑釋之　十六年注傳例至歇前　正義曰楚
語云先王之爲臺榭也榭不過講軍實臺不過望氛祥知榭是
講武屋也名之曰宣則其義未聞服虔云宣揚威武之處義或當
然也成周〻〻之下都此榭別在洛陽講習武事則往就之爾雅釋
宮云无室曰榭又云闍謂之臺有木者謂之榭李巡曰臺積土爲
之所以觀望臺上有屋謂之榭則榭是臺上之屋居臺而臨觀講
武故無室而歇前〻〻者无壁也如今廳是也公羊以爲宣宮之
榭謂宣王之廟也以其中興其廟不毀与左氏異也　傳注代林

爲孤卿　正義曰晉之中軍之將執政之上卿也大傅又尊於上卿且加大傅以襃顯之禮命臣者皆賜之以服使服而受命傳言以黻冕者黻冕是命孤卿之服故以之命士會也論語稱禹惡衣服而致美乎黻冕鄭玄云黻祭服之衣冕其冠也此云黻冕亦當然也黻蔽膝也祭服謂之黻其他服謂之韠俱以韋爲之制同而色異韠各從裳色黻則其色皆赤尊卑以深淺爲異天子純朱諸侯黄朱大夫赤而已大夫以上冕服悉皆有黻故爲言黻冕此亦云黻冕但冕服自有尊卑耳周禮司服孤之服自希冕而下此士會黻冕當是希冕也天子大傅三公之官也諸侯大傅孤卿之官也周禮典命云公之孤四命鄭衆云九命上公得置孤卿一人春秋時晉爲霸王侯亦置孤卿文六年有大傅陽子大師賈佗則晉常置二孤　凡火至曰災　正義曰人火從人而起人失火而爲害本其火之所由故指火体而謂之爲火天火則自然而起不知本其火体故以其所害言之謂之爲災聖人重天變故異其名春秋書災多矣唯此言火耳

注烝升也升殽於俎　正義曰禮升殽於俎皆謂之烝故烝爲升

也鄭玄詩箋云凡非穀而食之曰殽則殽是可食之名切肉為殽乃升於俎故謂之殽烝　注享當至其字　正義曰若公侯來朝王為設享則當有體薦薦其半體亦謂之房烝武子謂已被王享亦當房烝今乃殽烝故怪而問之　注享則至共儉　正義曰王為公侯設享則半解其體而薦之爲不食故不解折所以示共儉也示共儉与下示慈惠成十二年傳文　注體解至惠也　正義曰王為公侯設宴礼體解節折升之於俎即殽烝是也其物解折使皆可食共食嘬之所以示慈惠也其宴飲殽烝其數無文若祭祀體解案特牲饋食礼有九體則肩一臂二臑三肫四胳五正脊六橫脊七長脅八短脅九此謂士礼也若大夫礼則十一體加脡脊代脅其諸侯天子無文或同十一　注公謂諸侯　正義曰五等諸侯摠名為公故云公謂諸侯言諸侯親來則為之設享又設燕也享用體薦燕用折俎若使卿來雖為設享仍用公之燕法亦用折俎是王室待賓之礼也周語說此甚詳王召士季曰子弗聞乎禘郊之事則有全烝王公立飫則有房烝親戚宴享

則有殽烝今叔父使士季實來唯是先王之宴礼欲以貽亦体解
節折而共飲食之於是乎有折俎以示容合好將安用全烝注国
語者皆云禘祭宗廟郊祭天地則有全其牲体而升於俎謂之全
烝王公立飫即享礼也礼之立成者名為飫十解其体而升於俎
謂之房烝傳言体薦即房烝也親戚宴享則宴享礼同皆体解節
折乃升於俎謂之殽此傳略而為文猶是彼意故注皆取彼解之
十七年注再與文同盟　正義曰錫我以文六年即位七年盟于
扈十四年于新城魯許俱在是再同盟也　傳注跛而登階
正義曰沈氏引穀梁傳云魯行父禿晉郤克跛衛孫良夫眇曹公
子首傴故婦人笑之是以知郤克跛也穀梁傳定本作郤克眇衛
孫良夫跛　以信齊沮　正義曰使沮者之言信也　而又至有
焉　正義曰晏桓子等懼晉之命不得已而來恨齊侯之使也今
晉不以礼待之而又久執之以成其悔恨言本恨齊今又恨晉齊
侯見晉如此將有背晉之心齊若叛晉何利之有言此者勸晉侯
免之耳　注勇解也　正義曰方言文　凡大至弟也

正義曰此例再言凡者前凡明稱母弟之人適子及妾子之等該凡明策書稱弟者皆母弟之義公之母弟見經者鄭段魯公子友衛叔武宋母弟而不稱弟陳公子招昭元年稱公子八年稱弟釋例曰母弟之寵異於衆弟蓋緣自然之情以養母氏之志公在雖俱稱公子其兄爲君則特稱弟殊而異之親而睦之既以隆友于之恩亦以獎爲人弟之敬成相親之益也通庶子爲君故不言夫人之子而曰母弟母弟之見於經者二十而傳之所發六條而已凡稱弟皆母弟此策書之通例也庶弟不得稱弟而母弟得稱公子故傳之所發隨而釋之諸稱弟者不言皆必稱弟也秦伯之弟鍼適晉女叔齊曰秦公子必歸此公子亦國之常言得兩通之證也仲尼因母弟之例擬例以興義鄭伯懷害弟之心天王縱群臣以殺其弟夫子探書其志故顯稱二兄以首惡使夫稱弟不閒反謀也鄭段去弟身爲謀首也然則兄而害弟稱弟以章兄罪弟又害兄則去弟以罪弟身也推此以觀其餘秦伯之弟鍼陳侯之弟黄衛侯之弟鱄出奔皆是兄害其弟者也秦伯有千乘之國而不能容

于母弟傳曰罪秦伯𢛳罪秦伯則鍼罪輕也陳侯不能制禦臣下
使遂其弟傳言非罪非黄之罪則罪在陳侯此互舉之文也至於
陳招殺兄之子宗辰率群卿以背宗國披大邑以成叛逆然不推
咎於其兄故以首惡称弟称名從兩下相殺也統論其義兄弟二
人交相殺害各有曲直存弟則示兄曲也鄭伯既云失教若依例
存弟則嫌善臣故特去弟兩見其義也若夫朝聘盟會嘉好之事
此乃兄弟之篤睦非義例之所興故仍旧史之策或称弟或称公
子踐土之盟叔武不称弟此其義也莒挐非卿非卿則不應書今
嘉獲故特書特書猶不称弟明諸書弟者皆卿也先儒說母弟者
悉褒貶既多相錯謬文云称弟皆謂公子不為大夫者得以君為
尊寵傳莒挐非卿乃法所不書々而不言弟非得以君為寵也凡
聘享嘉好之事於是使卿故夷仲年之聘皆以卿称弟而行此
例所謂凡称弟皆母弟尤傳明文而自違之顯氏又曰臣无竟外
之交故去弟以貶季友子招樂憂故去弟以懲過鄭段去唯以名
名通故謂之貶今此二人皆称公子々々者名号之美称又非貶

所也刘炫云再言凡者前凡拠適妻子为文後凡嫌妾子为君母
者不得称夫故更言凡也　十八年注傳例曰鄭子　正義曰杜
以會盟之例卿則書名氏大夫則称人此称鄭人故云鄭大夫耳
賈逵亦云鄭使大夫往殘賊之　注未同曰之傳　正義曰諸侯
之葬魯會不會則不書知呉楚之葬為僭不書者襄二十九年傳
称葬楚康王公親送葬經亦不書故知其不為魯不會也礼坊記
曰天无二日土无二王示民有君臣之别春秋不称楚越之王
喪恐民之惑也鄭玄云楚越之君僭号称王不称其喪謂不書葬
也公羊傳曰呉楚之君不書葬辟其号也辟其号者五等諸侯死
則称爵書卒及葬則從彼臣子之辭皆称為公若書楚葬亦宜
從彼所称當云葬楚王以此僭而不典不得称王故遂絶之而不
書其葬同之蛮夷言其不足紀録以懲創自求名号之僞同之蛮
夷者蛮夷卒亦不書言其不書似之也　傳注殺戕曰之名
正義曰弑者試也言臣下伺候間隙試犯其君戕者殘也言外人
卒暴而来殘賊殺害也弑戕皆是殺也所以别内外之名耳釈例

曰列国之君而受害於臣子其所由者積微而起所以相測量非
一朝一夕之漸故改殺為弒戕者卒暴之名有国之君當重門設
險而輕近暴客變起倉卒亦因是而見戒也臣弒其君子弒其父
世之惡逆君子難言故春秋諸自内虐其君者通以弒爲文也
春秋弒君多矣其戕唯此一處自弒其君足明无道臣罪之例戕
者外人所殺為无防被害皆是君自招之縱使君或无道其惡不
加外国不得從弒君之例也若戰死則書滅此謂在国見殺耳
復命於介　正義曰聘禮復命之禮云南鄉使者執圭反命曰
以君命聘于某君々々受幣于某宮某君再拜以享某君々々再
拜若聘君薨于竟歸執圭復命于殯升自西階不升堂子即位
不哭辯復命如聘子臣皆哭与介入北鄉哭亦袒括髮入門右即
位踊是君之存亡皆有復命之法今身將出奔不得親自復命故
立介於位介西南面皎反於介前北面執圭復命既復命之後北
面哭乃退括髮訖前即位北面哭三踊而出以復命之語々介使
知令介以此言告於殯也

春秋正義卷第十七

計一万六千五百五十一字

春秋正義卷第十八　成公

国子祭酒上護軍曲阜縣開国子臣孔　穎達　等奉

勅撰

正義曰魯世家云成公名黑肱宣公之子穆姜所生以定王十七年即位謚法安民立政曰成釋例曰計公衡之年成公又非穆姜所生不知其母何氏也案宣元年夫人婦姜至自齊即穆姜也至成始十八年耳二年傳稱公衡為質於楚公衡成公子也既堪為質則其年已長成公若是穆姜之子未得有成長之男　元年注周二至冬温　正義曰襄二十八年春無冰彼春無月則是竟春無冰此亦應竟春無冰而書在二月下者以盛寒之月書之也穀梁傳曰終時無冰則志此未終時而言無冰何也終無冰矣加之寒之辭也其意言此月寒甚此月無冰則終無冰矣言今之杜十二月者見此意也冬而無冰是時之失故書之記冬温也　注周礼至故書　正義曰周礼九夫為井四井為邑四邑為丘四丘為甸小司徒職文也司馬法六尺為步步百為畝畝百為夫夫三

為屋々三為井四井為邑四邑為丘々有戎馬一匹牛三頭是曰匹馬丘牛四丘為甸々六十四井出長轂一乘馬四匹牛十二頭甲士三人步卒七十二人戈楯具謂之乘馬然則杜之此注多是司馬法文而独以周礼冠之者以司馬法祖述周礼其所陳者即是周法言此是周之礼法耳不言周礼有此文也鄭注論語云司馬法成方十里出革車一乘与此不同者鄭注小司徒云方十里為成緣边一里治溝洫實出税者方八里六十四井案鄭注小司徒又引司馬法云成出革車一乘甲士十人徒二十人十成為終千井革車十乘甲士百人徒二百人十終為同万井革車百乘甲士千人徒二千人与此車一乘甲士三人步卒七十二人不同者小司徒辨畿内都鄙之地域鄭所引士十人徒二十人者謂公卿大夫畿内采地之制此之所謂諸侯邦国出軍之法故不同也古者用兵天子先用六鄉々々不足取六遂々々不足取公卿采邑及諸侯邦国若諸侯出兵先尽三鄉三遂鄉遂不足然後揔徵竟内之兵案此一車甲士步卒揔七十五人周礼大司馬五人為伍

五伍為兩四兩為卒五卒為旅五旅為師五師為軍大數不同者大司馬所云謂鄉遂出軍及臨時對敵布陳用兵之法此甲士三人步卒七十二人謂徵課邦國出兵之時所徵之兵既至臨陳还同鄉遂之法必知臨敵用鄉遂法者以桓五年戰于繻葛先偏後伍又宣十二年廣有一卒卒偏之兩及尚書牧誓云千夫長百夫長是臨時對敵皆用卒兩師旅也長轂馬牛甲兵戈楯皆一甸之民同共此物若鄉遂所用車馬甲兵之屬皆國家所共知者以一鄉出一軍則是家出一人其物不可私備故也此言四丘為甸並擬上地言之若以上中下地相通則二甸共出長轂一乘耳甸即乘也六十四井出車一乘是故以甸為名此一乘甲兵甸之所賦今魯使丘出甸賦乃四倍於常譏其重斂故書之也穀梁傳曰作為也丘為甲也丘甲國之事也丘作甲非正也古者立國家百官具農工皆有職以事上古者有四民有士民有商民有農民有工民丘作甲非正也其意以為四邑為丘使一丘農民皆作甲以農為工失其本業故譏之今左氏經傳並言作丘甲耳重斂之事傳

无明文而知必異穀梁以為丘作甸甲者以傳云為奇難故作丘
甲以慮有奇難而多作甲兵知使丘為甸甲而倍作之也士卒牛
馬悉倍於常而独言甲者甲是新作之物其餘斂充之耳非作之
也說其新作故舉甲言之初稅畝言初此不言初者此備奇難暫
為之耳非是終用故不言初然則築城備難非時不說此亦備難
而說之者魯是大国甲兵先多僖公之世頌云公車千乘昭公之
蒐傳称革車千乘此時亦應然也其甲足以拒敵而又加之重斂
故說之　傳注康公至无備　正義曰宣十年經書王季子來聘
傳言刘康公知即王季子也傳言平戎于王必遣使詣周受平
但康公要戎者非要戎平還之使單使來平不足伐也欲伐其国
耳以未平之日設備禦周今既平矣戎必无備要其无備將遂往
伐之故下云遂伐茅戎起兵伐其国也　敗績于徐吾氏　正義
曰敗于徐吾之地也茅戎已是戎内之別徐吾又是茅戎之内聚
落之名王師与茅戎戰之処二年注魯乞至奇地　正義曰杜云
盟主之令故不從与謀釋例云乞師不得從与謀所以不月者以

良得兩通故互言之魯於聘与盟會兼二卿並行止書一使至於
行師用兵則並書諸將故書四卿昭定之世或書三卿或書二卿
皆謂重兵故書之其他国唯書元帥詳內略外也書曹公子首者
釋例曰公侯伯子男及卿大夫士命數周官具有等差春秋時
漸以变改是故仲尼丘明拟時之宜從而然之不復与周官同也
命者其君正爵命之於朝其宮室車旗衣服礼儀各如其命數皆
以卿礼書於經衛之於晉不得比次国則邾莒杞鄫之屬固以微
矣此等諸国當時附随大国不得列於會者甚衆及其得列上不
能通於天子下无暇於備礼成制故与於盟會戰伐甚多唯曹
公子首得見經其餘或命而礼儀不備或未加命數故皆不書之
是言首成爲卿故書　注穀梁至十里　正義曰齊之四竟不應
過遙且案已是齊地未必竟上之邑豈得去齊有五百里乎穀梁
又云壹戰緜地五百里則是甚言之耳釋例土地名案与袁婁並
闕不知其処遠近无以驗之　注晉使至言歸　正義曰晉使齊
還魯々不用力故直書取哀八年齊人歸讙及闡此不言齊人歸

者不以好得非齊敵我故不言敵　注子重不昏不親伐　正義
曰僖二十五年楚人圍陳注云子玉称人從告此云子重不昏不
親伐者彼以路遠或有不以實告此傳言侵衛遂侵我道路既近
告當以實經傳皆言楚師例是將卑師衆故以為子重不親伐所
以弘通其義也　注公与至君故　正義曰傳称在礼卿不會公
侯會公侯則貶之而称人翟泉之盟是也此嬰齊會公許亦應貶
而不貶者為其會〻有蔡許之君蔡侯許男与公相敵嬰齊不与公
敵故不貶也傳称孟孫賂楚〻人許平即云十一月公及楚公子
嬰齊蔡侯許男秦右大夫說宋花元陳公孫寧衛孫良夫鄭公子
去疾及齊国之大夫盟于蜀凡會且盟者必先會而後盟〻時蔡
許在列會時必亦在焉以二君乘楚車謂之失位經雖抑而不書
會時其身実在且二君与楚同行无容不列於會故知二君在會
嬰齊不敵公也或以為於時兵將嬰齊為主蔡許為王左右隷屬
嬰齊則二君卑於嬰齊何由得与公敵斯不然矣征伐以主兵為
先盟會以尊卑為序春秋之常也僖二十七年楚人陳侯蔡侯鄭

伯許男囲宋楚既称人必非貴者為其主兵猶序於上文七年公
會諸侯晋大夫盟于扈傳曰斉侯宋公衛侯陳侯鄭伯許男曹伯
會晋趙盾盟于扈於時晋為盟主召諸侯使集會而趙盾猶序於
下文不先諸侯則知此時行兵楚為其主會則蔡許在先故二君
自敵公明嬰斉不敵公也襄二十六年公會晋人鄭良霄宋人曹
人于澶淵傳曰公會晋趙武宋向戌鄭良霄曹人于澶淵趙武不
書尊公也於是衛侯會之然則時猶衛侯猶貶趙武者於時衛侯
雖往晋將執之不得与會而趙武敵公故貶之也彼傳又曰晋人
執甯喜北宮遺使女斉以先皈衛侯如晋々人執之於會已執其
卿衛侯如晋々即執之明其不得与會公无所敵故趙武敵公与
此異也　注斉在至悪也　正義曰諸會盟目地而間語他事者
例不重序其人此會盟別序者前會之時唯公會楚耳蔡許従楚
而行唯應蔡許在列秦宋以下諸国未至會盟人別故別序也諸
征伐會盟實卿而貶稱人者傳皆言其名氏實是大夫而本合稱
人者則傳皆言大夫此傳鄭公子去疾以上言其名氏則皆是卿

也齊国之大夫則實是大夫故齊在鄭下為非卿故也傳曰卿不書匱盟也謂匱盟之故并貶楚之卿楚卿於是盟上始与中国相準釈例曰楚之君臣最多混錯旧説亦隨文強生善悪之状混瀆无已其不能得辟則皆言悪蛮夷得志然當齊桓之盛而經以屈完敵之若必有褒貶非抑楚也此乃楚之初與未閑周之典礼告命之書自生同異猶秦之辟陋不与中国準故春秋亦未以存例也楚之熊繹始封於楚辟在荊山蓽路藍縷以処草莽及武王熊達始居江漢之間然未能自同於列国故經称荊敗蔡師荊人来聘従其所居之称而摠其君臣至於魯僖始称楚人而班次在於蔡下依二十一年當楚成王之世能遂其葉内列於公侯會于盂楚之君爵始与中国列然其臣名氏猶多参錯至魯成二年楚公子嬰齊始乃具列傳曰卿不書匱盟也兼為楚臣示例也自此以上春秋未以入例自此以下褒貶之義可得而論之也杜言兼為楚臣示例者解傳言匱盟之意傳言卿不書者非独言諸侯之卿不書兼言楚卿亦不書是兼為楚卿示例　傳注膞礫也　正義曰

周礼掌戮掌斬殺賊諜而搏之鄭玄云搏當為膊諸城上之膊字之誤也膊謂去衣磔之方言云膊曝也　注取竜至未閲　正義曰外取内邑非魯之罪无所可諱而此独不書故杜云其義未閲賈逵云殺盧蒲就魁不与齊盟以亡其邑故諱不書耳案楚子滅蕭嬰齊入莒皆殺楚人而經不變文以加罪此何為改文以諱悪也襄八年齊人取讙及闡以謠女見取猶尚書之此殺敵見取何以當諱知諱義不通故不從也　皆不對　正義曰子者指斥孫子其言並告諸將言皆不對者孫子与甯相向禽皆不對又曰子国卿也乃専与孫子言耳　注于奚守新築大夫　正義曰大夫守邑以邑冠之呼為某人孔子父鄹邑大夫儔称鄹人紇論語謂孔子為鄹人之子即此類也　注軒縣至南方　正義曰周礼小胥正楽縣之位王宮縣諸侯軒縣卿大夫判縣士特縣鄭衆云宮縣四面縣軒縣去其一面判縣又去一面特縣又去一面四面象宮室四面有牆故謂之宮縣軒縣三面其形曲故春秋傳曰請曲縣繁纓以朝諸侯之礼也鄭玄云楽縣謂鍾磬之屬縣於筍虡者

軒縣去南面辟王也判縣左右之合又空北面特縣縣於東方或於階間而已是先儒皆以闕南方故曲也家語說此事云請曲縣之条繁纓以朝王肅云軒縣闕一面故謂之曲縣 注繁纓至之服 正義曰周礼巾車掌王之五路玉路樊纓十有再就以祀金路樊纓九就同姓以封象路樊纓七就異姓以封革路條纓五就以封四衛木路前樊鵠纓以封蕃國鄭玄云樊讀如鞶帶之鞶謂今馬大帶也纓今馬鞅也玉路金路象路其樊及纓皆以五彩罽飾之就成也玉路十二成金路九成象路七成革路樊纓以條絲飾之而五成木路以淺黑飾韋為樊鵠色飾韋為纓亦五成是言天子諸侯樊纓之飾繁即鞶也字之異耳巾車又云孤乘夏篆卿乘夏縵大夫乘墨車士乘棧車其飾皆无樊纓是繁纓為馬之飾皆諸侯之服也案儀礼既夕士薦馬纓三就又諸侯之卿有受革輅木輅之賜皆有繁纓而云諸侯之服者以与曲縣相對又于奚所請故云諸侯之服且諸侯之卿特賜乃有大輅士喪礼為送葬設盛服耳皆非正法所有也 仲尼至止也已 正義曰仲尼在

後聞之曰此曲縣繁纓可惜也不如多与之邑唯車服之器与爵号之名不可以借人也此名号車服是君之所主也名位不愆則為下民所信此名所以出信也動不失信然後車服可保此信所以守車服之器也礼明尊卑之別車服以表尊卑車服之器其中所以藏礼言礼藏於車服之中也義者宜也尊卑各有其礼上下乃得其宜此礼所以行其物宜也物皆得宜然則是利生焉此義所以生利益也利益所以成民此乃政教之大節也若以名器借人則是与人政也政教既亡則国家從之而亡不復可救止也已言利以平民者平成也每事有利所以成就下民使国益民皆是利也此以曲縣繁纓与人假人器耳名器俱是可重故并言名

注范文子代荀庚　正義曰宣十二年邲之戰傳稱荀林父將中軍先縠佐之士會將上軍郤克佐之趙朔將下軍欒書佐之十三年晉殺先縠蓋是士會佐中軍郤克將上軍不知誰代郤克佐上軍疑是荀首為之十六年士會將中軍則林父卒矣蓋是郤克佐中軍疑是荀首將上軍荀庚佐之十七年士會請老郤克將中軍

當是荀首佐中軍荀庚將上軍所以知者此年傳稱楚屈巫對莊王云知罃之父中行伯之季弟也新佐中軍則荀首於莊王之世已佐中軍明士會老後郤克迁而荀首代也首於邲戰尚為大夫不應宜之末年得佐中軍故疑先縠死後代郤克佐上軍也明年荀庚來聘傳稱中行伯之於晉也其位在三則此時荀庚將上軍矣林父卒來已久不應始用荀庚故疑林父卒後荀庚即佐上軍士會老後荀庚轉將上軍故杜以為士燮代荀庚也邲戰以來趙朔死代今欒書將下軍則趙朔卒矣故知欒書代趙朔不知此時誰代欒書佐下軍也　注中軍至不息　正義曰以郤克為中軍之將言已之傷而未絕鼓音明是法當自執旗鼓也周礼大僕軍旅田役贊王鼓鄭玄云王通鼓佐擊其餘面上云齊侯親鼓則天子諸侯自將兵者亦親執旗鼓以令衆　若之至事也　正義曰郤克云余病矣言已不堪擊鼓欲有退軍之意故責之云如之何其以身病之故欲喪敗君之大事也　援枹而鼓　正義曰說文云援引也枹擊鼓杖也援枹而鼓謂引杖以擊之　注居中至在

左　正義曰韓厥爲司馬亦是軍之諸將也以夢之故乃居中爲御明其本不當中先非御者若御不在中又不須云代御以此知自非元帥其餘軍之諸將皆御者在中將在左　注齊侯不知戎礼　正義曰僖二十二年傳曰雖及胡耈獲則取之明恥教戰求殺敵也宣二年傳曰戎昭果毅以聽之之謂礼殺敵爲果致果爲毅是戎事以殺敵爲礼齊侯謂射君子爲非礼者乃是齊侯不知戎礼也　皆肘之　正義曰說文云肘臂節也謂左右爲肘处故以肘排退之　韓厥俛定其右　正義曰言此者爲下丑父与公易位由厥之俯故不覺其易綦毋張蓋助厥定右故並不見之　注轏士車　正義曰周礼巾車士乘棧車鄭玄云棧車不革鞔而漆之考工記輿人云棧車欲弇鄭玄云爲其无革鞔不堅易坼壞然則弇者謂上狹下闊也轏与棧字異音義同耳　韓厥至以進　正義曰襄二十五年鄭公孫舍之帥師入陳傳曰陳侯免擁社子展執縶而見再拜稽首承飲而進獻事与此同唯无璧耳蓋古者有此礼彼雖敗績猶是國君故戰勝之將亦之以臣礼事之不忍

即加屈辱旡以申貴賤之義晉語云靡笄之役郤獻子伐齊々侯
來獻之以得殯命之礼也服虔引司馬法其有殯命以行礼如會所
用伐也若殯命則左結旗司馬授飲右持苞壺左承飲以進杜不
引之者蓋彼此不甚相当故也　注重其至求之　正義曰
炫以齊侯三入齊軍又三出齊軍以求丑父每出之時齊之將師
敗而怖懼以師而退不待齊侯致使齊侯入于狄卒令知不然者
以傳文三入在前三出在後若用此說齊侯先在晉軍令入齊軍
得以三入在前令齊侯既先在齊軍欲出求丑父應先出後入不
應先入後出且初時二出容有二入在後之出遂入狄卒有出无
入何得云三入又以傳文師帥兩字分明故杜以為齊侯每出齊
帥以師房退者每出之文別自為義不討上之三出劉君不達此
旨妄規杜失非也　注媚人至所得　正義曰經書齊侯使国佐
如師故知賓媚人即国佐也杜譜云国佐賓媚人武子三更互見
於經傳不知賓媚人是何等名号也鄭衆注考工記云甗无底甑
方言云甑自関而東謂之甗知甗是甑也下云子得其国宝知甗

亦以王為之傳文王在甗磬之間明二者皆是王也莊四年紀侯大去其國不言齊滅而云滅紀所得者紀侯被逼而去後齊侯收其民人又取其珍宝此則与滅无異故為此解　蕭同至類也乎正義曰蕭同叔子非他人是寡君之母也若以匹敵言之則亦晋君之母也吾子布大命於諸侯而曰必質其諸侯之母以為信其若王命何先王之命諸侯也使之孝於母親其類令輕慢其母不受同類即是違王命也奈此王命何乎令輕齊侯之母亦是輕晋侯之母自輕其母即是不孝且告語諸侯云以母為質是亡者以不孝之事令諸侯也詩之意言孝子所以行孝不為匱乏之道故以孝道長賜女之族類諸侯皆晋侯之類晋侯皆以孝德賜同類若以不孝之事号令諸侯其无乃非是以孝德賜同類乎責其違孝道也所引詩者大雅既醉之篇　詩曰我其畝　正義曰此詩小雅信南山之篇　四王至之欲　正義曰禹湯文武四王之王天下也立德於民而成其同欲民有所欲上即同之東畝南畝皆順民意五伯之霸諸侯也唯勤勞其功而撫順之以奉事王命而已

不改王之制度也吾子求合諸侯以快其无疆畔之欲止求自快
已欲不与民同是違王霸之政也　注夏伯至晉文　正義曰鄭
語云祝融已昭顯天地之光明其後八姓昆吾為夏伯矣大彭豕
韋為商伯論語云管仲相桓公霸諸侯昭九年傳曰文之伯也豈
已改物是三代有五伯矣伯者長也言為諸侯之長也鄭玄云天
子衰諸侯與故曰霸々把也言把持王者之政教故其字或作伯
或作霸也　詩曰至寧　正義曰詩商頌言成湯布政優々然
而寬故百種福祿於是聚斂之子實不已優寬而自棄福祿於諸
侯何害言不已為諸侯害也所引詩者商頌長發之篇　注戰而
曰犒為孫辭　正義曰士卒之勞於外師衆枯槁以酒食勞之謂
之犒師此以師拒戰非犒勞之義而亦稱犒者言以式師衆往當
待之如以酒食犒之然為孫順之辭耳　注言完至從命　正義
曰言於先字全福章之時尚不違晉故言亦云從也是指其實事
劉炫以為齊人請戰言敝邑脫或有幸戰勝亦云從也虛稱未然
之更非違文勢上下苟異杜氏而規其過非也　注藉薦至白也

正義曰禮承玉之物名為繅藉々是承薦之言故為薦也復者報
命於君故為白也言无物則空口以為報少有所得則与口為藉
故曰藉口服虔云今河南俗語治生求利少有所得皆言可用藉
手矣　注上鄭至史闕　正義曰定八年經書公會晉師于瓦此
独不書故云史闕謂旧史先闕故仲尼脩經無之　賜三至之服
正義曰周礼典命公之孤四命其卿三命其大夫再命其士一命
侯伯之卿大夫士亦如之此三帥皆卿也本国三命故魯賜以三
命之服司馬司空輿帥候正亞旅皆大夫本国一命故皆受一命
之服於卿言賜於大夫言受互相足也周礼大夫再命此司馬司
空等皆一命者春秋之時其变已異於周礼故大夫一命　注三
帥至之物　正義曰三卿各統一軍故揔称三帥魯君之賜晉臣
正可知其往所得服改新以与之耳不得特命他臣發初賜以此
物且被若先無此物則無由敢受魯賜故杜以為此三帥已嘗受
王先路之賜今改而易新并此車所建之旌旗所著之衣服皆賜
之也案釈例先路者革路若木路或云先或云次蓋以就數為差

其受之於王則称大杜言革路若木路者或用革或用木也知受之於王則称大者鄭子蟜叔孫穆子受之於王皆称大是也革木是卿大夫車之尊者故云大路金路是諸侯車之尊者亦称大則定四年大路大旂是也玉路天子車之尊者亦称大故顧命云大路在賓階面是也言所建所服之物者周礼巾車革路建大白以即戎司服云凡兵事韋弁服巾車又云木路建大麾以田司服又云凡田冠弁服然則此車所建或是大白大麾所服或是韋弁冠弁劉炫以爲既言先路則是晉君之賜杜云受王先路之賜非其義也今知不然者杜以穆叔子蟜嘗受王路故杜擬而言之釈例應云受王大路之賜言先路者順傳先路之文故也劉以爲嘗受晉君賜而規杜氏非也　注晉司訖侯賜　正義曰司馬司空本是卿官之名但晉之諸卿皆以三軍將佐爲号其司馬司空皆爲大夫之官仍有爲卿之嫌故云晉司馬司空皆大夫也明他国以爲卿晉以爲大夫也輿帥訖於亞旅本是大夫官名故又云亦大夫也軍行有此大夫從者司馬主甲兵司空主營壘輿帥主兵車

候正主斥候亞旅次於卿是衆大夫也其事職掌散共軍吏故後
言之直愛[言]服嫌非魯賜故云皆魯侯賜　注燒蛤記從葬　正
義曰晋語云雀入于海為蛤雉入于淮為蜃月令孟冬雉入大水
為蜃鄭玄云大水謂淮也大蛤曰蜃則蜃者蛤之類也周礼掌蜃
掌斂互物蜃物以共闉壙之蜃鄭玄云互物蚌蛤之屬闉猶塞也
將井椁先塞下以蜃禦濕也是用蜃以塞壙也礼檀弓記曰塗車
芻靈自古有之鄭玄云芻靈束茅為人馬謂之靈者神之類也不
解塗車芻是用泥為車也傳言益車馬者謂用此塗車茅馬益多
於常故云多埋車馬也鄭玄云殺人以衛死者曰殉言殉还其死
右也言始用殉則自此以後宋君葬常用殉故謂此為始也刘炫
以為用蜃炭者者用蜃復用炭知不然者杜以傳用蜃炭共文故
知燒蛤為炭又且炭之類[亦灰]虽灰亦得称炭刘君以為用蜃復用炭
而規杜氏非也　注重猶多也　正義曰重謂重疊故猶多々
為盟器也言器備者士喪礼下篇陳明器云用器弓矢耒耜敦
杅槃匜役器甲冑干笮燕器杖笠翣其器有共用之器有備禦之

器言器備故　注四阿至王礼　正义曰周礼匠人云殷人四阿重屋郑玄云阿棟也角設棟也是为四注椁也士喪礼下篇陳明器云抗木横三縮二謂於椁之上設此木従二横三以負土則士之椁上平也今此椁上四注而下則其上方而尖也礼天子椁題湊諸侯不題湊不題湊則亦四阿釋詁云楨翰榦也舍人曰楨正也築牆所立兩木也翰所以當牆兩邊障土者也翰在牆之旁則知此翰亦在旁也詩云會弁如星郑玄云會謂弁之縫中書其際會之処也會在弁之上知此檜亦在上棺有此物明是其飾故以为旁飾上飾也言椁有棺有則是本不當有言其厚葬譏其奢僭宋公所僭必僭天子明此四阿翰檜皆是王之礼也蜃炭言用亦本不當用其蜃炭蓋亦王之礼也車馬器備法得有之言益言重但譏其多耳殉則本不得然非譏其僭　注若言何用为臣　正义曰言何用为臣是不成臣也言雖有若無則君還以为不成臣与杜义無別而規杜氏非也　哭於至以葬　正义曰哭於大门之外謂大门外之西東面衛人逆之謂大门外之東西面各従賓

主之位婦人哭於門内謂門内之西東面以堂上在西東面故也
至於三子之去衛人送之其位如之自此有隣国弔者常行此礼
以至於葬鄭氏云雜記弔者即位于門西東面主孤西面相者受
命曰孤某使某請事客曰寡君使某如何不淑相者入告出曰孤
某須矣弔者入主人升堂西面弔者升自西階東面致命此臣奉
君命行弔之礼今三子師行經衛身不敢成礼故於大門之外注
喪位婦人哭於堂　正義曰喪大記云君之喪夫人坐于西方内
命婦姑姊妹子姓立于西方外命婦率外宗哭于堂上北面又
曰婦人迎客送客不下堂是喪位婦人哭於堂　周書所謂也
正義曰周書康誥之篇周公述文王之事以告康叔云惟乃丕顯
考文王克明德慎罰丕臣既引其言乃申其意言文王能為此行
故所以造周国也務崇之謂務欲崇益道德務去之謂務欲去
其刑罰　夫子蠻殺御叔　正義曰子蠻御叔自以短命死耳似天
鍾美於是致使物莫兩大故亦以二事為夏姬之罪　既吾聘女
正義曰礼記内則云聘則為妻奔則為妾道之云女既鄭国吾依

札聘女以爲妻也　注至郤克族子　正義曰世本郤豹生冀芮々生缺々生克又云豹生義々生步揚々生蒲城鵲居々生至如世本克是豹之曾孫至是豹之玄孫於克爲二從兄弟子　注禁錮勿令仕　正義曰說文云錮鑄塞也鐵器穿穴者鑄鐵以塞之使不漏禁人使不得仕官者其實亦似之故謂之禁錮今世猶然

注王卒至之位　正義曰諸言御戎皆御君之戎車此云彭名御戎知王戎車亦行也若君親在軍則君當車中御者在左勇力之士在右故御戎戎右常連言之此王車雖行王身不在故不立戎右使御者在中令蔡許二君居王車上當左右之位若夾衛王然下注云乘楚王車爲左右是二君皆在車之上也

注齊大夫卿也　正義曰諸大夫盟會經貶之稱人或揔言大夫若實是國卿本合書名者傳即顯其名氏若本是大夫不合書名者傳直言其大夫見其貶与不貶俱當稱人故不復言其名氏此傳言齊國之大夫傳不顯其名爲非卿故也襄十六年湨梁之會經書戊寅大夫盟傳云於是叔孫豹晉荀偃宋向戌衛甯殖鄭公孫蠆小邾之

大夫盟於時會上鄭之下有曹莒邾薛杞而小邾之大夫最處其下舉小邾而上包之此盟鄭人之下有齊曹邾薛鄫俱是大夫齊最在上舉齊而下總之止為齊若是卿則合言名氏此會非卿故舉齊也　注匱乏之也　正義曰私竊為盟〻終不固此盟是匱乏之道也傳既言匱盟以解經又自解名曰匱盟之意於是乎畏晉而竊与楚盟故曰此是匱乏之盟也諸侯之卿竊与楚盟而仲尼貶之言其不應背晉故責之也責諸侯之背晉是成晉為盟主也哀十二年公會吳于橐皋吳子請盟公不欲使子貢辭之而私与衛侯宋皇瑗盟彼畏吳而竊相与盟不貶者不与吳為盟主言其私盟可許但魯自畏吳不昏其盟其情無可責也釋例曰諸侯畏晉而竊与楚盟書盟而貶其卿此所以成晉為盟主也吳之彊大始於會鄭終於黃池凡三會三伐三盟唯書會伐而不書盟者吳以盟主自居而行其夷礼〻伐不典則盟神不蠲非所以結信義昭明德故不録其盟不与其成為盟主也既不与吳之為盟主則宋魯衛三国私盟可許故無貶文是也若然依二十一年公會諸

侯盟于薄二十七年公會諸侯盟于宋彼二者皆顯与楚盟並無貶責此竊与楚盟而貶之者當僖公之時齊桓既卒晉文未興中国无伯唯強是与魯遠共楚盟非所可責此時晉為盟主堪率諸侯私竊為盟心實畏晉故貶之耳然諸侯之卿畏晉容可貶之楚之強盛怕与晉敵非是畏晉卿亦貶者楚既強盛應顯然作盟今私竊受盟不敢宣露亦是畏晉之義且成晉為伯更須貶楚　注乘楚民之別　正義曰小国之從大国其征伐也皆自乘其車自率其軍民戰陳之時与同出力耳此二君棄己之車乘楚之乘乃為楚之王左右則是失位既失其位非復国君故傳与盟會並皆不序經書楚之師鄭師侵衛於時蔡許在矣公會楚之公子嬰齊于蜀蔡許亦在也及盟又蔡許之君在焉侵也會也盟也三處並失其位經悉不書故傳於盟下揔之明上侵衛會蜀皆失位也旧說諸侯之貶亦書為人杜意謂諸侯之貶不民於人故因此而又明之卿不省則稱人諸侯不書則全不見經此是君臣之別明貶諸侯無稱人之法也　詩曰民攸塈　正義曰此大雅假樂之篇大誓民

衆也　正義曰泰誓云受有億兆夷人离心离德予有乱臣十人同心同德此言大誓所謂者引其意非本文也　注三吏三公也　正義曰曲礼云五官之長曰伯其擯於天子也曰天子之吏鄭玄云謂三公也是三公称吏故知三吏三公也　礼之亞一等　正義曰如侯伯克敵使大夫告慶之礼則不得依献捷之礼其献捷之礼王待之必重於告慶之礼鞏朔晋之上軍大夫也縱使得如献捷之礼亦當降卿礼一等傳言降於卿礼一等以見王待鞏朔不失常也　三年注宋衛亞礼也　正義曰依九年傳曰宋柏公卒未葬而襄公會諸侯故曰子凡在喪公侯曰子傳因未葬而發在喪之例是先君未葬嗣君不得称爵以命諸侯也知非踰年得成君者文八年八月天王崩九年春毛伯来求金傳曰不書王命未葬也彼王既踰年矣猶不得称王命臣知諸侯雖則踰年但是未葬不得称爵以接隣国正以王不命臣明知其非礼也　注三年亞哭之　正義曰公羊傳曰新宮者何宣公之宮也宣宮則曷為謂之新宮不忍言也其言三日哭何廟哭三日哭礼也穀梁傳

曰新宮者禰宮也三日哭哀也甚哀礼也迫近不敢称謚恭也二
傳皆以新宮為宣宮三日哭為得礼故杜依用之宣公以其十八
年冬十月薨至二年十月而大祥〻而禘祭神主新始入廟故謂
之新宮礼檀弓記曰有焚其先人之室則三日哭故曰新宮火亦
三日哭鄭玄云謂人燒其宗廟新宮火人火也記称新宮火者指
此新宮災耳傳例曰天火曰災人火曰火三家經傳有五字皆為
災鄭玄以為人火虽非其義要天火人火其哭皆當三日是其善
得礼也哀三年桓宮僖宮災不言哭而此言三日哭者釈例曰新
宮者宣公之廟父廟也諒闇始闋而遇天災故感而哭之以致哀
異於餘廟也 及荀庚盟 正義曰隱元年及宋人盟于宿魯之微
者及之也此言及荀庚盟及孫良夫盟十一年及郤犨盟皆是公
自及之非臣及之也知者僖二十八年傳晉欒枝入盟鄭伯襄十
一年傳晉趙武入盟鄭伯鄭子展出盟晉侯臣對君者皆君自与
盟知此使來亦公自与盟也上言來聘盟又不地盟於國都公親
可知故不言公 注不書至辟略 正義曰直舉国名傳亦其說

知是告辭賂故史異文耳賈逵云鄭小国与大国爭諸侯仍伐許
不称將帥夷狄之刺無知也此年夏鄭公子去疾帥師伐許明年
冬鄭伯伐許先後並無貶責何独此伐偏刺之　傳注以血塗釁
鼓　正義曰說文釁血祭也礼雜記釁廟之礼云雍人舉羊升屋
自中々屋南面刲羊血流于前乃降釁廟以血塗廟知釁鼓以血
塗鼓也　然則德我乎　正義曰德加於彼々荷其恩故謂荷恩
為德論語以德報德傳称王德狄人皆是也　死且不朽　正義
曰懷荷君恩身雖死而朽腐此恩不朽腐也死尚不朽以示其至
死不忘也　注宣十至討之　正義曰謂赤狄餘民散入咎如之
內令伐咎如者來就咎如之內討彼赤狄餘黨然廧咎如容赤狄
餘民則咎如亦赤狄矣刘炫以為廧咎如之国即是赤狄之餘令
知不然者以赤狄之国種類極多潞氏甲氏鐸辰皐落氏等皆是
其類並為建国假令潞氏甲氏鐸辰皐落雖滅自外猶存則是不
滅者多止應言討赤狄之類不得称餘且伐者毀其鐘鼓討者責
其罪狀以廧咎如容受赤狄餘黨故伐而討責若以廧咎如即是

亦狄之餘應取土地與無絶滅何爲唯伐討而已列以屬咎如卽是亦狄之餘而規杜非也　注此傳云四字　正義曰傳言上失民也釈經潰文若經无潰文則傳無所解故疑經闕此四字釈例曰傳云屬咎如潰上失民也今經但言伐屬咎如无屬咎如潰之文若經本无此文則丘明爲横益經文而加失民之傳也是言知經闕之意也文三年潰叛已有例矣復發傳者嫌夷狄異於中國故重發也　其位在三　正義曰於時郤克將中軍荀首佐之荀庚將上軍是其位在三也　注云下卿者傳称小國之上卿當大國之下卿又言衛在晉不得爲次國則以衛爲小國荀庚若是中卿自然當先晉矣乃云晉爲盟主其將先之直以盟主先晉明是二人位等以此知荀庚是下卿也晉立三軍將佐有六第三猶爲下卿則其餘皆下卿也蓋以諸侯之礼唯合三卿三是其正故定以三人爲上中下餘皆從下卿也卿有上下往年賜晉三帥皆以三命之服者侯伯之卿礼皆三命上卿下卿命不異也　注春秋武小國　正義曰古制以爲大國侯伯爲次國子男爲小國以土地

之大小余数為等差也春秋之世強陵弱大吞小爵雖不能自改
地則以力升降諸侯聚會強者為雄史書時変大小為序此変不
可改易仲尼即而用之宋公在斉侯之下許男在曹伯之上不復
討爵之尊卑故衛雖侯爵猶為小国以地狭小故也襄二十五年
傳子産論晋曰今大国多数圻矣圻方千里是晋有方千里者三
四也昭五年十三年傳皆言晋有革車四千乘計衛比於晋不過
當五六分之一耳故不得為次国其為次国者蓋斉秦乎　注韓
厥至六軍　正義曰杜知韓厥為新中軍及上下新軍将佐者以
下六年傳云韓厥将新中軍且為僕大夫時晋更増置新中上下
三軍韓厥将新中軍名居其首故杜依名配其将佐　将授玉
正義曰玉謂所執之圭也凡諸侯相朝升堂授玉於両楹之間於
此時郤克趨進故記之也史記斉世家曰頃公十一年晋初置六
軍頃公朝晋欲尊王晋景公々々不敢當晋世家云景公十二年
斉頃公如晋欲上尊景公為王景公譲不敢然此時天子雖微諸
侯並盛晋文不敢請隧楚荘不敢問鼎又斉弱於晋所較不多豈

為一戰而勝便即以王相許準時度勢理必不然竊原馬遷之意所以有此說者當讀此傳將援玉以為將援王遂飾成為此謬辭耳　注戎朝異服　正義曰周礼司服凡兵事韋弁服礼玉藻記云諸侯皮弁以聽朔朝服以日視朝聘礼賓皮弁聘公皮弁迎賓迎聘客尚以皮弁迎朝賓必皮弁矣在朝君臣同服公當皮弁則韓厥於時亦皮弁也鄭玄云韋弁以韎韋為弁又以為衣裳春秋傳曰晉郤至衣韎韋之跗注是也皮弁之服十五升白布衣素積以為裳是戎朝異服也　四年冬城鄆　正義曰釋例土地名曾有二鄆文十二年城諸及鄆杜云此东鄆莒魯所爭者城陽姑幕縣南有員亭或曰鄆即員也成十六年傳晉人執季文子公待于鄆杜云此西鄆昭公所出居者東郡廩丘縣東有鄆城然則此為公欲叛晉故城鄆以為備當西鄆也　傳通嗣君也　正義曰文元年公孫敖如齊傳曰始聘焉礼也凡君即位卿出並聘踐脩舊好要結外援好事隣国以衛社稷忠信卑讓之道也其事与此一也謂君初即位聘隣国耳在魯而出謂之始聘自外而来謂之通

嗣君言彼君嗣位以来末与魯通於此始通之也　注氾祭至氾
水　正義曰杜注熒陽中牟縣有東氾襄城縣有南氾知此氾祭
非彼二氾而以成皐縣東有氾水者以傳爲晋伐鄭取氾祭既爲
晋人所取當是鄭之西北界即今之氾水也字書水旁已为氾水
旁已为氾字相乱也漢書音義亦为氾今氾水上源謂氾谷
五年杞叔姬来皈　正義曰杞既出之猶称杞者雜記曰諸侯出
夫人〻〻比至于其国以夫人之礼行至以夫人入鄭玄云行道
以夫人之礼者棄妻致命其家乃義絶不用此为始　注記異也
正義曰公羊傳曰梁山崩何以書記異也公羊以为非常为異害
物为災此山崩無所害故为異也　傳注自告身伯從人　正義
曰嫌告趙嬰使人故云自告身伯從人也若告趙嬰使人不得云
神福仁而禍淫　注野饋至大国　正義曰釋詁云饁饋也孫炎
曰饁野之饋也彼言野饋〻田農在野之人此言野饋〻在野行
路之人俱是在野皆以野言之謂之餫者言其運糧饋之彼自送
女而往饋之者敬大国也　注捷邪出　正義曰捷亦速也方行

則遅邪出則速楚之辭謂邪行小道爲捷徑是捷爲邪出　注車无文　正義曰周礼巾車掌王之五路皆不言車有文飾其下服車五乘孤乘夏篆卿乘夏縵大夫乘墨車鄭玄云夏篆五采畫轂約也夏縵亦五采畫无瑑耳墨車不畫也孤之車尚有瑑約明諸侯之車必有瑑約詩所謂約軝錯衡是其事也乘縵車无文蓋乘大夫墨車也覲礼侯氏乘墨車乃朝鄭玄云墨車大夫制也乘之者入天子之國車服不可尽同也彼爲適王尚乘墨車明此山崩降服亦乘墨車也　注舍於郊　正義曰僖三十三年傳秦伯以師敗于殽素服郊次此言出次降服明亦次於郊也　文四年傳楚人滅江秦伯爲之降服出次注云辟正寢与此文互相見也　注經在武所文　正義曰傳不虛舉經文此无所明文上下倒錯諸家之傳又悉无此言必是衍文此杜以疑事毋質不敢輙去之耳

六年注魯人至殘世　正義曰杜以傳稱季文子以鞌之初立武宮鞌在二年今始立武宮故云魯人自鞌之初訖今无患追思鞌戰以爲己功故築武軍又作先君武公之廟以告戰勝之事欲以

章示後世明已之功也 其意言築為武軍入作武公之廟公羊傳
曰武宮者何武公之宮也是立宮為武公廟也武公是成公九世
之祖其廟毀已久矣今復立之以為不毀之廟礼明堂位曰魯公
之廟文世室也武公之廟武世室也世室言其世々不毀刘炫以
為直立武公之宮不築武軍令知不然者以下傳云聽扵人以赦
其難不可以立武立武由已非由人也是丘明說魯立武以章武
功明非徒築宮而已又宣十二年潘黨請築武軍楚子云武有七
德我无一焉武非吾功遂不敢築武軍以明武功此則丘明說魯
章武功明亦築武軍也若其唯築武宮傳應云不可以立武宮不
得單称武也刘以為唯築武公之宮而規杜非也 傳注礼授玉
东已 正義曰聘礼云公受玉于中堂与東楹之間鄭玄云中堂
南北之中也入堂之深尊賓事也东楹之間亦以君行一臣行二
也聘礼大夫奉命來聘君臣不敵故授玉于東楹之間国君來朝
尊卑礼敵且傳言東楹之東以說鄭伯行速明礼當授玉于兩楹
之間 注宣十二說之 正義曰服虔云鞌之戰禱武公以求勝

故立其宮室定元年傳昭公出故季平子禱于煬公立煬宮此若為禱而立何以不言禱也无驗之説故不可證　沃饒至失也　正義曰土田良沃五穀饒多民豐則國利財多則君樂甚處不可失也　注盬至池是　正義曰説文云盬河東鹽池袤五十一里廣七里周總百一十六里字從鹽省古聲然則盬是鹽之名雖是鹽唯此池之鹽獨名為盬餘鹽不名盬也　注路寢之庭　正義曰禮玉藻云君日出而視朝退適路寢聽政知寢庭是路寢之庭也沈氏云大僕職云王視燕朝則正位掌擯相鄭注云燕朝朝於路寢之庭韓獻子既為僕大夫故知寢庭路寢之庭也其路門之外朝則司士掌焉故司士掌路朝之儀治朝則路門之外每日治事之朝也其庫門之外朝則朝士掌焉故朝士云掌外朝之法此是詢衆庶問罪人之處也凡人君內朝二外朝一內朝二者路門內外之朝也外朝一者庫門外之朝也若諸侯三門皋應路外朝則在應門外魯之三門庫雉路則外朝在雉門外　注惡疾疢覯成也　正義曰下云土厚水深居之不疾此云土薄水淺

必居之多疾以此知惡是疾疢也亦雅訓覯為見杜以惡為疾疢
疾疢非難見之物唯若其病成耳故訓覯為成言其病易成由水
土惡故也　易覯　正義曰疾疢易成則下民愁苦民既
愁苦則必羸困々々而謂之墊隘墊隘者方言云墊下也地之下濕狹
隘猶人之羸瘦困苦故杜以墊隘為羸困也　且民從利也　正
義曰民有災患則不暇從上無災患則從教化十者數之小成故
云十世之利也　注財易則驕侈　正義曰魯語敬姜云昔者聖
王之處民也擇瘠土而居之勞其民而用之故長王天下夫民勞
則思々則善心生逸則淫々則忘善々々則惡心生沃土之民不
材逸也瘠土之民莫不向義勞也敬姜此語自是激教之辭未必
聖王盡然要亦有此理也大史公書稱武王克殷患殷民富侈大
史公曰奢皆厚葬以破其産為其富而驕佚故設法以貧之也管
子曰倉廩實而知禮節衣食足而知榮辱讓生於有餘爭生於不
足論語稱孔子適衛欲先富後教為其貧而无恥欲營生以富之
也此皆觀民設教故其理不同若近都近鹽則民皆商販則富者

弥富驕侈而難治貧者益貧飢寒而犯法且貧者資富而致貧富者削貧而為富悪民之富乃是愍民之貧欲使貧富均而労逸等也　注近室則民不務本　正義曰農業人之本也商販是之末也若民居近室則棄本逐末廢農為商則貧富兼并若貧富兼并則貧多富少貧者無財以共官富者不可以倍税賦税少則公家貧也　子之佐十一人　正義曰服虔云是時栾書將中軍荀首佐之荀庚將上軍士燮佐之郤錡將下軍趙同佐之韓厥將新中軍趙括佐之鞏朔將新上軍韓穿佐之荀騅將新下軍趙旃佐之　注商書洪範　正義曰武王克殷始作洪範今見在周書傳謂之商書者以箕子商人所陳故也　七年鼷鼠至免牛　正義曰釋獸云鼷鼠李巡曰鼷鼩鼠一名鼷鼠孫炎曰有螫毒者蓋如今鼠狼改卜牛下重言鼷鼠又食其角不重言牛者何休云言角牛可知後食牛者未必故鼠故重言鼠改卜被食角者言乃免牛則前食角者亦免之矣從下免省文也　注称牛至礼也　正義曰僖三十一年傳曰牛卜日曰牲今称牛是未卜日也免放也放

不殺遂不郊也　傳詩曰之有定　正義曰此詩小雅節南山之篇　曹宣公來朝　正義曰此文及八年傳召桓公來賜公命並无所解釈而虛載經文者欲例曰其經傳更同而文異者或告命之辞有差異或氏族名号當須互見此蓋須互見名号故舉之也　以兩之一卒　正義曰以兩之一謂將二十五人也又言卒謂更將百人也言之者婉句耳凡將一百二十五人適吳也舍偏謂舍一偏之車九乘也兩之一卒又舍二十五人也凡舍九乘車二十五人与吳矣發首言兩之一者内舍此兩之一故先言之又言卒者見巫臣所將非唯有一兩也司馬法車九乘為小偏十五乘為大偏傳言偏不言大當是當九乘車矣唯言當一偏不見元將車數不知去時幾乘車去也丘明為傳辞皆易解此独蹇澁或誤本文蘇氏云舍九乘車以六乘車还則以去時十五乘車傳不言者以舍既称偏明去時有車可知從省文也沈氏云聘使未有將兵車者今此特將兵車为方欲教吳戰陳故与常不同　注戚林父屬晋　正義曰傳言晋反戚焉則戚已屬晋襄二十六年衛孫林

父入于戚以叛此不言叛故解之戚是孫氏世所食邑林父出奔之後戚自隨從而屬晉非林父入而將去故不言叛也　八年注昏聘至之父　正義曰傳於華元來聘之下云聘共姬也則華元新始告魯欲圖為昏々礼象首云昏礼下達乃言納采鄭玄注達通也將欲与彼合昏姻必先使媒氏下通其言女氏許之乃後使人納其采擇之礼此華元來聘則彼昏礼所謂下達者也士礼使媒諸侯不可求媒於他国自使臣行則亦媒之義昏有六礼下達之後初有納采擇之礼既行納采其日即行問名問女之名將歸卜其吉凶也歸既卜得吉又使々者往告謂之納吉納吉則昏礼定矣後遣納徵々々成也納幣以成昏礼士礼納徵有玄纁束帛儷皮其諸侯謂之納幣以其幣多故指幣言之納幣乃後又有請期親迎是之謂六礼也計華元來聘之後當有納采納吉二使二使之後乃始納幣今唯書納幣者納采納吉其使非卿故不書也釋例曰諸侯昏礼亡以士昏礼準之不得唯止於納幣逆女納幣逆女二使皆必使卿行々々則書之他礼非卿則不書也宋公使

華元來聘不應使卿故傳但言聘共姬也使公孫壽來納幣納幣應使卿故傳明言得禮也魯君之昏唯存納幣逆女此其義也是言聘女不應使卿今華元以卿將命故特書之也隱二年公羊傳曰昏禮不稱主人宋公使公孫壽來納幣則其稱主人何辭窮也辭窮者何無母也禮有母則母命之宋公無主昏者宋公自命之故稱宋公使公孫壽來也公孫壽蕩意諸之父者文十六年傳文　注傳曰君稱名　正義曰傳稱莊姬譖之則是自指無罪大夫無罪見殺例不書名此並書名故解之宣十二年傳曰原屏咎之徒也明本不以德義自居而妄叨高位宜其見討今雖實不作亂趙告而稱其名言趙告者凡殺大夫必以其實有罪告不肯言其無罪魯史詳其曲直乃正其文故所書或從或否耳　注諸侯至通稱　正義曰天子賜諸侯之命書傳亦無正禮唯文元年天王使毛伯來錫公命傳十一年傳王賜晉惠公命周語王賜晉文公命皆是即位而賜之又賜之以圭擬朝而合瑞諸侯即位禮必朝王明當即位即賜之命今八年乃來是緩也隱元年宰咺來賵

為其緩書名以譏之此亦緩也而不譏之者彼贈死不及尸弔生不及哀子氏未薨而豫凶事所失者大故特譏之春秋之時賜命禮廢唯文公即位而賜成公八年乃賜桓公死後追賜其餘皆不得賜苟以得之爲榮故不復譏其緩也且賜之以圭者有朝而合瑞魯尚不朝天子不宜譏天子賜之見經者三十有二稱天王者二十五稱王者三稱天子者一即此文是也三稱並行傳无異說故知天子天王〻者之通稱也其不同者史異辭耳公羊傳曰其稱天子何元年春王正月正也其餘皆通矣杜用彼說也賈逵云諸夏稱天王畿內曰王夷狄曰天子王使榮叔歸合且賵以恩深加禮妾母恩同畿內故稱王成公八年乃得賜命与夷狄同故稱天子左氏无此義故杜不從之 注古者至媵之 正義曰莊十九年公羊傳曰媵者何諸侯娶一國則二國往媵之以姪娣從姪者何兄之子也娣者何弟也諸侯一聘九女是諸侯娶適夫人及左右媵各有姪娣也傳曰同姓媵之異姓則否是夫人与媵皆同姓之國也魯衛同姓故來媵之釋例曰古者諸侯之娶

適夫人及左右媵各有姪娣皆同姓之国々三人凡九女參骨肉至親所以息陰訟々々息所以廣継嗣也當時雖无其人必待年而送之所以絶望求塞非常也辞称寡愚不教故遣大夫随之亦謂之媵臣所以將謙敬之實也夫人薨不更聘必以姪娣媵継室一与之醮則終身不二所以重昏姻固人倫々々之義既固上足以奉宗廟下足以継後世此夫婦之義也　傳注餞送行飲酒　正義曰詩大雅韓奕篇云韓侯出祖出宿于屠顯父餞之清酒百壺是餞爲送行飲酒也　大国至盟主　正義曰義者宜也事得其宜謂之爲義汶陽之田宜其歸魯是歸魯爲義歸齊不義大国當制其義事以爲諸侯之盟主　信以至解體　正義曰言之有信義事乃行是信以行義事必以義命乃成就故義以成命也杖信以行義事以義而命諸侯故小国所望而歸之懷歸也言而无信則信不可知所命非義則義无所立如是則四方諸侯其誰不解体謂事晋之心皆疑慢也　詩曰至其德　正義曰衛風氓之篇　詩曰至言之　正義曰詩大雅板之篇也言王者之所圖

謀其乏未能長遠我以是故用大道諫王行父今亦懼晉之不能
遠圖而因此以失諸侯是以敢私言之私布此言即是大諫也
楚師之還也　正義曰還在六年不於彼言者因其今獲申驪追
言六年侵沈述欒書得從善之功故於此并言之　詩曰乏作人
正義曰大雅旱麓之篇　注穆姜之女　正義曰明年季文子如
宋致女述稱宋公之樂穆姜出拜謝之知是穆姜所生之女也
注趙武莊姬　正義曰史記世家云趙朔娶晉成公姊為夫人
案傳趙嬰通妻是文公之女若朔妻成公之姊則亦文公之女父
之從母不可以為妻且文公之卒距此四十六年莊姬此時尚少
不得為成公姊也賈服先儒皆以為成公之女故杜從之史記又稱
有屠岸賈者有寵於靈公此時為司寇追論趙盾弒君之事誅趙
氏殺趙朔趙同趙括而滅其族案二年傳欒書將下軍則於時朔
已死矣同括為莊姬所譖此年見殺趙朔不得與同括俱死也於
時晉君明諸臣強無容有屠岸賈輙廁其間得如此專恣又說云
公孫杵臼取他兒代武死程嬰匿武於山中居十五年因晉侯有

疾韓厥乃請立武為趙氏後与左傳皆違馬遷妄説不可從也
夫豈至免也　正義曰此趙同趙括謂天祿之父祖若桀紂之輩
雖邪辟子孫賴禹湯之功而食天祿　注渠丘至蘧里　正義曰
十四年莒子朱卒知渠丘公即是朱也渠丘莒之邑名夷不當有
謚或作別號此朱以邑名為號不知其故何也　唯然　正義曰
俗本唯作雖今定本作唯　衛人至則否　正義曰宣七月以為媵
不必同姓所以博異氣今左傳異姓則否十年齊人來媵何以允
貶刺之文左氏為短鄭箴云禮稱納女於天子云備百姓於國君
云備酒漿不得云百姓是不博異氣也齊是大国今來媵我得之
為榮不得貶也　九年注女嫁至之好　正義曰桓三年九月夫人
姜氏至自齊冬齊侯使其弟年來聘傳曰齊仲年來聘致夫人也
此二月伯姬歸于宋夏季孫行父如宋致女二者其間並近三月
禮婦入三月廟見知致女必以三月蓋廟見之後婦禮既成使大
夫聘問謂之致女致其成婦之禮存謙敬序殷勤所以篤昏姻之
好也仲年行父俱是致女而彼言聘者在魯而未則曰致女在他

國而來則但言聘外內之異文也以彼言聘而實是致女故二注皆言使大夫隨加聘問為此也　注五同盟　正義曰無野以宣十年即位此二年及國佐盟于袁婁又盟于蜀五年于蟲牢七年于馬陵此年于蒲皆魯齊俱在是五同盟也　注魯邑記昏時　正義曰長曆推此年閏十一月傳城中城文在十二月上而云昏時也即是閏月城之閏月半後即是十二月節故水昏已正而城之是得時也　傳注南冠楚冠　正義曰應劭漢官儀云法冠一曰柱後冠左傳南冠而縶則楚冠也秦滅楚以其冠賜近臣御史服之即今解豸冠也古有解豸獸觸不直者故執憲以其角形為冠令觸人也　注泠人樂官　正義曰詩簡兮序云衛之賢者仕於泠官鄭玄云泠官樂官也泠氏世掌樂官而善焉故後世多號樂官為泠官呂氏春秋稱黃帝使泠倫自大夏之西崑崙之陰取竹斷兩節而吹之以為黃鍾之宮昭二十一年傳景王鑄無射泠州鳩非之是泠氏世掌樂官也周語云景王鑄鍾成泠人告和魯語云泠簫詠歌及鹿鳴之三此稱泠人謂稱泠官是泠為樂官之名

也　注舍其玉〻誠　正義曰楚王既為君矣不言為君時事而
遠称大子者若言為君時事嫌為君隱惡或疑已在君位矯情為
善舍其南時近事遠称大子少小者未為君時不須隱蔽以示王
性自然言其從小如此以明已之玉誠无所私也礼君前臣名字
則貴於名此道二卿之名不言字是為晉君也　注浹辰十二日
也　正義曰浹為周帀也從甲至癸為十日從子至亥為十二辰
周礼縣治象浹日而斂之謂周甲癸十日也此言浹辰謂周子亥十
二辰故為十二日也　无棄菅蒯　正義曰釈草云白華野菅郭
璞曰菅茅屬陸璣毛詩疏曰菅似茅滑沢无毛肕宜為索漚及曝
尤善蒯与菅連亦菅之類喪服疏屨者傳曰藨蒯之菲也可以為
屨明肕如菅並可代絲麻之乏故云无棄也　十年注卜常至故
旨　正義曰曲礼論卜筮云旬之外曰遠某日旬之内曰近某日
則卜者每旬一卜僖称啓蟄而郊則周之三月郊之大期此云五
卜者當是三月三卜四月又二卜皆不吉乃止也僖三十一年傳
云礼不卜常祀不應卜而卜以不吉而不郊皆非礼也　注晉侯

亂之禮　正義曰如傳文知晉侯是大子也漢末有汝南應劭作舊君諱議云昔者周穆王名滿晉厲公名州滿又有王孫滿是同名不諱則此為州滿或為州蒲誤耳今定本作滿傳無諡文知諡其生代父位失人子之禮者傳稱凡在喪公侯曰子父喪代位尚不稱君生代父位諡之必矣傳言立大子以為君若其不諡則不須此傳是顯其諡之意　注六月盟　正義曰孺以宣九年即位十七年盟于斷道元年于赤棘二年于袁婁五年于蟲牢七年于馬陵九年于蒲皆魯晉俱在是六月盟也　傳注厲鬼至故怒正義曰鬼怒言殺余孫不義必是枉死者之祖也景公即位以來唯枉殺趙同趙括故知是趙氏之先祖趙氏先祖其人非一鬼不自言其名未知誰之鬼世本云公明生趙夙晉語云趙衰趙夙之弟則括之祖公明是也服虔又以為公明之鬼凡為疫癘之鬼皆妖邪之氣未必真是彼人故杜不復指斥　注肓鬲也心下為膏正義曰此賈逵之言杜依用之古今傳文皆以為膏之下賈服何休諸儒等亦皆以為膏無凝者為脂釋者為膏其實凝者亦曰

膏故内則云小切狼臅膏則此膏謂連心脂膏也刘炫以為釈者
以膏連心之脂不得稱膏以為膏當為鬲改易傳文而規杜氏非
也　注叔禽叔申弟　正義曰此无文也以禽与申俱死蓋是坐
其兄弟知是弟也　忠為至令乎　正義曰言叔申忠誠為此令
善之德施之於鄭伯施非得其善人猶尚不可何况不有令德者
乎言令德者往年公孫申曰我出師以圍許為將改立君者而紓
晉使晉必歸君是也

春秋正義卷第十八

計一万七千一百八字

春秋正義 十九之廿一
七

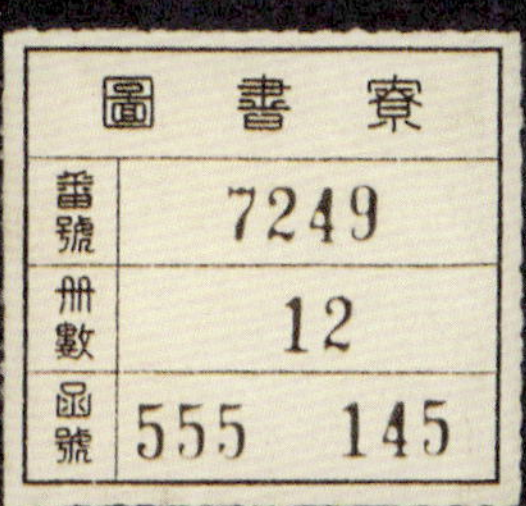

[illegible]

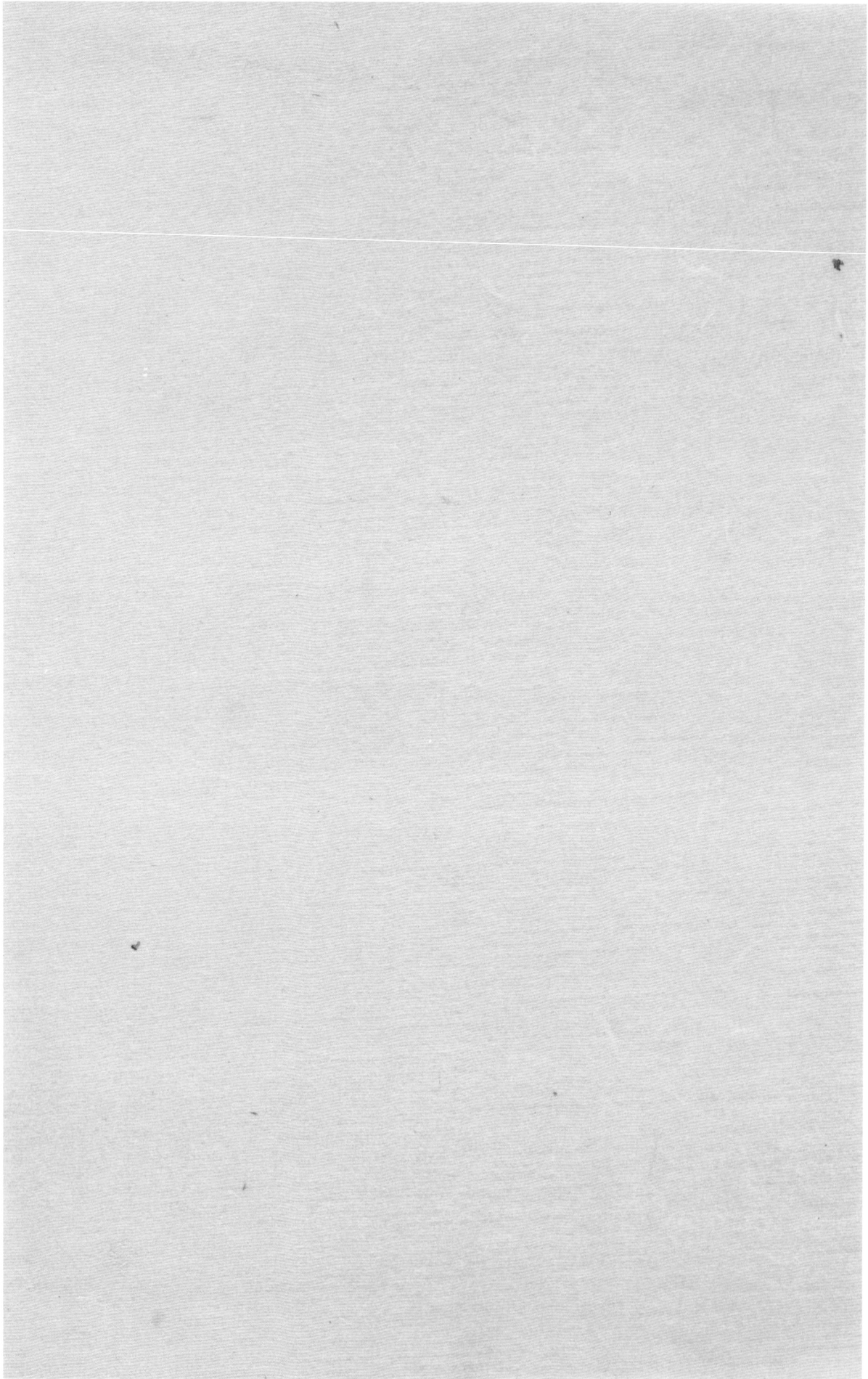